珍藏版

U0889789

The Efficient Learning Ability of Teenagers

WHO

你在为谁读书7

ARE YOU STUDYING FOR

青少年高效学习力

余闲 著

長江出版傳媒
长江少年儿童出版社

你在为谁读书 7

青少年高效学习力（珍藏版）

余闲　著

图书在版编目（CIP）数据

你在为谁读书.7,青少年高效学习力:珍藏版/余闲著.—武汉:长江少年儿童出版社，2018.1
ISBN 978-7-5560-6447-2

Ⅰ.①你…　Ⅱ.　①余…　Ⅲ.　①学习方法－青少年读物　Ⅳ.①B82-49②G791-49

中国版本图书馆CIP数据核字(2017)第182970号

出版发行： 长江出版传媒　长江少年儿童出版社

出 品 人： 李旭东

社　　址： 武汉市雄楚大街268号出版文化城爱立方大楼　**邮政编码：** 430070
业务电话：（027）87679174　（027）87679786　**电子邮件：** cjcpg_cp@163.com
网　　址： http://www.cjcpg.com

承印厂： 湖北恒泰印务有限公司　**经销：** 新华书店湖北发行所
规　格： 680毫米×980毫米　**开本：** 16开
字　数： 226千字　**印张：** 17.5
印　次： 2018年1月第1版，2019年 3月第4次印刷　**印数：** 30001-40000

书号： ISBN 978-7-5560-6447-2　**定价：** 35.00元

作者简介

余闲

作家，学者，心理咨询师。本名柳伟平，1981 年生于浙江省兰溪市，浙江大学生物学学士，文学硕士，现任教于中国计量大学。他以天马行空的想象、广博的知识体系著称，洞察青少年教育和心理现状，创作独具特色的教育励志小说《你在为谁读书》系列，将校园小说和先进教育理念融为一体，自 2006 年推出以来，畅销超过 120 万册，成为青少年励志经典，入选新闻出版总署向青少年推荐的百种优秀图书目录，荣获湖北省首届出版政府奖、浙江省哲学社会科学优秀成果奖、湖北省精神文明建设“五个一工程”优秀作品奖、上海国际童书展“上海好童书”等奖项。

此外，他还著有长篇小说《我们爱着爱情的什么》，学术著作《天人之境：杭州城湖共生模式的生态美学解读》《吴兴华新诗注释解析》《忧国诗圣杜甫》及教育散论《哈佛精英的人生规划》等。

内容简介

本书是《你在为谁读书》系列的第七部，承接了前六部的故事情节。

女生熊豆比较叛逆，进了高中，就不爱学习。杨略为了激发她的读书热情，就以她为原型，拍摄一个从学渣到学霸的微电影。熊豆通过镜头，看到自己的颓废状态，十分震惊，想振作，却又不知如何去学。杨略就循序渐进，先让熊豆懂得，学习的真正目的是自由，而且只要方法得当，谁都可以学好。然后又告诉她高效学习力的培养方法。第一步，学霸 1.0 版：通过由易及难法、及时反馈法，聚焦课本，扎实打好基础，同时用游戏化思维，获得学习进步的乐趣。第二步，学霸 2.0 版：用思维导图法将知识整理成体系，结合高效记忆法，牢固掌握课程知识。第三步，学霸 3.0 版：掌握各科目高级思维，提升解题能力，扩展学习视野。通过努力研习这些方法，熊豆终于成为高效学习的尖子生。

《你在为谁读书》系列
精彩回放

《你在为谁读书1：一位CEO给青少年的礼物》

杨略是个初二学生，却没有感觉到升学的压力，一如既往地浑浑噩噩，成绩不尽如人意，时好时坏，与他的认真程度成正比，是个典型的脑子聪明而不愿用功的孩子。

暑假里的一天，他收到一封神秘来信，署名“倪甫清”。信中的一段话，让他醍醐灌顶：“年轻人，你年方十六，正是初升的太阳，充满着希望。你是要去高远的天空中放射光芒，给人间以无限的温暖；还是仅仅在地平线上优游，不思进取，浪费时光？”

他不由得想：我真的甘心一事无成，虚度光阴吗？如果真的是这样，我们在世界上生活，到底有什么意义呢？他决定改过自新。同时心里又满是疑惑，这倪甫清到底是谁呢？

而神秘的来信每个月初都准时翩然而至，谈意志，谈勤奋，谈爱心，谈兴趣，一共十封信，且对杨略的一举一动明察秋毫。就是这十封神奇的来信，把杨略修理得口服心服，并按照信中教给他的招式修炼起来，最后竟成了世人眼中的好孩子。

在第十一封信中，杨略得知，“倪甫清”就是“你父亲”的谐音。原来爸爸忙于工作，平时父子很少沟通，因此想到了用神秘来信的方法，给儿子以帮助。这令杨略非常感动。

《你在为谁读书2：青少年人生规划》

进入高中以后，杨略学习努力，成绩不错，但不幸遭遇了一场车祸，让他陷入迷茫：既然人生充满意外，又很短暂，那么努力和享乐又有什么区别？凌霄、余振、楚当当都是出身工人家庭，经济条件一般，有自己的爱好：凌霄爱电脑，余振想经商，楚当当迷画画。但家人不支持，于是他们不知所措，乃至反抗。葛怡长得好，成绩也好，但无特长，无目标，常感困惑：“唉，每天努力学习，到底为了什么？”陈高照是名贫困生，误选了文科，更觉百无聊赖。富家子弟陶坷坷处处与杨略争高下，寸步不让，倒也积极上进，但尽释前嫌后，不再竞争，就失去了人生方向。

面对现状，杨略爸爸给迷茫的少年们上了人生规划的十堂课：人生意义在于实现自我价值，自我实现需要人生目标，而人生目标需要设计，包括崇高理想的培养和职业道路的规划，崇高理想需要培养责任心，职业道路规划需要了解自己、了解社会。有了人生规划以后，还需要坚强的意志、和谐的心态去达到人生目标，实现自我价值，收获人生意义。

通过这些课程，迷茫的少年们得到启示，终于各自确定了人生方向，精神面貌也变得阳光开朗。

《你在为谁读书3：自控力成就杰出青少年》

空有雄心万丈，却常常只有三分钟热度，稍作坚持就偃旗息鼓；作业总要拖到最后一刻，才哭着做完；不懂时间管理，做事东一榔头，西一棒子，忙忙碌碌，效率却很低下……

杨略经过人生规划，确立了目标，却遇到了种种新的问题。面对高考的重压，他陷入了极大的恐慌。父亲及时地告诉他：要取得好成绩，实现自我价值，必须具备强大的自控力。

那么，自控力怎么培养呢？父亲融合心理学、神经分析、人格与情绪管理、思维与动机分析原理，凝结成十堂课告诉他，自控力训练要走两大步：

（一）开源。通过锻炼加以提升自控力，科学方法有：人生规划、使命感、克服拖延、刻意练习、专注热忱。

（二）节流。因为自控力有极限，需要科学方法加以利用，科学方法有：目标分解、时间管理、压力管理、劳逸结合、习惯培养。

杨略深受启发，逐一认真修炼，提升了自控力，不仅取得了成绩的进步，而且养成了受益一生的进取心态和良好习惯。

《你在为谁读书4：青少年幸福行动力》

当代青少年面临学业、情感、就业的重重包围：成绩不佳，于是郁闷；缺乏动力，于是空虚；看不清前路，于是迷茫；考试高压，于是焦虑……于是会追问：读书到底为了什么？是成功吗？那成功又是为什么？无数先哲都说，是幸福。那么，什么是幸福？如何才能幸福？

杨略的爸爸身患绝症，对幸福有更深切的感悟，于是开发了一套软件，带杨略进入神奇的醒客世界，开始了十五堂幸福课。他们穿梭时空，见证地球形成、复活节岛盛衰，亲历巨鹿之战、甲午之战，洞悉地球危机、生态困境，也游历了未来的城市与乡村。他们纵横千古，与孔子、苏轼、亚当•斯密、曾国藩、梭罗、凡•高、萨特等世界伟人坐而论道，畅谈古今，妙解人生，金玉良言让杨略醍醐灌顶。

于是杨略懂得，幸福是人与自我和谐，珍视天赋，发挥潜能，自强自律，又能陶然自乐，让内心进取而又恬静宽阔；幸福是人与社会的和谐，用竞争激发社会的活力，用公正维护竞争的秩序，用民主法治来捍卫权利和尊严，用博爱仁厚传播正能量；幸福是人与自然的和谐，敬畏生灵，道法自然，诗意栖居，与天地精神相往来。

《你在为谁读书5：青少年情绪管理》

一说到读书，我们容易想到悬梁刺股，想到苦其心志饿其体肤，似乎读书是痛苦之事，只有成功之时方可快乐。但心理学研究发现，负面情绪令我们思维迟钝、目光短浅、人际关系紧张，更不容易成功；

而积极情绪则能令我们心胸开阔、思维敏捷，进而激发成功。

可是在校园里，负面情绪正笼罩着广大青少年。在本书中，杨略、葛怡、陶坷坷等人在高考的压力下，都出现了焦虑、自卑、浮躁、松懈等情况，干扰了学习，也影响了幸福感。女生祁月长期抑郁，忽有一日，她幻想自己是从高考后穿越而来，拥有所有答案，引起全校震惊。

杨略父亲结合青少年常见心理问题，认为快乐不只是感觉，而是一种世界观，并提出增强正面情绪的七法则：(1) 锻炼正向思维的乐观大脑；(2) 追求有意义的人生与学业目标；(3) 倾心投入于学业和事业；(4) 打造不可替代的优势；(5) 用激情持续获得成就；(6) 经营丰富的社会关系；(7) 用智慧反驳导致抑郁、焦虑的不合理信条。

杨略等人深受启发，逐一认真修炼，不仅赢得了高考的成功，而且拥有了受益一生的快乐心态和耐挫能力。

《你在为谁读书6·青少年沟通力养成》

杨略等人读了大学，他们学习、恋爱、支教、勤工俭学，但遇到了许多沟通方面的问题：同学之间矛盾重重，不知道如何与陌生人沟通，不知道怎样处理人际冲突，对当众讲话十分发憷，对未来踏入社会心存惶恐……于是杨略爸爸写信从沟通能力的九个方面对杨略进行了及时的指导。

这些信，让杨略等人深受启发，逐渐懂得了沟通的基础是爱，要提升沟通能力，其关键是锻炼同理心，让内心充满尊重和爱，宽容地对待整个世界。如果达到了这种境界，再加上一些沟通的技巧，就能化解各种矛盾和冲突，达到心灵的和谐、人际的和谐，同时也能增强就业竞争力。

目录 MULU

引子 / 1

第一课　破冰之旅①：除了读书，你靠什么获得自由 / 17

她的所谓叛逆，她的所谓耍酷，她的所谓轻视学习，她的所谓读书无用论，归根到底，只是因为懦弱，因为胆怯，不敢迎接挑战，只愿意活在幻想里。

一、荒废青春，换来的将是一生的卑微/26
二、人要有选择的自由和敢于做自己的勇气/28
三、读顶级名校是一种怎样的体验/30
四、所谓读书无用，只是不敢接受挑战/33
五、将来的你，肯定会感激此刻拼命的自己/34

第二章　破冰之旅②：你是个能创造奇迹的女孩 / 39

我们应先做简单题，把基础打扎实了，再做一些稍有难度的“半生不熟题”。当我们做完了这些“半生不熟题”，会惊奇地发现，原来需要绞尽脑汁的难题也变成“半生不熟题”，等待我们去攻克。用这样的方法，我们会倍感兴奋，学习效率也会提高40%以上。

一、量力而行，获得学习的掌控感/44
二、刻苦？也许只是看起来很努力/45
三、做那些跳一跳够得到的题目/47
四、别再为粗心找借口，你就是基础不扎实/48
五、先把知识点吃透再做题巩固/49

第三章　学霸1.0版①：给学习加一个进度条 / 59

对照游戏带来的及时反馈，我们需要思考一个问题：那些原本枯燥单调，需要长时间努力的事情，能不能也在过程中赐予我们及时反馈，从而让我们快乐地坚持下去呢？

一、游戏能带来及时反馈，激发旺盛的热情/70
二、当环保变成了游戏/72
三、当锻炼变成了游戏/73
四、当学习也变成了游戏/74
五、精英们都是清单控/76
六、量化激励能助你腾飞/78

第四章　学霸1.0版②：每一天，都成为时间的朋友 / 81

如果你想学好一件乐器，最好的时光，要么是十年前，要么就是现在。要想提高成绩呢，最好是十年前就开始努力，其次就是从现在开始。而所谓现在，其实我们能真正把握的，只有今天，充实而激情的今天。

一、预习是提前确认/88
二、百分之百利用课堂/89
三、高效复习三部曲/92
四、怎样休息才最有效/93
五、学霸的一天是怎么安排的/95

第五章　学霸2.0版①：整体学习法，提升高效学习力 / 99

我们总是用已经掌握的知识，去理解并消化新的知识，然后将这个新知识转化为自己知识体系的一部分。也就是说，知识本来就不是孤立的。学习任何知识都需要与我们原有的知识联系。你创造的联系越多，就会将知识记得越牢靠，理解得也越深入。

一、让你脑子更聪明的整体学习法/107
二、好方法可以事半功倍/108
三、把知识点串联起来，才是真学问/109
四、整章知识点，画起来只有一张图？/111

第六章　学霸2.0版②：记忆一定有办法 / 117

每一次学习，都以记忆为基础，去学习新知识，最后又以增加新记忆而告终。每一次创意，都是以记忆为基础，将储存的知识进行新的组合。所以，无论何时，记忆都是无比重要的。

一、记忆力是一切学习的基础/123

二、科普帖：记忆到底是怎么回事？/125

三、真正的记忆术就是注意术/127

四、没规律的知识怎么记？/129

五、一次学习，五次记忆，玩转遗忘曲线/131

第七章　学霸3.0版①：单科突破之语文篇 / 139

语文学得好，其优势极为明显。诗词烂熟、文笔出众，考试时自然极为有利。此外，当你在大庭广众之下演讲，在谈判桌上与客户沟通，与心上人交流时，如果你语文功底扎实，谈吐优雅，旁征博引，条理清晰，那自然是极为迷人的。

一、学好语文重点靠语感/147

二、练好语感靠背诵/148

三、用思维导图来背诵诗词文章/149

四、课文解析是语文学习的基础/152

五、博览群书能提分/154

六、初等写作靠结构/155

七、中等写作靠文采/157

八、高等写作靠思想/159

第八章　学霸3.0版②：单科突破之英语篇 / 171

世界那么大，英语处处通用，学不好英语，真是处处受束缚。英语是语言，语言是拿来用的，在使用过程中才能更好地掌握，而整天背单词，做试题，读乏味的文章，哪里是掌握英语的正道呢？

一、英语学习首先要大量输入/178

二、怎么丰富词汇量/180

三、这样学习语法最有效/182

四、口语和写作都需要大量模仿/182

第九章　学霸3.0版③：单科突破之数学、物理篇 / 189

在学习数学、物理时，要总结必须掌握的公式，知其然也要知其所以然，利用公式间的相互关联进行推导。高考的知识点来源于课本，考试题目千变万化，但万变不离其宗，根据日常梳理的知识点，我们便可以将难点各个击破。

一、紧扣课本，掌握好所有知识点/199

二、系统学习：形成自己的知识体系/201

三、利用化归法来解题/204

四、用思维导图法去解题/206

第十章　学霸3.0版④：单科突破之历史、政治、地理篇 / 217

学习历史、政治和地理，都很有现实意义。有人说，一切历史都是当代史，学习历史和学习金融相比，也许不能直接挣钱，但能让社会更为健康，并不断进步，让人类更为自由与安全。

一、回归课本，整体浏览，重点理解/226

二、思维导图：理清解题思路/228

三、历史学的全球视野/233
四、地理学的核心素养/235
五、政治学习的发散思维/238

第十一章　学霸3.0版⑤：单科突破之化学、生物篇 / 245

西湖的湖西公园作为湿地，在抵御洪水、调节径流、控制污染、调节气候、美化环境等方面起到重要作用，它既是陆地上的天然蓄水库，又是众多野生动植物资源聚集地，还能有效净化入湖水体，改善西湖水质。所以，为了让生态环境更优美，我们需要生物学、化学的知识。

一、吃透教材，重视实验/249
二、知识点多而散，要善于总结归纳/250
三、用思维导图法来解题/254

尾声 / 263

引子

杨略的额头上渗出大滴的汗珠。才四月初，太阳就十分强烈。他的领带系得太紧，脖子和胸口都被汗湿透了。他晃晃脑袋，想让领口宽松一些。然而并没有用，他又不好意思松开领带。

因为这是在操场，他独自坐在主席台上，面对着一千多名学生。一丝风都没有。操场外是居民楼，不知是谁打开了玻璃窗，恰好将一柱光线反射到他脸上，晃得眼晕，让他看不清台下的情况了。

然而他知道，学生们正齐刷刷地看向他，表情兴奋，议论纷纷。这不是惊叹于他讲得好，而是在瞧他的好戏。因为有位女生刚对他进行了连珠炮般的发问，此时正挑衅地看着他。

据学生们的经验，所谓讲座嘛，就是台上滔滔不绝，台下昏昏欲睡。熬过一个小时，台上任务完成，台下如梦初醒，呱唧呱唧鼓完掌，皆大欢喜，然后，一切照旧。

可今天真有意思，学校里著名的刺儿头不负众望，再次冒了出来，当面挑战演讲者。这样一来，就像油锅里落进了小水珠，噼里啪啦，热热闹闹地四处溅油。在紧张单调的高中岁月里，他们难得有此娱乐呢。

这时杨略才读大二，因为和父亲出版了几本畅销书，就时常被出版社邀请去中学做讲座。以往是父子同台，可这次父亲要出差去外地，两边的安排都不能变，杨略只好独自登台。

“你只要把心得和大家交流一下，用不着紧张。”临行前爸爸对杨略做一点交代。

“嗯，我总要独当一面的。”

杨略嘴里这样说，但毕竟慌乱，早上穿戴得格外整齐，一身浅棕色西装，银色领带绕来绕去，这里抻抻，那里扯扯，折腾了足足半个小时，才算全副武装，坐在演讲台上。

校长充当主持人，坐在他旁边，对着话筒，介绍了杨略的情况，说他是少年才子，在名校就读，又出过畅销书云云，引发学生的惊叹。而杨略听着，拳头都攥出汗了。

幸好他学过演讲方法，主题又是他极熟悉的，上台之后，他先说了几个笑话，活跃了气氛，这才切入主题，谈青少年人生规划。可能是因为他讲得接地气，也可能他年轻又帅气，所以学生们听得挺专注。大概讲了一个小时，杨略感觉还不错。眼看着天越来越热，学生们渐渐有些不耐烦，他就适时地结束了话题，转入听众提问环节。

一般来说，学生们都挺羞涩，大庭广众之下，不太愿意提问。所以，杨略身心放松，喝了几口水，做好签名售书的准备。主席台的边上，他的书已经码成埃菲尔铁塔的形状了。

校长感谢了杨略，然后对着学生们说："机会很难得，有谁愿意和才子当面交流一下？"

杨略正要自谦，台下刷地站起来一位女生，让他眼前一亮。这女生身材修长，肤色偏黑，皮肤却极光润，黑色的眼眸似乎有穿透人心的魔力，长发烫得发卷，在脑后扎一条马尾辫。虽然她也穿着运动服式的校服，但明显非常合身，衬出运动员般的婀娜身材。与她相比，其他女生的穿着就宽松如麻袋。

女生接过话筒，劈头第一句就说：

"你说的全是大道理，对我们来说，又有什么用呢？"

这么直白！杨略一时僵住了。周围同学愣了一会儿，就有顽皮的男生开始叫好。那位女生得了鼓励，更是加快了语速。

"爱学习的用不着听，不爱学习的早就睡着了。你还说，让我们了解自我，了解社会，选择我们最喜欢的专业和职业，做最好的自己。可你知道吗，我们哪有这个思考的机会呢？学校对我们采用高压政策，整天让我们做题，做题，参考书堆积如山。也不管喜欢不喜欢，每天五点半起床，一直学到晚上十一点，根本没时间看课外书，更没有机会思考以后做什么。我问老师，老师会说，先努力，等到上大学就好了。可是，真的会好吗？我们就算学会了应试的本事，又有什么意义呢？”

校长看情况有些失控，就示意班主任向前去制止。而杨略听着女生的控诉，原先的尴尬渐渐散了，一股亲切感反倒涌上心头。因为在高三时，他也曾这么干过。

那次，他借着红旗下讲话的机会，对着全校师生，向应试教育开战，其中名言“我们是人，不是学校提高升学率的机器”一时流传很广，成为网上热议的话题。而眼前的女生显然是同道中人。

校长明显有些坐不住了。他凑近了话筒，语气竭力保持平静。

“熊豆，时间差不多了。还有问题，我们私下里讨论，好吗？”

“我还没说完呢……”

熊豆的话筒被班主任夺了过去。她瞪着班主任，并不说话，又朝主席台扫了一眼，就转过身，不管不顾，径自走出了队列。班主任在她身后喊了几声，她并没有回头。学生们都一起鼓掌，起哄，场面一片凌乱。

校长高声让大家安静，宣布讲座结束。等学生陆续离场，校长一脸歉意地握着杨略的手说：

“真对不住啊，这个熊豆平时也这样。上次教育局领导来做讲座，她也跳出来，把我们老师说成了法西斯。”

杨略的脑海里，浮现出熊豆炮轰之后老师们的狼狈相，不由面露微笑。

“她很有个性。”

“个性？唉，现在的孩子不好管，想法多，尽添乱。”

在走下主席台的路上，校长连连摇头。他约莫五十出头，长方脸，额头上满是深深的皱纹，鼻翼两侧构成一个括号，是刻板严肃的模样。

“那她的成绩怎么样？”杨略又问。

“刚进校时还行，可一学期下来，就掉到三四百名了。”

“是学习不认真吗？”

“岂止不认真，她根本就不正经读书，还办了一个什么乐队。然后呢，染头发，涂眼影，晚自修总逃课……你瞧见没有，她还把校服剪开，自己缝了一遍，弄得不伦不类。”

哦，那么合身的校服，原来是熊豆自己改造的。

对于这个熊豆，杨略是越来越好奇了。

过了几天，就是周末，杨略约了不少同学一起聚会。因为是发起者，所以杨略和葛怡早早来到约定地点，找了一家星巴克坐下，各点了杯星冰乐慢慢喝着。葛怡学习教育学，现在越发显得气质宁静，举止娴雅。

最先到的是楚当当。她依然是一头长发，只在脑后随意扎了一条小辫子，衣服裤子非常宽大，穿一双帆布鞋，走进咖啡馆，还带着一股风。

她是个潇洒不羁而追逐梦想的女孩。高中时父母反对她学画，希望她正经考个大学，以后当公务员。可她呢，居然离家出走，以此来加以反抗。经过多方沟通，父母终于认可了。她不负众望，考进了美院。如今一边学艺术设计，一边画油画，得了空，就会四处旅游写生，是个极随性自在的女生。她有个男友，名叫端木宇，也是美院毕业生，擅长油画。现在他们兴之所至，正一块儿拍些微电影。因为专业的原因，片子里总有厚重的油画味儿，十分特别。杨略他们都看过，也都挺喜欢。

见面稍作寒暄，楚当当就问杨略：“前两天你去开讲座了？”

消息传得真快。杨略点点头，不禁还有几分得意。

“听说，还有个女生向你开火？”

“这你也知道？”杨略觉得好奇了。

“你知道那女生是谁吗？”

“好像叫熊豆。”

“她是我表妹！”

杨略一时十分吃惊：世界好小啊。而葛怡看了看楚当当的打扮，又想想她高中时的表现，忽然就笑了。

“这就说得通了，她的个性和你一样。”

“你又损我，”楚当当亲昵地白了葛怡一眼，“杨略，熊豆看过你的书，可崇拜你了。”

杨略有点哭笑不得。“崇拜我，所以就想灭了我？”

楚当当说了实情，原来熊豆听说杨略要去他们学校开讲座，十分期待，以为他会批判教育，大快人心。谁想，杨略全是官方口吻，没一点批判精神，和他书里写的根本不一样。

“她有点痛心疾首，一时没忍住，就对你开火了。你没生气吗？”

“怎么会生气呢？我倒觉得熊豆很有想法。”

“她啊，就是想法太多，家里人都烦死她了。现在她叛逆得厉害，没花心思读书，只顾唱摇滚，都快把学业都丢了。当然，这里我也得检讨。之前我拍过两个微电影，都请她当了主角，让她尝了甜头，就做起演员梦来了。”

“她会演戏？”他忽然想起来，楚当当的电影里的确有个身材高挑的少女。只是为了追求油画效果，所以少女总是妆容浓艳，服装绚烂，与平常的熊豆很不相同。

楚当当的咖啡来了。她喝了一口，上嘴唇沾了点奶昔。“对啊，她外形不错。而且，一分钟入戏。要笑就笑，要哭就哭，各种表情拿捏都挺到位。”

葛怡点点头：“她想往娱乐圈发展，其实也很不错啊。”

楚当当却叹了口气。“可这样的女孩满大街都是，一抓一大把，哪就轮到她出头呢？也就我，为了省钱，才带她拍点实验电影。她爸妈看她不思进取，当然很着急，晓之以理，动之以情，但基本没用。熊豆说了，人各有志，她不愿读书，想去唱歌，或者做演员，有的是出路，不用在一棵树上吊死。可这话她父母怎么听得进去呢？话不投机半句多，熊豆懒得与他们争辩，到了后来，她一回家就把房门一关，根本不和爸妈说话。现在呢，熊豆也就和我还能说些真心话。所以我小姨——就是熊豆妈妈——就抓住我这根救命稻草，让我给熊豆做心理辅导。可我哪里会啊？才说两句呢，她就扑哧一笑：你是我妈请来的救兵吗？一下子把我将死了。”

楚当当说到这里，忽然停顿下来，看着杨略。

“所以我就想到了你，大作家，请你去和她聊聊人生？”

“得了吧，我都被她批判了。”像熊豆这样有个性的女孩，虽然率真可爱，但眼里不容沙子，可谓爱憎分明，完全不懂面子为何物。所以杨略心里有点发怵。

楚当当却说：“她很理解你的，说那次毕竟是公开演讲，你难免有所顾虑，和平常不太相同，也是情理之中。杨略，你要是有空，和她探讨一下人生目标什么的，她没准就听进去了。”

杨略面露难色。“她听得进这些大道理吗？”

“也是，”楚当当也有些丧气，“那怎么办呢？”

有什么更好的办法呢？

杨略默默地喝着饮料，不由想到了初中时，他也不思进取，散漫度日，听不进父母的话。直到有一天，他收到一封神秘来信，署名“倪甫清”，信中开篇就是一句话：“年轻人，你年方十六，正是初升的太阳，充满着希望。你是要去高远的天空放射光芒，给人间以无限的温暖，还是仅仅在地平线上优游，不思进取，浪费时光？”当时他仿佛触了电，猛然醒悟了，觉得不能虚度光阴。此后他每个月都能收到来信，随着信中的内容慢慢修炼，居然成了学习小达人。后来他才知道，信是爸爸写的，却故意做成神秘来信，“倪甫清”就是“你父亲”的谐音。因为这种巧妙的形式，避免了当面说教，杨略更容易接受。

如今熊豆叛逆程度并不亚于当年的自己，与她沟通，有没有更巧妙的方式呢？

正想着，余振和凌霄走进来了。他们是杨略的初中同学，见了杨略，就和以前一样互相取笑。余振越发胖了，脑袋显得上窄下宽，但一脸喜庆，充满亲和力。凌霄依然是瘦猴模样，每天琢磨着编程，自然是有些辛苦，还有些黑眼圈呢。

在他们身后走进来的是曾泉。他学的是社会学，时常去做社会调查，可谓阅人无数，所以待人接物颇显活络，此时正咧着大嘴，喜笑颜开。

然后走进来的是陈高照，他和杨略同校，学的是生物，平常不是在实验室，就是钻实验田。他穿一件棕色夹克，虽然相貌英俊，身材英挺，却透出一股子乡土气，进来以后，和余振、凌霄打了声招呼，就坐在那儿不知所措了。

陈子轩迟到了。他一进门，就和大家打招呼。大伙儿几乎认不出他来了。他穿一件米黄色风衣，头发抹着发胶，显得油光水滑。他双手合十，一边走，一边不住地说："不好意思，来晚了来晚了。刚去了趟广州做签售，一下飞机就赶过来了。"

曾泉惊叹了一声："哟，成大名人了！"

其实，现在通过朋友圈，彼此动态了如指掌。陈子轩是喜欢显摆的，他去广州签售，一个月前就公告天下，真到了广州书展，他一会儿和蔡志忠合影，一会儿又与朱德庸握手，照片全发在朋友圈里，谁都看到了。所以曾泉故作惊叹，是有几分戏谑的味道的。但陈子轩很喜欢。

当然啦，陈子轩的作品的确不错。他高中时就发表漫画，到了大学，发表得多了，就有出版公司找上门来，给他出版了一本集子。因为画风清新，情节动人，很快就拥有了不少粉丝。出版公司顺势给他安排了不少读者见面会，一来二去，他在圈内就有了些名声。

曾泉说："杨略，子轩这小子的漫画书，卖得可比你好呀。"

杨略说："没办法，读图时代嘛。"

“读图？”陈子轩说，“兄弟啊，你可落伍了，现在是视频时代，什么都得视频化。小说得拍成电影，文章都得做成脱口秀，那才有影响力。像咱们这样苦巴巴地写字、画画，能有几个读者呀？咱们都得跟上形势，去做视频。现在微电影可热了。”他看向楚当当，“听说你拍了好几部片子了？”

楚当当不太喜欢陈子轩的招摇，只静静地点了点头。

“最近还在拍吗？”

“没有呢，找不到好剧本。”

“剧本还需要发愁啊？”曾泉拍了拍杨略的肩膀，“这不有作家在吗？”

余振也说：“杨略当编剧，楚当当做导演，凌霄干剪辑，齐活儿了。”

“没错，”陈子轩也来了劲儿，“连演员都是现成的。葛怡、余振、曾泉，一看就是演技派。”

“你骂谁啊，”曾泉白了他一眼，忽然摆了一个冷峻的表情，声音也变得低沉有力，“哥们儿我是——偶像派。”

看着他宽大的厚嘴唇，严肃的小眼睛，众人都大笑起来。

陈子轩拍着杨略的肩膀说：“视频化是个大趋势。把你写的故事拍成电影，多带劲儿啊？”

杨略心里也激动起来。可他到底有些犹豫，因为他从来没写过剧本呢。虽然他也写小说，但擅长写场景和心理，而剧本里最要紧的情节、对话，却都是他的弱项。

陈子轩显得豪气干云：“弱项怕啥呀？谁天生就会啊？”

杨略被说动了心：“可我写点什么呢？”

陈子轩说：“你一直写青少年小说，就写写中学生的真实处境吧。”

楚当当接口道：“干脆就写熊豆的故事吧，我觉得她的故事很典型——一个高考压力下的叛逆少女。”

杨略忽然灵光一闪：“我有了个想法，要不，咱们假戏真做？”

楚当当露出疑惑的表情。

杨略这才发现，他的话的确容易让人误会。

“我是说，我们就拍一个学渣逆袭的故事，让熊豆来演，演着演着，说不定她真成学霸了。你就和她说，要想演得真实，必须下功夫学点真知识。你说，这是不是一举两得？”

同学们纷纷问熊豆是谁，等楚当当解释明白，他们都觉得这是个巧妙的办法。

“你的脑子还真好使。”楚当当也很兴奋，她只存一点疑惑，“可问题是，她就算演学霸，会不会只是做做样子呢？”

这时葛怡说：“根据威廉·詹姆斯的理论，改变行为，就能改变心理。也就是说，她要是行为上像个学霸，慢慢地，就会从内心里接受自己就是个学霸。”

楚当当说：“这就是所谓的入戏太深了，对吗？”

葛怡说：“等到她品尝到学习的乐趣，就会一发不可收拾了。”

楚当当问：“做学霸有这么容易吗？”

葛怡说：“学生不思进取，往往有三个原因：第一个是动机问题——并不觉得学习好很重要。第二个是信心问题——认为自己成绩提不高。第三个是方法问题——想提高成绩，却不知道怎么办。只要解决这三个问题，熊豆肯定就有学习动力了。当然，这一步最难，算是破冰之旅。一个人只要有斗志，很容易创造奇迹的。”

她说得头头是道，让楚当当不住点头，深为信服。

杨略拍了拍胸脯：“破冰之旅我来做，等她有了动力，咱们可以轮番上阵，陈高照给她补数理化，曾泉给她补政史地，我教语文，葛怡讲英语。咱们强强联合，教一段，拍一段，让熊豆不仅是偶像派，还是真学霸。”

楚当当有了把握：“如果拍成了，我就说：‘根据真实事件改编。’这很有教育意义啊。”

大家也觉得此事新奇有趣，都纷纷表示一定会帮忙。

而杨略的任务最为艰巨，他负责编剧，既要编写一个电影中学渣逆袭的虚构剧本，也要编写一个现实中熊豆崛起的真实剧本。这真是戏中有戏，人戏不分呢。

接下来，他就要去接触熊豆，搜集故事，并构思剧本了。

通过楚当当的引荐，杨略很快就和熊豆的妈妈联系上了。说明了身份以及来意后，在电话那头，熊豆妈妈就倾诉起来。

“……和我女儿关系非常不好。我说什么，她都要反着来。举个例子？嗯……就拿前两天来说吧，天气要冷了。我说，豆儿啊，多穿点啊，别冻着。她却不理，穿条裙子就去上学。我怕她冻着膝盖，就硬是拽回来。她倒好，和我犟上了，说我专制，什么都要管。你说，这孩子多没良心？我这不都是为她好吗？唉……还有一回，她的鞋子坏了，我替她买了一双。她硬是不穿，套上坏鞋子就走了。问她为什么，她说，旧鞋子虽然坏了，但却是她自己选的。可在我看来，那双鞋子从款式到颜色都太难看了，她居然喜欢穿，我真是想不明白……这些事儿倒也罢了，过去也就过去了。可还有一件事，到现在想起来，都还戳我心窝子呢。那天快放学了，天下着大雨。我一想，她没带伞啊，就好心拿伞去接她。可她倒好，在校门口看见我，还板着个脸，不高兴我去接，要自己回家……不都说女儿是贴心小棉袄吗？我家熊豆，怎么就……唉……”

杨略听着滔滔大论，渐渐就明白了。

熊豆妈妈说女儿不近人情，而实质呢，却是她打着爱的名义，对女儿干涉太多，不尊重，不信任，不欣赏，却在要求回报。于是，熊豆反抗了，叛逆了，其熊熊烈火，不仅烧坏了亲子关系，而且还延烧开来，影响到了学习。

在熊豆看来，不学习，也是一种反抗，也是对自由的向往。可这些话，一时半会儿和熊豆妈妈也说不清楚。

“阿姨，我想和熊豆谈谈，行吗？”

熊豆妈妈自然喜出望外，希望杨略教育她。

“你的话她肯定听，她可喜欢读你的书了。”

杨略觉得，教育暂且不谈，当务之急，是了解熊豆的真实想法。

几天之后，就是周末，杨略应邀来到熊豆家。

熊豆家挺局促，大概只有五六十平方米，进门就是厨房，客厅和餐厅挤在一起，餐桌旁边就是一长一短两张布艺沙发，墙上挂满熊豆从小到大的照片。小时候的熊豆笑容满面，扎着两条辫子。到了少女时期，她变得亭亭玉立，但表情凝重，和爸妈一起合影时，眼神总有几分不耐烦。

熊豆和她妈妈坐着长沙发，杨略就坐在短沙发上。熊豆妈妈寒暄了几句后，就起身去切哈密瓜。

“你们聊吧，熊豆，好好向杨哥哥请教。”

只剩下两人，熊豆伸出十指，认真地看黑亮的指甲油有没有磨损。这样，她的头就微微前倾，美眸往上一翻，显出清晰的双眼皮。唉，她多像娇贵慵懒的波斯猫，爱惜着皮毛和身体。

杨略先开口了：“听你表姐说，你演了不少电影？”

熊豆抬起头，眼睛里闪过一丝兴奋，但随即又嘴唇一噘。

“演是演了，可那些电影，都莫名其妙。”

杨略看过楚当当拍的几部短片，光影、音乐都挺不错，但没什么情节，大都是表现一种意境，一种情绪，或者一种生活状态。熊豆虽然是主演，但不明白其中内涵，也是情有可原的。

“那你想演什么电影呢？”

“有情节的，也有点深度的，尤其是能表现人性的。”

“什么电影才算是表现人性呢？”

“我也说不好，反正既不是我表姐的那种闷片，也不是烂俗的校园爱情短剧。”

“你平时喜欢看什么电影呢？”

“很多啊，特别喜欢战争片。”

这倒是让杨略意外的。因为这个年纪的女孩，大概都会沉醉于甜蜜浪漫的爱情偶像片。

“能举一些例子吗？”

熊豆眼睛瞧着天花板，努力地想，说出了几部电影的名字，如美国的《拯救大兵瑞恩》《锅盖头》，还有韩国的《共同警备区》和《欢迎来到东莫村》。这些电影杨略也看过，都是反思战争的作品，他非常喜欢。于是他们探讨起一些电影情节，很是投机，气氛就渐渐活跃了。

“你为什么喜欢战争片呢？”

“好看啊，而且深刻。”

可至于怎么深刻，她似乎又说不上来。

杨略上过《影视欣赏》的课程，老师曾做过总结，说战争片血腥、血性，当然吸引人，但最要紧的是，战争中最能体现人性。平时大家一团和气，仿佛都是好心肠，将真实的人性隐藏起来，而到了你死我活的战争环境里，人性就暴露无遗。其实很多好电影都是把人抛到绝境之中，借此展现众生相，引发人的反思。比如《罗生门》开场就是凶杀案，而后强盗、妇女、武士、樵夫陆续登场，自说自话，用谎言维护自己的尊严和体面。

杨略拾人牙慧，将这些观点说了出来。熊豆托着腮帮子，凝视着他，听他的滔滔大论，不住地点着头。

“你分析得真好。看来你真喜欢电影。”

“我和你表姐正准备拍一部电影呢。”经过了长时间的铺垫，杨略这才说出此行的来意。

“她的小电影啊，还是算了吧，怪里怪气的，一句台词也没有，没意思。”

“这回由我来编剧，就完全不同啦。”

“那你想写什么呢？”

“我想写一部反映中学生的生活现状的电影。”

“好，向泯灭天性的中国教育开炮。”

“主线是一个学渣如何奋起，最后成为学霸，看完让人热泪盈眶的那种。”

熊豆奇怪地看着他：“这是典型的励志鸡汤片啊，你不是说要反映人性吗？”

“难道人性中除了自私阴毒，就没有美好的一面吗？”

熊豆想了一想，点点头：“也对。”

杨略趁机说下去：“我们生活本来就未必美好，如果还整天看那些悲惨压抑、暗无天日、令人七窍生烟或者毛骨悚然的作品，那我们还活不活了？其实我最想表现的，是战场上崛起开放的花朵，是废墟里安静读书的学子，是学业重压下对梦想的追求。总之，不逃避现实，但也展现人性的坚强。”

熊豆听得不由昂首挺胸：“听你这么一说，还真挺带劲的。”

“就是嘛。深刻，不一定就是丑陋。人性，不一定只有阴暗。”

“嗯，”熊豆重重地点头，“那剧本写完了吗？”

“我刚刚设计了一个女主角，名叫宁可儿。”

“宁可儿？名字挺温柔。”

杨略解释了名字的用意，“宁可”透出一点倔强，但“可儿”却又显得柔和可人。她原来不思进取，混沌度日，因为某个缘故，她受到刺激，立志成为一个学霸。

“具体是什么机缘呢？我还没想好呢。”

“这个我知道，”熊豆急忙忙地接过话头来，“肯定是因为爱情。她忽然遇到一位转校而来的学霸男神，按她的个性，心里喜欢，就会主动出击，结果一聊天，男神满肚子学问，她心里顿时好自卑。为了接近他，女孩偷偷努力，最后修炼成功，成为学霸……不过这个思路，似乎太偶像剧，没多大意思呢。”

熊豆垂下头去，又想了一会儿。“有了有了！”她兴奋地用拳头捶着双腿，“因为家庭变故，忽然有一天，宁可儿的爸爸生了重病，住院治疗，花费很高，家里一下子陷入困境。她妈妈十分辛苦，她也趁周末去打工贴补家用，但总是不够用。好不容易爸爸康复了，但她还是很痛苦，觉得自己没用，再不好好读书，就完全没能力保护家人。于是她觉悟了，靠着一股顽强的精神，终于成为尖子生。”

杨略听她滔滔不绝，不由地笑了起来。

“人家爸爸生病了，你还这么开心。”

熊豆吐了吐舌头，嘿嘿地笑了。

“我这不是帮你创意嘛。”

“这些创意都挺好的。我是这样想的，先确定演员，然后根据演员特点来设计人物，就更容易演得出彩。”

“那你想让谁来演呢？”

“你表姐推荐了你。”

熊豆忽然露出了一点羞涩。

“演学渣，我能行，算是本色演出。可让我演学霸，没体验过，我可演不好。”

“你就说想不想演吧。”

“想演，可是——”

“没吃过猪肉，还没见过猪跑啊。现在是见证你演技的时刻了。你平常多观察学霸的言谈举止，然后加以模仿，肯定可以惟妙惟肖。”

“行，我的同桌就是学霸。”

“观察还只是外在的，要想演得出彩，最好有切身的体会。张国荣为了演程蝶衣，特意学了昆曲，一板一眼都十分到位。彭于晏为了演《翻滚吧，阿信》和《激战》，真的练了一身肌肉。”

“彭于晏是我的男神！”

“还有张震，他为了演《吴清源》，居然勤学苦练，真的成了围棋高手；在拍《深海寻人》时，因为剧情需要，他考取了潜水证；为了拍《一代宗师》，他练成了八极拳；在《道士下山》中，他演一个穿戏服的武学高手，却差点就学会了戏曲。”

“他的人生，简直就开挂了。”

“我也很羡慕他呀。作为演员，可以体验不同的人生。他活一辈子，却相当于活了别人的十辈子呀。”

熊豆的眼神有着无限向往。

“我也想体验不同的生活呀。”

鱼儿已上钩，杨略要轻轻地提起钓竿了。

“所以啊，现在机会来了。为了让你体验学霸的开挂人生，我会给你讲学习方法，还会另外安排一些真学霸给你补习，让你切实体验一下真学霸是怎样的。”

熊豆煞有介事地点点头：“嗯，我一定好好观察生活！”

“对，这是演员的基本修养。”

“没问题。我虽然这辈子做不了学霸，但演一次学霸，也算是过一把瘾。”

熊豆仰头大笑起来。

第一课

破冰之旅①：除了读书，你靠什么获得自由

熊豆的笑声如此爽朗，让杨略觉得，他们之间没有什么隔阂了。他的计划算是开了一个好头。接下来，他就要逐渐把熊豆带入故事里去。

“要设计一个角色，最重要的一点，就是写好人物故事背景。”

“这个……我不太懂呢。”

来熊豆家之前，杨略恶补了编剧的技巧，此时现学现卖，给熊豆讲解起来。

他说，要写故事，先要有人物。而要写人物，就必须先写人物背景：家庭啦，相貌啦，人生遭遇啦。这些一确定，人物就变得立体可信了。他有自己的表情，自己的想法，遇到事情会有独特的反应。尤其当两个虚构人物在某种特定场合相遇，他们就会擦出火花来，故事就可以顺畅地发展下去了。所以小说家们经常说，人物会自动演绎出故事来，而作者只负责记录。这虽然有些夸张，但也是实情。

最后，杨略做了个总结。

“既然是为你量身定做一个角色，那我先好好了解你的情况吧。”

杨略的这一席话，熊豆听得半懂不懂，但正所谓“不明觉厉”，她就越发对杨略佩服得五体投地了。

“好，你想问什么，随便问吧。”

杨略先问了她目前的学习情况。她回答得很利落。和杨略所了解的一样，她初中成绩还好，到了高中不思进取，成绩日渐落后。

“现在大概全校三四百名吧，谁知道呢。”

她说得很简要，轻轻地笑着，竭力装得无所谓。

“为什么会落后呢？”

“我就是觉得读书没什么用。”

“怎么会没用呢？”

"或许对你来说，读书是有用的。可对于我来说呢，死记硬背那些东西，只为应付考试，以后又用不着，干吗那么费劲？"

"以后真的用不着吗？"

"当然啦，我又不搞学问，不当作家……"

"那你以后想做什么呢？"

"我没想过，过一天算一天吧，总会有办法的。车到山前必有路，船到桥头自然直。"

熊豆虽然说得潇洒，但目光却是暗淡的，又低下头去看自己的指甲。刚才的意气风发，忽然无影无踪了。

杨略看到她表情的变化，知道她在反思。本来他可以乘胜追击，大谈读书的意义。可那样一来，说教味太浓，熊豆会警觉，会反感，若是叛逆起来，就会破坏大好局面。于是他哈哈一笑，站起身来，走到书架旁边。

"据说要了解一个人，最好的办法，就是看看她的书架。"

熊豆抬起头来，神情轻松了一些。

"我的书架乱七八糟的。而且，我的书都好幼稚的。"

书架上除了教材和辅导书之外，还有一些儿童文学、青春文学、经典小说，以及不少电影方面的杂志。看得出来，这就记录了熊豆的阅读历程。

杨略发现一本《打工女孩》。这是美籍华人张彤禾的作品，记录了年轻打工女孩的真实境遇。深入调查，客观记录，这是他所佩服的写作方式。杨略顺手取下来，翻了几页。里面有下划线，有评注，字迹纤秀工整，显然是熊豆所写。

熊豆居然看《打工女孩》。封面上的乡村女孩，脸膛黑红，穿花格子厚外套，和熊豆完全像两个世界的。

"这是你在看的书？"杨略不由发问了。

"对啊，我挺喜欢这种题材的。"

熊豆站在杨略身边，指点了几本书给他看。

“我还喜欢看《中国在梁庄》。”

这些书，都是底层人民的生活实录，应该是曾泉的最爱啊。而熊豆不应该追浪漫的韩剧，看没脑子的综艺节目的吗？熊豆到底是怎样的人呢？明明是一个学渣，阅读的图书却如此有深度。杨略真觉得好奇。这时，他又翻到一本，是科幻小说《北京折叠》。这是郝景芳获得雨果奖的作品。

“这本你也看了？”

“新买的，还来不及看呢。”

“这也是我喜欢的书。”

正说着，门开了，走进来熊豆的爸爸。这是个四十五六岁的男人，大概已经放弃了自己的外表，穿一件松垮的圆领条纹T恤，肚子鼓囊囊地腆着，裤子已皱得不成样子。他见有客人，脸上略微舒展一下，寒暄了几句，就重新愁眉苦脸，抱怨起出租车这行当来。

“全是网约车，我溜溜跑了一下午，啥活儿也没拉着。嘿，他妈白费油了，份子钱都没挣下……唉，我这活儿，真是没法干了！”

杨略知道，自从打车软件横空出世，私家车纷纷加入。几年下来，大伙儿都习惯了，出门就用打车软件，既省钱，又方便。如此一来，出租车哪里还有生意呢。

“叔叔，您也可以做网约车呀。”

“就算用打车软件，可出租车比快车贵啊，谁会来坐？唉，以前是人多车少，我们也风光过几年。真没想到，现在居然干不下去了。等明儿，我也上市政府静坐抗议去。”

熊豆妈妈给丈夫端来一杯水。

“早就叫你改行，你偏不听。”

“改行？咱除了当兵时学过开车，其他啥也干不了啊。不开车，喝西北风去？”

“还不如和我一起倒腾服装呢。”

“现在人家都网上卖衣服，你摆个地摊，有人理你？”

“我这不也学着开网店吗？”

“你就拉倒吧，打字都不利索，图片都拍不清楚，还开网店……”

熊豆妈妈顿时怒火中烧，叉着腰，立在他面前，口水四处溅开来。

“就你能，你倒是去挣个几百万，让我也享享清福啊。”

熊豆爸爸顿时软下去，仰脖子喝完了水，就站起身来，往外走去。

“小杨，豆子，你们聊着，我再去跑一趟，把份子钱挣回来。……唉，回家也不得安生……”

熊豆妈妈余怒未消，就转而倾诉生活的不幸，说什么自己命不好，老公没本事，絮絮叨叨说了很久，末了，就对熊豆说：“豆子，你瞧瞧我和你爸，起早贪黑，也算肯拼命吧，可最后怎么样了？几十年下来，忙忙碌碌，日子却越过越紧巴，眼瞅着就要失业了。说到底，就是吃了没文化的亏啊……我们就指望你能好好念书，考个好大学。可你倒好，整天和你那些狐朋狗友鬼混，把脸画得跟妖精似的。唉……等我和你爸老了，干不动了，你忍心让我们饿死吗？”

从爸爸进门，熊豆就一直没吭声，只是安静地坐着。此时在熊豆妈妈的唠叨声中，她的眼神显得迷离，似乎眼前一切都与她无关，心思不知飘哪里去了。房间里，就只有她妈妈的声音在回荡。

“等你以后结婚了，有了小孩，你愿意苦着他吗？人家穿得好，吃得好，学着琴棋书画。你呢，为了挣点钱，和我一样去摆地摊？你说，你对得起孩子吗？”

熊豆才十五岁，自然没有这样的远见。杨略却有共鸣，在贫寒人家，父母忙于生计，回家疲惫不堪，哪有精力陪伴小孩呢？家庭教育不足，孩子在起跑线上就输了。

“够啦！”熊豆忽然一声大吼，面容狰狞地站起来，嘴唇抖了几抖，没有说出话，忽然一跺脚，转身走进自己的房间，砰地把门关上了。

"你瞧瞧，你瞧瞧……"熊豆妈妈看着杨略，泪流满面，脸上一时布满了皱纹，"她爸这样，她也这样，我……"

杨略忽然被卷入了一场家庭纷争之中，一时束手无措。他能理解熊豆爸爸的艰难和无奈，也知道熊豆妈妈所经历的辛劳与不幸。同样，他也能体会熊豆的心情。一个花季女孩儿，在外人面前被妈妈这样数落，难免会觉得脸面无存。

唉，这是一个陷入绝望的家庭。

的确，熊豆妈妈说得对，他们家的希望就在熊豆身上。可问题就在这里，熊豆的学习已经落后，再加上整天被妈妈责骂，家里阴霾密布，充满负面情绪，在这样的环境中，她除了继续沉沦、逃离，还会有别的出路吗？

如果能帮助熊豆成长，他就是拯救了这一家子。

他越发觉得自己的责任重大了。

"阿姨，您别太担心。我和楚当当会帮着熊豆的。"

熊豆妈妈将杨略的手紧紧握住。

"你们都是懂事的好孩子。熊豆要是能像你们这样，那该多好……"

杨略知道，在这样的时刻，他和熊豆没法再深入交流了。而且，他初步要搜集的材料——熊豆的家庭、学业情况、内心想法——也基本完备了。于是他又安慰了熊豆妈妈几句，就起身敲了敲熊豆的房门。

"熊豆，我先回去了。有什么想法，就发消息给我吧。"

熊豆打开了门，眼泡有些红肿，勉强挤出一点笑容。

"杨略哥哥再见。"

杨略回到宿舍，刚才的场景还历历在目，他觉得事不宜迟，必须马上对熊豆进行开导。怎么开导呢？他决定双管齐下。一方面，他让楚当当出面，拍摄熊豆的生活常态。他相信，当片子拍好了，熊豆看到自己真实的生活，肯定会有所反思的。另一方面，他还要给熊豆写一封长长的信，告诉她读书的真正意义。

楚当当听了，也觉得主意很好，于是紧锣密鼓地准备起来。她趁着熊豆去上学，就去了她家里，和熊豆爸妈说明来意，希望熊豆通过演一个学渣变学霸的小电影，真的脱胎换骨，洗心革面。

“所以啊，我需要你们配合，把那次吵架重新演一遍。”

老夫妻俩顿时面露羞涩。

“我们哪会演戏啊？”

“平时怎么样，就怎么样，我们拍下来就好。”

熊豆妈妈说：“好不容易当次演员，那也得演得积极向上不是？哪有演吵架的？那多丢人！”

楚当当坐在她身边，握住她的手。“小姨，为了豆子的未来，您就牺牲一次吧。”

“就是，你看当当多用心啊，知道和豆子讲道理没用，就想了这么个法儿，”熊豆爸爸呵呵笑着，“媳妇，没事，咱先演吵架，等拍到豆子变学霸了，咱们再演得正面点儿，行吗？”

“没问题。”

搞定了熊豆父母这一边，她又赶紧来到熊豆的学校，找到熊豆的班主任，又将前因后果说了一遍。

“等您上课，我们就拍一小段，记录熊豆在学校的真实情况。希望她看了以后，能幡然醒悟。”

班主任姓于，名得水，是个富态而乐观的年轻人，心思也活络，听了楚当当的介绍，也欣然同意。

“只要不干扰正常上课就行。”

趁着中午，楚当当将熊豆约出来，在校门口一起吃中饭。听了楚当当的安排，熊豆兴奋起来。

“现在就开拍呀。”

“对，先拍你，哦不，是宁可儿的一天。”

“那我得穿什么衣服啊？”

“就跟平时一样。”

“化妆吗？”

“平时化吗？”

熊豆点了点头。楚当当仔细看看熊豆的脸，发现她拍过粉底，描过眼线，还涂了眉毛，但手法稚嫩，痕迹太明显，倒不如平常素颜时优美清纯。但楚当当并没有提出异议。

“一切照常就行。”

于是过了两天，楚当当的剧组就开工了。其实说是剧组，也就只有三个人。楚当当是导演兼摄像师，端木宇做专职摄像师。他们各执一台佳能 5D 相机，从两个机位同时拍摄。此外，他们还有一个录音师，举着带挑杆的录音器，将现场声音录下来。

他们在教室取景，选择好了机位。同学们颇感新奇，课间前来围观，叽叽喳喳地问个不停。不过一旦上课，发现相机只对准熊豆，班主任又开始讲课，大家也就恢复正常了。

熊豆毕竟有些紧张，似乎也想表现得积极向上，所以正襟危坐，双臂交叠，放在桌子上，宛如一个听话的小学生。楚当当免不得向前说戏。

“你平时是怎么样的？”

熊豆吐了吐舌头，将课本立起来，做了个掩护，在底下藏一本漫画，偷偷看了起来，不时还往黑板瞄上一眼。一会儿又掏出镜子，看看脸上的粉底是否均匀，甚至掏出粉饼，轻轻地在脸上拍上一拍。

“熊豆，‘日月忽其不淹兮，春与秋其代序’，这句怎么解释？”于老师忽然发问。别说熊豆，连楚当当都有点发懵：剧本里没有于老师的台词啊。

熊豆猛地站起来，动作太大，凳子都被她带得翻倒了，直砸到后桌的同学脚上。后桌痛得龇牙咧嘴，满教室的同学都瞧过来。

“瞧你，整天着急忙慌的，你都在忙什么呀？”于老师直走到后排来。楚当当和摄像师赶紧抓拍。这于老师神态自若，无视镜头，倒是个演技派呢。

熊豆飞快地将粉饼和漫画藏进抽屉，茫然地看着老师。

“我问你，‘日月忽其不淹兮，春与秋其代序’，怎么解释？”

“嗯，日月忽视它，不淹死它，春和秋把它取代了。”熊豆说得含含糊糊，自己也知道完全不对劲儿。同学们则是哄堂大笑。

于老师看着她，气不打一处来，却又很无奈，只好冲她摆摆手。

“好好好，请天才坐下吧。莫茵你来。”

莫茵是她同桌，出名的学霸，站起来从容地回答：

“时光迅速流逝，从来不会停留，春与秋不停地更迭。”

于老师满意地点点头。“听听，听听，这才是正确的解读。”

熊豆坐在那儿，暗自嘀咕：“谁知道‘淹’的意思是‘停留’啊。”她故意装成不以为然，但失意的阴云笼罩在脸上，还是清晰可见的。她看着黑板，默默地发了一会儿呆。

下课了，楚当当走到她身边，摸摸她的头说：“豆子，今天的拍摄任务完成了，你演得很传神。你们于老师也很入戏。”

熊豆苦笑了一阵，轻轻地说：“我就是这么个学渣，本色演出，能不传神吗？”

楚当当似乎没听见，并不接她的话头，忙着和剧组收拾好各种装备，又向熊豆挥了挥手。

“我得先回去啦，先简单地剪辑一段，今晚就传给你看。”

楚当当走后，熊豆一直就郁郁寡欢，觉得干什么都没意思，连漫画书也看不下去，只是和同学随意开了些玩笑，但到底没滋没味。就这么挨到了晚自修，她忽然收到了杨略的邮件。

熊豆：

见字如面。

通过上次的相见，我发觉你很真率爽朗，十分可爱。我想，我们肯定会有精彩的合作。

好了，我们切入正题。

我现在发现，之前我对剧中人物宁可儿的人物设定，与你的情况十分相近。现在你表姐已经记录了宁可儿的日常，接下来，我得思考一个问题：究竟是什么原因，让宁可儿忽然洗心革面，对学习产生动力了呢？

为此，我整理了五种刺激性理由。你作为主演，必须充分了解角色心理。所以，我要请你帮我参谋一下，看哪种理由更有刺激性。等你选好了，我就按这条理由去往下编故事。

好了，废话少说，我们开始吧。

一、荒废青春，换来的将是一生的卑微

今天在你书架上看到科幻小说《北京折叠》，很惊喜，因为这也是我很喜欢的作品。小说勾画了未来北京的场景，那里的土地可以翻转。一面是第一阶层，他们是五百万富人，从早上六点醒到次日早上六点，然后转入休眠。此时，城市像地毯一样被卷起，换到另一面。这时第二批人——两千五百万中产阶层起床，从清晨六点忙活到晚上十点，再轮到五千万底层工人生活。他们回收垃圾，从晚上十点工作到次日早上六点，然后又轮到富人苏醒。

简单地说吧，就是第一阶层享用24小时，第二、第三阶层共用24小时。不同阶层之间的收入和生活方式都截然不同。由于空间折叠，所以突破阶层也完全没可能。

我们以前一直认为，有钱人越来越有钱，拥有了资本和权力；穷

人越来越穷，只好被剥削：社会真是不公平！可这本小说展现的是更恐怖的场景：在未来的社会里，穷人可能连被剥削的机会都没有了。

因为底层工人的体力活太简单，机器干得比他们更出色。这一来，工人的饭碗其实全被砸了。可他们得吃饭啊，所以呢，当政者就放弃了机器人计划，给底层工人保留了工作，好让他们领点工资养家糊口。

这听起来很残酷，可现实就是如此。一个人要是不接受教育，没有知识储备，就只能干点简单的活儿，随着人工智能的开发，只具备简单工作技能的人就面临失业。要是真到了那一天，他除了领取补助，艰难而毫无尊严地活着，又能怎么办呢？

我们清晰地看到，在当今社会，越是底层的工作，越是容易被人替代，甚至是被机器代替。这也就意味着，随着科技的发达，那些胸无点墨、不思进取的人，在未来可能连一份体力活儿都找不到。而只有那些需要创意、需要综合才能的工作，因为门槛高，才更不容易被替代。

想象一下，假如你是一位有着巧思妙想的室内设计师，经过你的手，房间色彩或者温馨浪漫，或者清爽悦目，或者古典高雅，让客户心悦诚服；假如你是一位头脑清晰、口齿伶俐的律师，法庭上逻辑严密、言语铿锵；假如你是一位充满想象力的作家，文笔灿烂，故事巧妙，情节曲折；假如你是一位严谨缜密的会计师，再多的账目在你这里也丝毫不乱……那么，你将永不会失业，因为你无可替代。

很多叛逆少年会说，我不读书，是为了反抗教育制度的压抑，是为了追求身心的自由，每个人都有自己的活法，何必强求一致呢？于是，当他们正值青春时，就叛逆着，张扬着，好像很自由，也很可爱。可十年后呢，他们年纪大了，要工作了，却一无所长，只好到处找活儿干，别人让干什么，就得干什么。他们曾引以为傲的自由，又在哪里呢？

真正的自由，是建立在自律之上的。

而荒废青春，只能换来一生的卑微。

熊豆，如果你是宁可儿，会被这句话刺激到吗？

二、人要有选择的自由和敢于做自己的勇气

我刚刚批判了挥霍青春的所谓“自由”，接下来我想探讨一下，真正的自由到底是怎样的呢？

我和你说一件真事吧。去年暑假，我去贵州山区支教了。那里山很高，人很穷，教学质量很差，但孩子们很开心。有一天，我们带学生们去野外写生，画风筝。天气出奇地晴朗。太阳真是最高明的调色师，村庄、青山、稻田、蓝天、白云，各有各的颜色，每种颜色都纯净，宛如一幅水彩画，连水泥电线杆，以及延伸的黑色电线，还有路旁高高的柴火堆，都是有韵味的，有深意的，是画面的一部分，让我觉得，如果这里忽然走来一只胖乎乎的龙猫，也是不足为奇的。

孩子们在雪白的风筝上，用水笔画上人物、风景，然后，都在水泥路上集合，一声令下，就一起奔跑，将风筝高高地放起来。

他们在烈日下飞奔，露出最灿烂的笑容。因为没有经验，不知何时放线，所以风筝放不高，而且往往钩在电线上、树枝间，要用长杆子去够。然而，他们并不懊恼，个个喜笑颜开，笑声就像小鸟雀一样，在田野间扑棱棱地随处飞起。

“这是我第一次放风筝。”他们这样告诉我，脸上漾着笑意。

山里小孩就是这样，生活似乎单调，但在田野里、山林中，触目所及，都有无尽的趣味，于是眼眸子清澈，而且勃勃有生机，对外来事物也保持极大的好奇。

他们简单而易于满足。

我看着他们，忽然心疼起来。

他们毕竟还小，生活在乡间，虽然家境贫寒，但与伙伴们在一起，逮鸟，游泳，抓鱼，在夏天里将身子晒得油黑，恬然知足，并没什么忧虑。然而他们即将念初中，随后就将长大，面临着三条出路。

第一条路，去城里念大学。这里教学质量不佳，我看过一份三年

级成绩单，语文及格率为6%，数学及格率为20%。所以孩子们考上大学的概率很小。即便考上了，对于村民来说，一年学费相当于一年的总收入，生活费又去哪里拿呢？于是家境就越发艰难了。等他大学毕业，在城里找了份工作，因为没有背景，一切从零开始，起薪很低，面对高昂的房价，只能望洋兴叹，深感压力。

第二条路，没有上大学，却选择去城里打工。对于转移农村劳动力，改善家境，这是最简单有效的方法。在家访中，有个孤儿的奶奶就认为读书没用，不如让孩子在家里帮忙。但对于外出务工人员来说，没有专业知识，在城里很难真正立足，回乡又无法生根，也就成了“无根族”，他们所生的孩子，只好在老家读书，让爷爷奶奶照看，成为留守儿童。

第三条路，留在老家务农。虽然贵州风景宜人，但山地高寒，土地稀少，只能生长水稻和玉米，连果树都无法存活。他们留在老家，只能种植水稻，养些猪羊，收入自然不高，虽然也能活下去，但只是在重复祖辈的生活。

你觉得，对他们来说，哪条路是最好的呢？

在支教期间，我反复问这个问题。这里空气清新，风景绝佳，饮用山泉水，食物无污染，加上民风淳朴，的确是世外桃源。既然如此，他们如果能“不知有汉，无论魏晋”，那该多好，何必一定要去城市呢？

后来，我换一个角度切入，就得出了一个答案。因为人生最大的幸福，就是可以选择自己想要的生活。那么，哪条路的选择余地更大呢？

留在乡村务农，就别无选择，唯有面朝黄土背朝天；去城里打工，世界更为开阔，就多了一个选择，在城里混不下去时，还可以退守农村；去读大学，有了知识和学历，以及开阔的眼界，虽然起步比较艰难，但只要努力，眼前就海阔天空，充满了各种可能性。

于是，我想到了之前遇到的一个学生。

马新天是个初二学生，家境不坏，是个富二代，不用心读书，常常很酷地说："干什么都能养活自己，干吗非得读书？工地搬砖头挣钱也不少啊。"

我就问他："那你愿意去当搬砖工？"

马新天眉头一扬："搬砖怎么了？你瞧不起劳动人民啊。"

"不是瞧不起。任何工作都是值得尊重的。我只想问你，如果你是建筑公司老总，你会请一位搬砖工去干建筑师吗？"

"怎么可能？我又不傻。"

"反过来，如果建筑师去搬砖，行不行呢？"

"恐怕，体力不行吧？"

"就算他体力差点，干活慢一点，但总是干得了吧？"

马新天点点头。

我继续说："所以，建筑师的工作选择，就比搬砖工多，对吗？许多人干底层的活儿，不是他们愿意，而是没办法。人活得不自由，心里就憋屈。我们努力学习，并不是为了追求什么成功，什么高薪工作，而是为了将来能自由选择，过上自己想要的日子。这样的人生才最酷，对吧？"

马新天恍然大悟。因为他是个很酷的少年，他才不要被别人安排工作，他要按照内心自由地去选择，做自己最喜欢的事情，去酷酷地生活。

而要获得这样的自由，必须经过长期的努力学习和积极训练。

熊豆，如果你是宁可儿，会被这条理由打动吗？

三、读顶级名校是一种怎样的体验

熊豆，看完了两条理由，现在，我先请你暂停一下。运动一会儿，喝杯水，都行。然后，请你安静下来，把自己当成宁可儿，扪心自问几个问题：

难道我不渴望好成绩吗？

难道我不想成为学霸，让旁人钦佩吗？

难道我没有梦想过跨入名校，享受最好的教育吗？

熊豆，我觉得宁可儿肯定想过这些问题的。那么，你想过吗？如果没想过，那我来告诉你读名校的体验吧。

徐志摩曾写过一篇文章，说牛津大学的教授有一个秘方，就是“对准了他们的徒弟们抽烟”，甚至说，牛津的学生就是被导师的烟熏出来的。这自然是笑谈，但你不妨想象一下这样的场景：

在中世纪风格的客厅里，壁炉里闪着火光，咖啡壶里袅着醇香。老教授须发皓白，陷在沙发里，抽着烟斗，一边喷着烟圈，一边对着学生侃侃而谈，阐述自己的理论，或回答学生的提问。而学生们围坐一圈，虽然身处斗室，但在导师的指引之下，神思却飘荡在宇宙之间，感受到身心的冲击。

名校的教授就有这样的魅力。他们学识渊博，是本专业的权威。而越是权威，就越是因为自信而显得平易近人。受他们的影响，学生不仅能学得治学之道，也能习得做人之法。

其实，在名校里，不仅是授业的恩师让人受益，连这里曾培养的英才，也在悄悄地影响着年轻的学子。吴晓波在《我的偶像李普曼》一文中，曾写道，他去哈佛大学做访问学者，走在查尔斯河边上，看着河水清澈，夕阳西下，不由浮想联翩：

这个河边，这些桥上，曾经走过三十四位诺贝尔奖得主、七个美国总统，他们注视这些风景的时候大概都不过三十岁，那一刻，他们心里到底在憧憬一些什么？

是的，当我们想到这些大人物，以及他们的事迹与思想，就会不由得感慨：大学者，非谓有大楼之谓也，有大师之谓也。这些大师，才是大学的灵魂所在。青年学子们求学之时，每天走在大师们曾走过的道路上，心生效仿之意，久而久之，胸中就会孕育出一股经邦济世的浩然之气。

这就是名校的气象，潜移默化，润物无声。

近几年，江湖上流传着一句话：哈佛凌晨四点半，图书馆灯火通明，座无虚席，学子们勤奋读书。这种谣言自然是不攻自破的。毕竟，哈佛学生也是人，四点半挑灯夜读，那白天就得睡大觉。但有一点是可以肯定的，名校学生原本就是精英，他们有良好的学习习惯，往往充满斗志，眼界开阔，学习着专业知识和跨专业的知识，参加着社团活动和各类比赛……忙得不可开交，形成一个极好的学习氛围。他们的身上往往洋溢着一种精神：自律、进取、勇敢、积极。这种精神将让他们受益终生。

“蓬生麻中，不扶而直；白沙在涅，与之俱黑”，大多数人容易受环境所左右。设想一下，一个十七八岁的少年，考入一所平常的高校，甚至没有被录取。高考的挫败感，周围人群的放任自流，会让他不由自主地放低标准，减少与环境冲突的痛苦，然后，自认为“满意”地度过每一天。这种做法，无疑是致命的。他当初高考失利，只是一城一池之失，而被散漫放任的环境所裹挟，却将输掉整场战役，最后碌碌无为，怨天尤人。

而当我们身处名校，就会不由自主地被积极向上的氛围所带动，不断自我革新，不断自我提升，严格管理自己的时间和精力，也会管理自己的身材，于是时刻精神奕奕，青春洋溢，斗志昂扬，对未来充满自信。

如果你是宁可儿，你不想身处其中吗？

四、所谓读书无用，只是不敢接受挑战

我相信，宁可儿肯定想过提高成绩，也肯定为之努力过。但是，也许是方法不对，也许是努力过一阵后，没有取得明显进步，就失去了信心，变得消沉、迷茫，甚至自我怀疑。

于是，她陷入了自卑情绪之中。看到班里的尖子生，她自惭形秽，偷偷躲开，不敢与之交流。但她是那么忧伤和孤独，渴望着同伴和友情。

这时，她忽然听到有人在说：读书好也没什么用，书呆子最没意思！她听到耳朵里，心里就得到极大的安慰。同时，她看到说话的那群人穿着时尚，举止潇洒，不守学校规章的行为真是带劲儿，就会觉得，青春不就应该那样浪荡不羁、身心自由吗？于是她如释重负，原先重视的一切，如成绩、排名、名校……忽然轻如浮云了。她找到了组织，也自称“学渣”，和其他落后生们互相取暖，共同堕落。而且，散漫得久了，她看着埋头做题的同学们，忽然会有一种不屑：

“我只是不用功罢了，要用功起来，你们算什么？”

是啊，我就是脑子聪明，但不用功，如此而已。

甚至，连她父母也这样认为：“对啊，我女儿小学时很优秀，现在呢，就是不肯用功。”

他们就这样共同麻痹着。

但他们没有深究过，不肯用功的根源到底是什么。

想象一下，如果她不努力，导致成绩很差。拿着这样的成绩单，她当然不高兴，却还心存幻想：哼，我不是考不好，而只是懒得学而已。而如果她努力了，成绩却没起色，她会怎么想，还认为自己聪明吗？不，那时候，她会痛苦地认识到：我不是不想学好，而是真的学不好，我就是不聪明，根本就不是学习的料。

于是，她万念俱灰。

与其万念俱灰，不如保留一点幻想。

于是，她选择了不努力。

明白了吗？她的所谓叛逆，她的所谓耍酷，她的所谓轻视学习，她的所谓读书无用论，归根到底，只是因为懦弱，因为胆怯，不敢迎接挑战，只愿意活在幻想里。

熊豆，如果你是宁可儿，会被这条理由打动吗？

五、将来的你，肯定会感激此刻拼命的自己

当然，我们努力学习，其目的并不仅仅是为了考入名校。因为名校录取名额毕竟是有限的，许多人努力了，还是考不上。但即便如此，努力学习也是值得的，因为努力的过程本身就是一种最积极、最健康、最有价值的人生状态。当我们回首往事时，想到那段难忘的拼搏岁月，就会由衷地被自己感动。这是一种多么美好的体验！

我笔下的宁可儿一直在抱怨，说她讨厌高中，甚至认为那种应试教育的环境，压抑，黑暗，泯灭天性，简直令人崩溃。可事实真是如此吗？很多人进了大学以后，在自由散漫的环境之中，忽然怀念起高中生活来。他们异口同声地说：那时候很用功，很拼命，很充实，是最可贵的光阴，值得一生铭记，每一次想起，就热血沸腾，觉得日子不曾虚度。

是的，每个人要想有所成就，想要找到最擅长、最喜爱的工作，必然需要经过长时间的努力，就像长江只有奋力凿穿岩壁，劈开三峡，才能进入开阔明朗的平原。

从表面上看来，努力学习颇为艰辛，但体验过的人都知道，其本身并不痛苦。因为努力学习时，目标明确，充满热情，不为老师，不为父母，只为了自己的前途积极努力，或者陶醉于学习本身，从中就能实现真正的心灵自由。

所以，努力学习的人，就算不能考上名校，但只要志向坚定，不管外人讽刺还是鼓励，都能按自己的计划前进，他们终将成为社会中

的精英。

而如果失去目标，不再努力，随波逐流，得过且过，就会感觉自己松松垮垮，到处都不得劲儿。由此可见，失去目标的自由，其实就是断线的风筝、无根的浮萍，茫茫然跟着乱风和流水，最后只会落到自己不想逗留的地方。

熊豆，你觉得宁可儿愿意选择怎样的生活状态呢？

以上，我列了五个理由，用来刺激宁可儿的心灵，让她懂得学习的意义、奋斗的意义。你觉得哪一条最能说动她呢？

今天先写到这里，期待你的回信。

深深地祝福你。

你真诚的

杨略

信发送后，杨略多了一份牵挂，时常打开手机，看看有没有新邮件。这一颗裹着糖衣的药丸，熊豆会接受吗？她是那么聪明的女孩，可能一眼就能识破他的用意。识破后，她会不会产生反感呢？不过，事已至此，识破就识破吧，反感就反感吧。毕竟他是用心良苦，又别无企图。

然而，一整天了，邮箱里什么动静都没有。

难道，真的和她妈妈说的一样，这丫头完全不通人情，总将别人的好心当驴肝肺，已经自甘堕落得不可救药了？杨略不由一阵失望。但随即，他又找到了一个理由：大概，高中生不能用手机吧。

事情似乎正如杨略所料，到了第二天晚上十点多，他收到了熊豆的微信。

“杨略哥哥，你把读书的意义分析得很透彻，既有现实层面的考虑，也有理想层面的追求，每一点都能刺激到宁可儿。只不过，如果我是宁可儿，会有一点疑惑：学习哪有那么容易，作为学渣，落后了那么多，哪里还翻得了身，逆得了袭呢？”

杨略心中暗喜。

熊豆密闭的心扉，终于启开一道缝了。

其实，熊豆内心受到的震撼，远远超过这条微信的内容。

她晚自修回家，靠在床上，拿着手机，安静地看着信件。看着看着，忽然发了呆，就定定地看着窗户。外面正在下雨，雨滴落在玻璃上，滑成一条条丝线，在底部聚成一颗颗水珠。灯光一照，亮闪闪的，像极了泪珠。忽然，她的眼前模糊了。她无声地抽泣起来，肩膀一抖一抖。

通过楚当当拍摄的影像，她像一个旁观者，看到镜头里的自己，完全真实的自己。可她忽然感觉非常陌生。

“这是我想要的自己吗？”

她内心忽然一阵绞痛，绝望之感如一盆冰水，从头顶直淋下来，瞬间湿透全身。她不由打了一个寒战。

“这些年，我都在做什么呀？”

父母生活的艰辛，家境的贫寒，她是知道的。父亲常常抱怨，在城里底层，没本事就挣不着钱，没有出路，没人关注，静静地过着绝望的生活。

不，也不全然绝望。他们唯一的希望，就是女儿熊豆。

在熊豆的童年岁月里，常有这样的画面：夜晚，妈妈在一旁劳作，替纸箱厂糊盒子，几分钱一个，嘴里说着：“我苦点，累点，也没事，只要你有出息。”熊豆就在一旁写作业。爸爸是老实人，和别人合开一辆出租车，却总被排到夜班，凌晨才能回家，父女俩基本见不着面。

熊豆背负着家庭振兴的重担，从小学到初中一直是乖宝宝，学习用功，成绩不错，所以考上了重点高中。起先她是开心的，觉得离目标更近了。谁想呢，高中里尖子生云集，她并不突出，上课如同听天书。

老师进度极快，讲完一个知识点，就会问一声："有没有不懂的？"

大庭广众的，她哪里敢说不懂，被同学小瞧呢？老师一看没人回应，认为大家都懂了，就继续讲下去。熊豆只好硬着头皮继续听，却越发陷入云里雾里。她只好安慰自己：先这样吧，没事，听不懂的，下课再自学吧。但到了课后，还没等把知识点琢磨明白呢，作业就压下来了，于是一知半解地开始做题，效率自然极低，内心十分痛苦。

一堂课不懂，两堂课不懂，她就失去信心了。和杨略描述的一样，她心里很自卑，不敢和成绩好的同学说话，更不敢和老师交流。回家时父母问起学习，她也再三回避。久而久之，她一回家，就把自己关在房间里。说是学习，其实却在看美剧、韩剧，偶尔玩玩游戏，耗去一个个夜晚和周末，内心焦灼不堪，表面却平静麻木。

忽然有一天，她看到了批判应试教育的文章，说中学教育压抑天性，扼杀创造力，心中就大感畅快，觉得忽然得了借口：我不能成牺牲品！于是上课不再努力去听，只是木木地坐着，心里还有几分得意，觉得自己是在反抗暴政呢。至于作业，她每次都交，只不过是抄的。考试时没法抄袭，她的名次就下降得很快，到了高一结束时，她已掉到三百多名了。若不是她爱看书，语文、历史基础不错，她的名次可能已经一溜到底了。

"那又怎么样？反正学了也没用。"

学校里像她这样的叛逆者自然不少，而且很容易抱团取暖。很快，熊豆就找到了同伴。这是一支校园乐队，翻唱一些名曲，周末在酒吧里唱歌。熊豆嗓子不坏，就做了主唱。慢慢地，染发，抹眼影，装假睫毛，穿露脐装，她全都学会了。起初老师批评，父母责骂，但她不理不睬，我行我素。时间一久，父母对她大失所望，恨铁不成钢，却又束手无措；老师们看她并不逃课，只是心不在焉，也没有办法，只好默默放弃了她。

而她却自有一种豪情：真理，不是往往掌握在少数人手里吗？

有时看着埋头苦学的学霸们，她难免觉得失落，但随即会嘲笑一声：

“都是书呆子，高分低能。”如果心里还不痛快，就会再加一句：“我这是不想学，要是用点功，还不秒杀你们？切——”

可是，她真的就那么得意吗？她真的能欺骗自己吗？

想到这里，熊豆忽然一声长叹。还是杨略说得对呀，所谓叛逆，所谓耍酷，所谓读书无用，归根到底，只是因为懦弱，不敢迎接挑战，只愿意活在幻想里。

高分也许低能，可一旦低分呢，却连展示能力的机会都没有了。

这时，在隔壁房间里，她妈妈发出一阵咳嗽。唉，她妈妈正在摆弄网店，等待顾客下单，往往深夜都不睡。因为熬夜，所以妈妈眼袋沉重，皮肤粗糙，头顶已经长了白发了。

她愿意父母的一生就这么卑微辛劳吗？

除了读书，她还有什么途径改变命运呢？

然而，她还能学得好吗？

第二章

破冰之旅②：你是个能创造奇迹的女孩

又是周末，熊豆应约来到杨略所在的学校。

将熊豆约到浙江大学来，杨略也是别有用意的。因为这里是名校，庄重典雅的建筑、往来学子的精神状态、公告栏里张贴的讲座海报，以及湖中浩荡的春水、长廊上的紫藤，都会给熊豆以强烈的刺激。

果然，原本大大咧咧、奇装异服的熊豆，此刻变得文静、乖巧，穿一件红白条纹的连帽长袖T恤，一条蓝白的牛仔裤，头戴一顶粉红鸭舌帽，背着双肩包，怎么看也像个邻家小妹。

两人在启真湖边的长椅上坐下。柳树的枝条垂挂下来，千条万条，都舒展开鲜嫩的细小叶片，在风里展示着极柔美的舞姿。柳树之间种着海棠花，一树一树正开得热闹明艳，映在湖面上。湖面本来映着淡蓝色的天空，现在揉进海棠红、柳叶青，以及教学楼的淡灰和粉白，还有太阳的点点金光，随着微波轻轻荡漾，各种颜色就匀染开，越发显得柔滑缠绵了。

杨略拿出他的创作本。

“熊豆，我们继续探讨剧情吧。宁可儿知道了学习的作用，接下来会有什么疑问呢？”

“杨略哥哥，其实你的用意我知道。你是想借着拍电影，让我懂得学习的意义，对吗？”

熊豆果然一如既往的直白。杨略不由挠了挠头，嘿嘿地笑了。

“一下子被你识破了。我怕你接受不了说教，所以……”

“其实，这样的方式真的很好，让我作为旁观者，好好地审视自己。这些天我想了很多，的确不能再那样过下去了。谢谢你。你是个好作家，也是个好哥哥。”

杨略心里十分舒畅。

“好了，客套话都不说。我就盼着你成为学霸呢。我要把你的心路历程全都写下来，写一部激动人心的作品。”

“恐怕我会让你失望。”

“为什么没信心呢？”

“我荒废这么久了，还能学得好吗？”

“当然可以！你才高一，还有两年多时间追赶呢。”

熊豆不回答，只是看着湖水。远处，一只灰鹭从青嫩的苇叶间扑棱棱飞出来，展开翅膀，轻盈地掠过湖面。几只白鸽在草坪上啄食，羽毛在阳光下闪光。她忽然轻轻地叹了口气。

“要有这么容易，我之前也不会落后了。你说我有两年时间追赶，可这两年时间里，别人也不会闲着，哪有那么容易赶超呢？”

这个问题自然在杨略的意料之中。他为了今天的会谈，早已做足了功课。

“熊豆，先问你，如果高考总分是 100 分，你需要考到多少分，才能够到一本？”

“90 分吧。”

“90 分？那都快够着北大清华了。”

“那么，85 分？”

“85 分能上 985 高校，最不济，也能考上 211 大学。”

“那到底多少分上一本线呢？”

“我查了近 3 年的高考分数线，都在 75 分上下。”

熊豆转过头，不可思议地看着杨略。

杨略就以浙江省为例，仔细地分析起来。往年高考总分 810 分，一本线大概在 600 分，也就是说，高考时能拿到 75% 的分数，能考上一本。而 75% 意味着什么呢？每张试卷的分值是这样安排的：60% 是简单的基础题，30% 是较有难度的中等题，仅有 10% 是难题。就算难题全部放弃，中等题只答对一半，只要把基础题全部拿下，加起来就是 75%，就够得上一本了。

熊豆说："听起来好像不难，可问题是，为什么大多数人都考不到呢？"

"原因很简单，他们不仅难题不会做，中等题啃不下来，连基础题也不能全部做对，最后丢盔弃甲，全盘皆输。所以，基础的重要性，你现在知道了吧？"

"那我该怎么补基础呢？"熊豆的眼里闪过一丝亮光。

"先做一个自我评测，了解自己目前的掌握程度，然后再好好弥补。比如说，如果你的数学还只有初二水平，那就要把初二以上的课程，都好好复习起来。"

"感觉任务好艰巨啊，我每门课都不好。"

"贪多嚼不烂，先从一门课程抓起吧。"

"可我还是一头雾水。"

"所以啊，我写了一封信给你，里面说得很详细。"

熊豆接过一个沉甸甸的信封，打开来，里面足足有六七页 A4 纸。

"哇，杨略哥哥，这封信你得写多久啊？"

"我和葛怡一起写的，写了三四天，还查了一大堆资料。"

"葛怡？"

"我女朋友啊。"

"哦。"熊豆低头看着信纸，好久没说话，默默念叨：当然，他当然会有女友。她努力地微笑起来。

"我现在能看这封信吗？"

"当然可以。我带你去自习室，你看信，我看书。"

他们起身，走进湖边的一长列灰色教学楼。虽然是周末，但每间教室里都有许多人在自习，安静之极，只有细微的翻书声和写字声。

熊豆悄声问："不是说大学生都很清闲的吗？"

杨略轻声回答："要想学有所成，大学比高中还忙。"

“那你呢，一定很忙吧？”

“嗯，我在中文系，光是本专业的书籍都汗牛充栋了，我还想多涉猎其他专业的知识，还要写作，整天就特别忙碌。”

“你的生活真有意义。”

“你也可以这样啊。”

他们走进一间教室，在最后一排坐下。杨略从包里抽出了一本《好莱坞如何讲故事》，从插书签的地方往后读。他自从准备写剧本，就开始看一些专业书籍，并且乐在其中，嘴角不时还露出会意的笑容。

熊豆坐在他身边，就觉得很安心，不由地想：我要是真有一个这么勤奋优秀的哥哥，那该多好啊。她也轻轻地笑了，取出了信，认真地读了起来。

熊豆你好：

见字如面。

我很想和你谈谈学习兴趣的问题。

因为之前和你交流时，说到读书改变命运，似乎读书仅仅是一件工具，我们关注的只是结果，而过程十分痛苦。这显然是不对的。读书没有兴趣，光靠意志，显然是个苦差事，很难坚持下去。

那么，学习兴趣是什么呢？

其实，它看似摸不着踪迹，却藏在每个人的心中。把目标缩小，放近，随着小目标的不断实现，兴趣就会不断提高。反之，谁要是心血来潮，就设定大目标，结果望山跑断腿，觉得学习真难，不能达到自己的期望，就会因为失望而产生厌倦心理。

那么，我们具体该怎么做呢？答案很简单，就是四个字：

由易及难。

一、量力而行，获得学习的掌控感

在暑假里，我在微博上收到一条读者私信。他是一位男生，刚念完初三，马上要升高中。中考时发挥不佳，尤其被英语拖了后腿。他很懊悔，觉得初中不够用功，浪费了大量时光，就想趁着假期超前学习，争取一进高中，就能有出色表现。因此，他给自己安排了学习任务，其中一项就是：半个月内背完高一英语的所有单词。也就是说，他每天要背四十个生词。结果才背了三天，就开始拖延，单词越积压越多。最后，他都不肯去碰英语书了。

"唉，我的自控力太差了。"他最后这样叹息。

他又归罪于自控力了。其实，这不只是因为自控力不强，还因为计划不够科学。以他的英语水平，每天背四十个完全陌生的单词，已经大大超出他的记忆能力。所以，他的沮丧也在情理之中。我开始替他分析原因。

"你在定计划的时候，有没有想过，一天背四十个单词会不会有点多？"

"是有点多，不过我觉得，靠努力，肯定能做到。"

"你相信一勤天下无难事吗？"

"那当然，自控力可以创造奇迹嘛。"

这句话他倒用得不错。

"可自控力也不是包治百病啊，如果任务太重，根本完不成，除了打击自信，一点好处都没有啊。"

"那我该怎么办？"

"对于学习，量力而行是非常重要的。如果每天背四十个单词太多，减少一些，比如每天先背五个，这样能轻松完成。过一段时间，对英语有感觉了，你再增加到八个。计算一下，就算每天背五个，一年能背多少个？"

“1825 个。”

“那么三年呢？”

“5475 个。”

“高考英语要求的词汇量只有 3300~3500 个。”

“老师，我明白你的意思了。要每天进步一点点，而不能一口吃成个胖子。”

过了十几天，他又告诉我，他修改了学习计划，任务减轻了，每天都能完成，很有成就感。更重要的是，现在背单词成为他的习惯。有了这样的掌控感，他对高中生活也更有信心了。

二、刻苦？也许只是看起来很努力

其实，我自己也曾犯过相似的错误。

我刚进大学时，觉得英语很重要，很想学好。那怎么学呢？光听老师上课，我觉得不够，非要买一本《鲁宾孙漂流记》，英文原著，放在书包里，一有空就抽出来看。那时候可虚荣了，我会故意在人多的地方，比如教室、寝室，抽出这本书，装模作样地阅读。同学看到了，就会惊叹一声：“哟，你小子可以啊！都看上英语原著了？”

“随便看看，随便看看。”

嘴里很谦虚，心里乐开了花。发展到极致时，我在公交车、地铁上，也会抽出这本书。尤其是旁边坐着漂亮女孩的时候，我恨不得把封面展示给她看，以此显示自己多么好学奋进。

可是，虽然做足了表面文章，可实际效果呢，唉，说起来真是丢人。每一页都有许多生词，我翻着词典一一查过去，才能勉强读通，进度极其缓慢，仿佛在服苦役，根本没有什么读书的快乐。一个学期下来，也只读完了一半，生词没记下多少。直到有一回，英语老师看到我在课间翻这本书。

“看得懂吗？”

“还……还行吧。”

她拿过去，看到满纸注释，不由一笑。

“这本小说写于三百年前，有些英语单词现在很少见了，读起来很费劲吧？”

我连连点头。

“其实，我倒是推荐你先看看其他书。”她列出了几本生词量少的书，包括《动物庄园》等。我去读了，果然比较流畅，很快读完一本，慢慢地就对英语学习有了信心。

由此我就明白了学习中量力而行、由易及难的重要性。

回顾中学，我发现每个班里都有这样的学生，他们抱着堆积如山的作业，埋头奋战到半夜一点，哈欠连天，却不敢入睡。他们上课时恨不得用火柴棍支着眼皮，虽然听不懂老师讲什么，但还是执拗地跟着大部队；他们的知识点学得千疮百孔，但还想着超前学习；他们基础不牢靠，却在努力攻克辅导书上的难题……我曾亲眼看到过几位同学，明明数学成绩不是很突出，却在做数学竞赛题，为之绞尽脑汁，苦思冥想。老师和同学都说，这是一位肯钻研的好学生。

他们那么努力，就算成绩不好，也可以红着眼睛说：“爸妈、老师，我尽力了。”而爸妈和老师怎么忍心责备他呢?

可是，我要说的是，他们真的只是看起来很努力。

因为他们的基础不扎实。我们知道，刚学到的新知识，必须与原有知识相匹配，相连接，才算真正学会。所以，我们大脑中已有的知识储备，决定了我们接受新知识的能力。也就是说，我们必须按照规律，先掌握基础的知识，然后才能进一步理解高深的知识。反之，如果我们前面的知识点没掌握，就会阻碍了下一章知识的学习。

所以我们必须打好基础，有时候往前学习时遇到障碍，就要往回看，发现哪里出了疏漏，及时弥补，解决问题，这样才能真正地促进学习。

三、做那些跳一跳够得到的题目

有一位心理学家，在房间里放了一个大木板，当中有个洞。在木板前的平地上，他画了三条线，A 线离木板很近，B 线大约有三米远，C 线则在五米之外。每条线的旁边，他都放了一筐皮球。布置完毕，他让很多十岁的孩子进来了，对他们宣布了比赛规则。

“你们的任务是把皮球扔进洞里。至于站在哪条线上扔，可以自己随便选。”

和他预料的一样，站在 A 线的孩子很轻松就把球扔进了洞。站在 B 线的孩子把球扔进的概率只有一半。站在 C 线的孩子使劲扔球，只能偶尔扔进一个，但每扔进一个，大伙儿都会惊叫欢呼。

过了八年，这些孩子都要读大学了。心理学家发现，当年选 A 线和 C 线的学生，学业表现很一般，而选 B 线的学生都进了不错的学校。

原因在哪里呢？

选 A 线的孩子，不敢自我挑战，故步自封，学习中也只愿意做很简单的题目，当然成就有限。

选 C 线的孩子，好高骛远，往往追求一个不切实际的目标，不肯脚踏实地，结果难题解答不了，基础题也漏洞百出，终究得不到好成绩。

只有选 B 线的孩子，他们郑重其事，所确定的目标略微超出他们的能力，但通过努力又能达到，这证明他们真的是在努力，也会取得持续的进步。

所以，我们应该先做简单题，把基础打扎实了，然后再做一点自我挑战，做一些稍有难度，但又不是绞尽脑汁都做不出的题目。这些题目，我们姑且称之为“半生不熟题”。

当我们做完了这些“半生不熟题”，会惊喜地发现，原来需要绞尽脑汁的难题也变成了“半生不熟题”，等待我们去攻克。用这样的方法，我们会倍感兴奋，同时学习效率也会大大提高，学习进步指日可待。

四、别再为粗心找借口，你就是基础不扎实

每次考试之后，我都会听到这样的声音：

“完了完了，这个题我本来会的，可就是没做对。太粗心了。”

“还有这道题，我居然看错了条件，唉，太粗心了。”

家长也会说：“我家孩子特聪明，就是太粗心了，考试明明会做的题却丢分了。”

他们的言下之意是：这次纯属意外，下次我仔细一点，就不会出错了。

他们把“粗心”归结于两个原因：

1. 精神疲劳。

疲劳是由于长时间持续学习，导致学习能力减弱，效率降低，错误率增加，于是考试时就粗心了。

2. 注意力不集中。

注意力是人的心理活动指向和集中于某种事物的能力。做题时心不在焉，走了神，看错了条件，或者很简单的加减法出了错，导致满题皆错。

在他们看来，精神疲劳属于身体问题，注意力不集中是态度问题，身体恢复了，态度端正了，就不粗心了。

真是如此简单吗？

我们必须深究一下，“粗心”的根源到底是什么？

1. 精神疲劳是因为临时抱佛脚。

考试时精神疲劳，说明学生在考试之前，心里没底，于是临时抱佛脚，复习到深夜，第二天黑着眼圈，心里忐忑，在考场上仓促应战，题目又做得慢，所以更加疲劳。反之，如果基础扎实，做题顺畅，精神会越发兴奋，目光炯炯，思路清晰，直到走出考场，心中石头落地，精神完全放松时，才会觉得疲惫袭来。

所以，精神疲劳的原因，是学习基础不扎实。

2. 注意力不集中是因为大脑在排斥。

任何人在考试时都会紧张。而适当的紧张让人精神振奋，思路敏捷，能调动强大的注意力在试题上，从而提高做题效率。如果这时候还会走神，那说明大脑正在排斥考试：

“我没准备好，这道题怎么也做不出来，唉，完了，我不想考了！现在我很想放松放松。啊，天气这么热，要是能在空调房里吃吃西瓜，玩玩游戏，该多好啊。天哪，我不想考了！还是下回再来过吧。”

瞧见没有，注意力不集中，其实也是源于准备不充分，基础不扎实。

所以，追本溯源，考试时粗心的深层原因，就是基础不扎实。

因为知识掌握得不牢固，所以做起题丢三落四，让学生自己也深感困惑：“这个知识点我是懂的，怎么一做题就犯错呢？”其实，听懂不代表掌握，看上去好像会了不等于真的会做。只有深度理解知识点，并通过做题来巩固，到了考试时，才能很自然地避免“粗心”。

而如果把问题归咎于身体和态度，没有反省更深层次的原因，“粗心”就成了一笔糊涂账，而学生往往会继续“粗心”下去，结果在最重要的高考中因为“粗心”而大量失分。

那么，怎样才算完全掌握基础知识点了呢？

五、先把知识点吃透再做题巩固

我曾仔细观察过“粗心”、学习效率低下、成绩停滞不前的学生，发现他们有一个共性：不做复习，忙于做题。

结束一天的课程，到了自习课，他们并不复习教材，就拿出习题，开始做题。由于对知识点一知半解，所以解题效率不高，经常咬着圆珠笔苦想，坐在那里磨时间，但又毫无进展，还很容易出错。其实，课本不吃透，基础不扎实，就仿佛在流沙上盖房子，再多的努力，最终也是无益的。

有一位初中生同学问我："我买了好多参考书，做了好多题目，但成绩总是提不上去，这是什么原因？"

我回答："因为你的书本知识没吃透，一味好高骛远，不停地做题。你要知道，题海无边，变化无穷，你哪里做得完呢？更何况那些高考命题老师都是老江湖，憋着劲儿编新题，你们做的题能和他们相比？"

"那我们就没指望了吗？"

我就给他们讲了一个学生的故事。该生中考时成绩不理想，父母靠着关系，又交了一笔"赞助费"，才进了重点高中，沦为学校边缘人，不太被人瞧得起。然而，一个学期之后，他的成绩突飞猛进，进入全班前十。高一结束，已经前五。到了高考，他居然已是全班第一，考进心仪的同济大学建筑系。同学们都瞠目结舌，觉得不可思议。我也问过他：你是如何实现华丽逆袭，是不是拿到什么秘籍，才突然开窍了呢？

他憨憨一笑，拿出他高中的数学教材。书很整洁，但又被翻得发软。打开来，书页边上都被他密密麻麻写满了。

他说，没有秘籍，只是多看了几遍教材。高一时，因为数学不好，他就把初中数学、高一数学的教材拿出来，从头到尾看了一遍，将定理怎么证明、例题怎么解答、公式怎么推导，都完全看懂看透。彻底理解后，自然就更容易记忆。知识点记熟了，再加上一些练习，成绩就提高了。他把这个方法用到其他科目上，也都很有效，做题越来越容易，难题也慢慢攻克了。

所以，如果你觉得基础不扎实，那么扪心自问一下：教材看了几遍呢？

熊豆，至于你呢，我明白你目前的处境：上课的进度和自己的节奏产生了矛盾。我想，你可以这样做：上课时努力听讲，下课时及时复习，到了做作业时，简单题目自己做，难题暂时放弃，把时间留出来，用于弥补前面落下的知识。我相信，你很快就能赶上老师的进度。

接下来的几个周末，你先别外出玩耍了，就好好补课吧。

祝福你。

杨略

熊豆终于看完了信。在最后一段，她停留很久，画了下划线，又在旁边写了一行字："杨略哥哥，我接下来就这么学，谢谢你。"然后推到杨略面前。

杨略看了，就在下面加了一行字。

"也谢谢你，这么努力地成为我电影的原型。"

熊豆轻轻地笑了，又写了一行。

"我一定努力，愿成为彼此不竭的矿藏。"

杨略在下面，用拙劣的画笔，画了两只握在一起的手。

阳光穿过玉兰树的叶隙间，又透进玻璃，将金黄的光斑落在书桌上、信纸上，圆圆的，绒绒的，不住地跳动，像活泼的小鸡雏。细看时，边缘又有细微的五彩。熊豆心里也暖暖的。

吃饭时间到了，他们走出教学楼，葛怡已经在等候了。她穿着长款粉红风衣，留着披肩长发，更衬得肤白如脂。

熊豆愉快地迎上去，握住葛怡的手，亲亲热热地叫了声"姐"，并靠在她身边，一同往前走。

"姐，你们写的信我看了，我接下来的学业就拜托你们了。"

葛怡和楚当当是极好的朋友，她欣赏楚当当的洒脱，对同样个性的熊豆也十分喜爱。

熊豆又在葛怡耳边轻轻地说："你和杨略哥哥真是男才女貌，当然，也可以说女才男貌。"

葛怡捏了捏熊豆的脸蛋。

"小嘴真甜。"

他们一同去食堂吃饭。浙大的食堂是极有名的，三层高，外墙线条极明快，充满现代感。室外有电梯，室内宽敞雅致，南北菜系齐全。杨略去买菜了，葛怡带着熊豆找好座位。

“哇，食堂真的好气派呀。”熊豆坐下来后，举目四顾，不住赞叹。

“据说刚建成时，还是全亚洲最大的食堂呢。”

“我也好想以后经常来吃饭。”

葛怡笑着说：“好啊，你来做我的学妹吧。”

“姐，少拿我开心。就我，哪敢做这样的梦？我只要偶尔来找你们蹭蹭饭，就心满意足啦。”

杨略买了饭菜回来，听到他们的对话，就说：“谁规定你就考不上呢？”

熊豆捂住耳朵。“你们别说了，压力好大的。”

杨略将筷子递给熊豆。

“我们联合了好多浙大的学霸，把各科的学习方法总结起来，对你倾囊相授。等你真的成了学霸，我就把这个过程写成电影剧本。你说，这不是一举两得吗？”

熊豆不接筷子，而是双手合十，对着杨略和葛怡一通乱拜。

“你们太瞧得起我了。”

吃完了饭，熊豆就回去了。杨略和葛怡下午恰巧有事，给熊豆指点了去校门口的路线后，就去参加社团活动了。

校园可真大，远远看见了校门，熊豆却又走了很久。在路上，偶尔会有人向她问路：“同学，请问体育馆怎么走？”

“我……我不是这个学校的。”

她忽然惭愧起来，涨红了脸，像是干了错事，把帽檐压低，匆匆地往前只是走。

坐上公交车上，她忽然有些神伤：我真想成为这里的学生，成为杨略他们的学妹呀。可是，我这条不折不扣的咸鱼，真的有希望翻身吗？杨略说，只要打好基础，得到75%的分数，她就能够着一本线。真是如此吗？如果真能上一本，那么再使使劲儿，再提提分，会不会……

她心里突突地跳起来。

到了家里，熊豆开始整理书桌。她的房间很小，只有一张床，一个书桌，一把小椅子。衣柜嵌进墙里，书架搁在书桌边。一切都精打细算，尽可能利用有限的空间。她把桌子上凌乱的化妆用品、漫画都整理到书架上，把杂七杂八的物件放进抽屉。

然后，她想看书了。

可那么多科目，从哪门课开始呢？

既然要逼自己优秀，那当然要正视问题。于是，她抽出了高中数学教材，从第一册的第一页，慢慢看下去，将原理看明白了，把例题也重新解了一遍。半小时过后，就看完了一章，一种宁静和踏实的感觉在心里升腾起来。

“其实，我还是喜欢这种努力的感觉，久违的为目标奋斗的感觉。”

她这样想着，就打开窗户。虫声蛙声涌了进来，轻风也吹了进来。随风而入的还有浓郁的青草味儿、海棠的清新香气。她深深地吸了一口，一时有些醉了。

周末的两天，熊豆用了点功，看了半本高一数学上册教材。当她看完一章，温柔地合上书，忽然觉得，其实数学也没那么难，甚至还有几分趣味。可她以前怎么没发现呢？

哦，以前是光顾着背公式，然后就抛开教材去做题。可书中那种巧妙的逻辑推理，她并没有亲自去体验。而现在她看着教材，随着内容循序渐进，公式步步推导，她都看懂了，思路也清晰了，心中涌出一种难以言说的喜悦。

她决定继续下去。

然而，新的问题出现了。周一去上课，她还是赶不上老师的进度。老师依然讲得飞快，起初熊豆用心听，还能听懂一些，可随着各种算式在黑板上延伸，像许多白色的爬虫，将黑板啃噬得千疮百孔，她的脑子就一阵阵发晕。

毕竟，现在都第二学期了，她却还在看上学期的教材。更何况，科目那么多，光补一门数学，又哪里够用呢？

唉，当初完全放弃学习时，心中倒也痛快，一了百了，十分轻松。如今想好好学，却是老虎吃天，无从下嘴。这真是病来如山倒，病去如抽丝啊。

她心里火烧火燎起来，痛恨自己浪费了太多时光。

现在该怎么办呢？

中午时分，她拿出了手机，给杨略发了一条消息，告诉他自己的困惑：“……拿数学来说，按老师的节奏走，基本上听不懂，就算偶尔听明白了，做作业也费劲，最后只能继续抄别人的。而且课程安排得密不透风，根本没有空隙让我独自补课，我该怎么做呢？”

“最好的办法，当然是遵循自己的节奏。”

杨略回答得十分直接。因为他和葛怡热烈地讨论过，所谓因材施教，就是根据每个人对知识的掌握程度，适当地安排学习任务，也就是说，每个人都要有自己的学习计划。可惜学校里做不到这一点，班里五六十号人，不可能一一指导，只好按中等生的学习能力来统一进度了。

对于尖子生来说，课程过于简单，就在课后主动加压。而对于熊豆来说，之前落后太多，要和大部队齐头并进，根本就不可能，只能另辟跑道，在一段时间内独自赛跑。

熊豆说：“那我上课就不听了？”

“也不是，”杨略说，“你上课还是努力听，但课后可以按自己的进度学习，争取早日跟上老师的节奏。”

熊豆怏怏地放下手机。道理她很明白，方法她也知道。可是，时间就那么多。要做作业，就没法补习；要补习，就完不成作业。所以才过了几天，熊豆又痛苦起来。周末补习带来的那点乐趣，很快就淹死在难解的题目之中了。

这天中午课间，同学们默默做题。陈羽走到她跟前来：“豆子，周末有场演出，这两天得排练呢。”

陈羽是乐队的贝斯手。他曾经留过飘逸的长发，但被班主任反复教训，教导主任亲自出面，要他把头发剪短。他起初不愿意，后来不堪其扰，就干脆理了个光头，现在刚刚长出一茬短发。他们的乐队名叫“火红沸点”，以流行摇滚音乐为主，队员中有鼓手，有贝斯手，有吉他手，有主唱，参加过一些中学生校园音乐比赛。在学校元旦晚会上，他们也露了一手，唱了首黑豹乐队的《我们这一代》。歌曲是精心挑选过的，节奏劲爆，歌词也类似青春自由宣言：

我们这一代
不需要忍耐
世界已打开
一切会清白

不过呢，对于摇滚，懂行的能听出其中激情，门外汉则觉得全是噪音。所以，他们的歌曲同学们挺喜欢，但一些老师一听就皱眉头。熊豆并不在意，唱到兴奋处，就声嘶力竭。她的声音高亢而清越，柔美中又有金属的质感，很有穿透力，将气氛都燃爆了，全场都在欢呼：“熊豆！熊豆！”

那是她最快乐的时光。

此刻，熊豆正心烦呢，听陈羽一说，立即把书一扔，就跟去了。走出教室，她看着瓦蓝的天空，心里忽然如释重负。来到音乐室，在激烈的伴奏中，她拿着话筒，唱了一首《怒放的生命》，声嘶力竭，大汗淋漓，胸中苦闷一时荡尽。

我想要怒放的生命
就像飞翔在辽阔天空
就像穿行在无边的旷野
拥有挣脱一切的力量

不过，这只是一种暂时缓刑的轻松感。想要怒放的生命，只想不停地飞翔，可是真的不需要落脚吗？学习，唉，无趣的学习，始终压抑于心，让她唱歌时也不那么痛快。

很自然的，才过了几天，她就有些旧态复萌了。她又要慢慢陷入“学渣”的沼泽中去了。每到这时候，她就把杨略的长信拿出来读读，想想那个美丽的校园，想想叫她“学妹”的杨略和葛怡，再听听自己内心的声音，她就会重新抽出书，安静地看下去。

在接下来的一段时间里，熊豆按照杨略的指导，开始照着自己的进度学习。每次的作业，她只做那些容易的，难题就空着，也不再去抄袭，就这么缺胳膊少腿儿的交了上去。一连几天都是如此，然后就出事了。一次数学课后，老师就走到她面前。

“作业怎么不写完？”

“有几题不会。”

“要是都会，还用得着学吗？对于难题，你就该迎难而上嘛！连这点劲头都没有，还考什么大学？！”

这位老师姓蔡，四十来岁，是位严苛的教学名师，因为业绩出众，所以刚从一所普通中学抽调到重点中学来，对熊豆的情况并不了解。要在以前，熊豆哪会听他的陈词滥调。不过现在她有自己的主意，就坦诚地说了，希望蔡老师可以理解。

蔡老师听着，却怀疑地看着她。

“你这不是为偷懒找理由吧？”

“偷懒？”熊豆心里忽然冒起了一团火，“哼，我要偷懒，还需要理由？笑话！”她将脸别在一旁。

蔡老师哪里见过学生这样顶嘴，一时气得嘴角打战。

“你，你什么态度？”

“我就这态度！”

“无法无天了你？”

熊豆出于自我保护，又恢复了一副死猪不怕开水烫的样子，让蔡老师下不了台，在一旁气急败坏。

这时，同桌莫茵忽然说："老师，您别生气啦，熊豆最近确实认真多了。我都看在眼里的。"

蔡老师冷笑了一声。

"这就算认真？那以前不得懒成什么样啊！"

"以前熊豆上课都不听的，作业……作业还抄我的。现在她开始看书，上课也在认真听，作业虽然没做完，但都是她自己做的。"

蔡老师又大为吃惊，将手指戳到熊豆鼻尖上了。

"你以前还抄作业？"

熊豆觉得这老师大惊小怪的样子挺滑稽。

"那怎么了？我不会写，你又偏让我交。我之所以抄作业，还不是给你面子吗？"

"给我面子？"蔡老师痛心疾首地追问，"难道你读书是为我读的吗？"

眼看着情况恶化，莫茵说："老师，您别生气。熊豆只是基础不好……所以……以后我来给熊豆做补习吧。"莫茵是个安静的女生，娇小轻柔，五官玲珑，总在安静地学习，然而成绩很好，在全校排名前十。以往总被熊豆说成书呆子，她也不生气。现在她居然如此仗义，熊豆颇感意外。

蔡老师在学生面前情绪失控，觉得有失风度，心里很不好意思，现在莫茵这么一说，他就顺坡下驴，当即作罢，对着熊豆说："那我只能给你一个月时间，把基础补上。要不然，数学课你别想跟上！"

蔡老师走了，熊豆用胳膊顶了顶莫茵，对她翘起了大拇哥。

"姐们，这回真仗义。"

莫茵依然是温婉地一笑。

"不过，"熊豆揽住她的肩膀，"你说的是真的吗？你愿意给我补课？"

"当然是真的。"

"就不怕浪费时间吗？"

"怎么会呢？我帮你补课，自己也能加深印象，等于复习了呀。"

“好，就这么定了。周末去我家，你帮我补课，我让我妈给你做好吃的。”

莫茵是住校生，离家远，一个月才回家一次，平常周末就冷清清地待在学校，被熊豆邀请去做客，她也是乐意的。所以，到了周末，莫茵就如约来到熊豆家。熊豆妈妈如获至宝，不住夸赞。

“豆子，你就该找莫茵这样的好朋友嘛，可得向人家好好学。以前那些唱歌的，都是什么玩意儿啊，一个个妖魔鬼怪似的……”

“知道了，妈。”

熊豆拉着莫茵躲进小房间，把妈妈关在了门外。其实，她在学霸莫茵面前，不由自主地有几分自卑，所以心里有些紧张。她先给莫茵展示了自己的收藏，邮票啊，蝴蝶标本啊，还有厚厚的相册。莫茵欣赏了一阵，就轻轻地说：“熊豆，咱们开始看书吧。”

熊豆一吐舌头。“对，对，看书。”

两个人在书桌上并排而坐，翻开教材和练习册，按各自的进度学习。熊豆有不懂的，就去问莫茵。莫茵讲得很仔细，不仅只说一个知识点，还会将前因后果都不厌其烦地解说清楚。熊豆听得心领神会，就如沐春风，不由自主地拥抱莫茵一下，逗得莫茵咯咯直笑。

“莫茵，你怎么对我这么好？”

“对你好，你还不开心啊。”

“我受之有愧嘛。”

熊豆不知道，莫茵平时专注学习，朋友不多，父母又不在身边，难免觉得孤单，现在与她每天亲密相处，正享受着这份难得的友情呢。

第三章

学霸1.0版①：给学习加一个进度条

近来熊豆很有一些脱胎换骨，有莫茵在一旁辅导，又和蔡老师打着赌，要一个月补上数学落下的课程，所以学习上很有劲头。书一页一页地看，作业一题一题地做。数学、物理是她的弱项，有不明白的内容，她就去问莫茵。莫茵不仅解答，而且还会准确地告诉她，这个知识点在哪一册的哪一章，让她再回去看看。

“题目不用做得太多，把知识点琢磨清楚，才能举一反三呢。”

莫茵的说法，和杨略非常一致。莫茵觉得，熊豆的学习是步入正途了。

当然，莫茵也并非一无所获。熊豆看的书多，尤其喜欢纪实作品，比如彼得·海斯勒的《寻路中国》啦，费孝通的《乡土中国》啦，她都一股脑儿带给莫茵看。

莫茵在她的大力推荐之下，看了熊培云的《一个村庄里的中国》。这本书写的是一个平凡乡村的命运，记录了一些小人物的悲欢离合，他们如草木一般自生自灭，似乎与世无争，却又时时被卷入时代的大潮之中。莫茵是从农村考进城里中学的，她的老家和书里写的一样：青壮年进了城，老年留守乡村，田地日渐荒芜，垃圾无人清理，村子萧条无生气。

“熊豆，真想不到，你竟然会喜欢看这类书。”

“那我本来应该看什么书呢？”

“我也说不好。”莫茵微笑着摇摇头。

“是不是只配翻翻弱智的漫画或八卦杂志啊？”

莫茵依然微笑着，不肯定，也不否定。

“你还真是个实诚人啊，”熊豆捏了一下她的脸颊，“就不能说句好话哄哄我啊，说我慈悲心肠，胸怀天下……”这么一些大词，说得她自己都不由大笑起来。

“还母仪天下呢。”莫茵难得幽默了一下。

“不过说实话，”熊豆忽然正色起来，“我一直有个想法，就是把平凡人的事迹记录下来。你想啊，大人物们活着的时候，都有人追着写传记。可小人物呢，活一辈子，就像草木一样，留不下什么痕迹。比如我爸我妈，那么普通的小市民，除了亲戚朋友，谁认识他们呀。可他们的人生经历，他们的所思所感，就不重要吗？就不能反映时代吗？就不值得记录吗？”

莫茵的脸上露出钦佩的神情。

“熊豆，我觉得你说得真好。历史书上总说，人民大众才是推动社会进步的主要力量嘛，可最后载入史册的呢，就只有那些个大人物。”

“所以，我真正的志向呢，其实是当记者，记录平凡人的不平凡生活。”

“咦，我一直以为你是想当歌手呢。”

“那就当一个会唱歌的记者。”

莫茵仰头看着天花板，目光似乎正在穿透时空。

“我都能想象出那个画面了。你长发飘飘，挂着相机，背着登山包，行走在乡村的美景之中。”

熊豆用力地点点头。“还得开一辆粗犷的越野车，戴墨镜，穿皮夹克，一路耀武扬威。这活脱脱就是时尚大片啊。”

她们就沉醉在美好的想象之中了。这种想象也是有用的，它直接驱使着熊豆去学语文、历史、政治、地理，上课乐意听讲，下课乐意读相关图书，所以底子越发厚实，她也乐在其中。

陈羽时常来找熊豆，约她去唱歌。熊豆有时忙着看书，就会回绝，但大多数情况下，她还是会去唱歌。莫茵也时常跟着去。渐渐的，熊豆忽然发现，莫茵总是愣愣地看着陈羽弹奏贝斯，目不转睛，全然沉醉在乐曲里，并且情不自禁地跟着节奏点头。而每当陈羽无意中看向莫茵，她就会忽然脸红，站在那儿手足无措。

熊豆不由暗笑。

很快，数学单元测试时间到了，熊豆满心以为，她已经用功了挺长时间，可以考验一下成果了。拿到试卷之后，她立即着手去做。前几题还好，一会儿工夫就解出了。可到了第四题，她就卡住了。

她在草稿纸上写写算算，毫无头绪，不由开始嘀咕：这小破题儿，条件给得太少了，会不会题目错了？但其他同学似乎并无疑议，那就只能怪自己学艺不精了。她琢磨了好一会儿，画了不少示意图，列了不少公式，但还是不得要领。看时间滴滴答答地过去，她心一横，算了，先做下一题。名将嘛，才不在乎一城一地之失，只要赢得整场战争即可。可第五题也不是好惹的，知识点竟然涉及好几章内容。偏偏有一章的知识点她还没能掌握清楚。那个公式是怎么样来着？昨晚还看到过，却又想不起来。越是使劲琢磨，她的脑子越是混沌。得，惹不起，咱还躲不起吗？再看看下一题吧。

就这么狗熊掰玉米，掰一个扔一个，没能完整地解出几题。而教室里其他人呢，都春蚕进食似的，唰唰做题；又跟海水涨潮似的，哗哗翻页。她偷眼看看旁边的莫茵，我的天，她居然已经解最后的压轴题了。

熊豆浑身难受起来，咬着笔帽，坐立不安。耳边却响起各种声音，校外马路的汽车声，校园割草机的噪响，还有昨天听到的那首鲍勃·迪伦的《答案在风中飘荡》，几句歌词在脑子里不断循环往复，无休无止，扯着她的神思，飘到不知道哪里去了。她忽然觉得歌词其实很讽刺：

朋友，答案在风中飘荡

答案在风中飘荡

数学的答案，也是在风中飘荡吗？

一堂课的考试时间到了，她满头虚汗，才答了不到三分之二，正确率更是不敢保证。而莫茵已全部完成，还检查了两遍，满纸是清晰的字迹，连草稿都打得工整，仿佛可以参加书法比赛。

发觉熊豆在看她的试卷，莫茵就扭头过来，问她答得怎么样。

“就……就那样吧。”

熊豆尴尬地一笑，赶紧把卷子叠好，塞进抽斗里。

幸好，这次测试不用上交给老师批阅。熊豆松了一口气，暂时不必丢人现眼了。可是，她能瞒得住别人，又怎能骗得了自己呢？她依然是个学渣。之前的努力，几乎全都白费了。

浙江大学的美丽湖水，越野车上潇洒的记者身影，忽然离她越来越远了。

就我，还上名校，当记者？醒醒吧！按照她现在的成绩，以后估计只能上个专科，学点财会啊、文秘啊，或者糕点师什么的。她甘愿那样吗？不甘心又能怎么样？唉，所谓雄心壮志，不过是如梦幻泡影，如露亦如电啊。

雄心瞬间崩塌，她面对着那堆废墟，不由黯然神伤。

晚自修时，她心浮气躁，不能静心，但怕善良的莫茵担心，所以装作努力的样子，虽然看不进书，却不时翻上一页，还在上面唰唰写字。可她写的是什么呢？不过就是一些歌词罢了。

一连几天，熊豆都很消沉。上课，做题，也还照旧，可就是缺了点精神气儿。吃过晚饭，在晚自修之前，她原本都会去音乐室，排练乐队的歌曲，但她现在魂不守舍的，就不愿走进去，只是在校园里游逛一会儿，拿一本英语书。碰见人了，她就装作在背诵；人走远了，她就发一会儿呆。直到夕阳西垂，四下渐黑，她才回到教室去。

晚自修结束，熊豆推着自行车独自回家。临近校门口时，陈羽叫住了她，于是一起缓缓地往前走。

“这些天没怎么练歌啊？”

“学习有点忙。”

“哟，咱们的豆子从良啦？”陈羽虽然在舞台上表现得张扬，但平时却出奇的内敛，瘦瘦高高，话不多，总是安静地穿过校园。只有在熊豆面前，他会忽然成为一个话痨，也愿意与她开些玩笑。

熊豆狠狠砸了他一拳。他们是玩闹惯了的。陈羽醉心于音乐，玩乐器，甚至自己谱曲，乐在其中，似乎高考对于他来说是不存在的。高中里难得有他这样散逸的人。平常熊豆很羡慕他。

夜晚空气很清凉，在路灯照射下，可以看见樟树的新叶，小小的，半透明的，在风里轻轻地摇摆。正是江南的春天，温和湿润，花草都在无声地拔节。路人很少，偶尔有汽车经过。熊豆轻轻地踩着脚踏板，对并行的陈羽说：“我就是忽然觉得，我爸妈活得挺不容易的。我爸那么大年纪了，还总上夜班，头发都变白了。还有我妈呢，本来摆地摊，现在生意越来越差，就想开网店。可她哪里摆弄得来啊……唉，我还在混日子，估计他们更伤心。”

“咱们搞音乐，怎么是混日子呢？你的嗓子不错……”

“我是喜欢唱歌，可顶多算爱好，根本就走不远。我上不了音乐学院，没勇气去当什么北漂，或者流浪歌手。我想明白了，摆在我面前的，就一条道，把书读好。”

“那你有什么打算呢？”

她又把自己的记者梦和陈羽说了一遍。

陈羽不住地点头。“你有自己的追求，这样多好。”

“可惜的是，这对我来说也太难了。”

说着话，就到了熊豆家的小区门口。她知道，陈羽与她家根本就是两个方向。自从本市一个女孩独自夜跑被害之后，陈羽就说顺路送她回家。

“我到了。”熊豆停下车子。

“你早点休息。”

可陈羽并不马上走，也不下车，就用一条腿撑着地，双臂抱在胸口。

熊豆微微一笑，她知道，每次陈羽都要目送她上楼，这才回去的。于是她走进小区，一到房间，她立刻走到窗边，透过玻璃，看见陈羽正调转车头，唱着歌，右手使劲挥舞，远远地去了。

她静静地笑了。青春是多么美好啊，纯净，轻松，云淡风轻。要是没有高考，那就更好了。

在学校里她一直没开手机。此时打开来，发现微信里有不少消息，其中有一条是杨略的。

“最近学习感觉怎么样？”

“杨略哥哥，我都按你的方法去做了，由易及难，好好补课，可是都没有用，什么进步也没有。”

“怎么个没用呢？”

“今天数学考试，一张卷子，只做了三分之二。人家全做完了，还有时间检查呢。”

“这个‘人家’，是谁呀？”

“我的同桌莫茵。”

“她平常成绩好吗？”

“当然好，全班第二，全校前十，学霸级萌妹子。”

“那就难怪了，这是她正常发挥。那你呢，以往一张数学卷子能做出多少？”

“以前？不到一半吧。”

“从一半到三分之二，那你进步很大呀。我知道你为什么沮丧了，你的参照系不对。莫茵一直很优秀，你短时间内肯定赶不上她。你得和自己比，要发现自己的每一点进步。”

“这不得向榜样看齐吗？”

“如果你整天和学霸比，只能觉得沮丧。同样，如果你只顾盯着没做出的题目，却忘了做出的题目，那你肯定一辈子也快活不了，学习就成了苦差事。”

熊豆一想，的确也是如此。自己太性急了，努力一个月，就想和学霸比拼，没发现自己的进步，简直就是自找不痛快。

“你的这碗鸡汤，我干了。那我接下来该怎么做呢？”

“熊豆，你喜欢玩什么游戏？”

“游戏？”熊豆一时觉得莫名其妙，“很多啊，《愤怒的小鸟》啊，DOTA啊，《王者荣耀》啊什么的，最近玩得少。怎么，你想让我玩游戏放松一下吗？”

“怎么会呢？我的主张是，要想学习好，就得杜绝一切游戏，让生活足够单调、无聊，让学习成为你唯一的乐趣，那才能一心学习呢。”

熊豆吐了吐舌头。“听上去像欲练神功，必先那什么。”

杨略在那一边已然笑翻了，发了一堆表情，然后才说：“你知道游戏为什么好玩呢？”

“我也没细想过，反正就觉得有意思，一玩就停不下来。”

杨略发了一个表情，是一位老师站在讲台上，教鞭指着黑板。

“我以前也没细想过游戏的原理，不过昨天我爸写了一篇文章给我看，把游戏之所以好玩的道理都说清楚了，我很受启发，你要不也看看？”

熊豆觉得奇怪，自己明明告诉他学习的困惑，他怎么扯到游戏上去了。难道这就是所谓的“寓教于乐”？

在这种困惑中，她点开了杨略转发给她的那篇文章。

在《鹿鼎记》第二十二回中，韦小宝在少林寺代替皇帝出家，看到少林弟子们武艺超群，不由心痒，也很想趁机学艺，练成绝世武功。可是，他一打听，要练成一指禅，得先练《易筋经》；而练《易筋经》，得先练般若拳；练般若拳，得先练拈花擒拿手……每样都得学上七八年。所以，要学成一指禅，就算武学天才，也得用上三十六年时间。韦小宝听到这里，当然是晕菜了。

想象一下，要每日青灯古佛，打熬筋骨，孜孜不倦，坚持三十六年，才能练就神功，这得多大的意志力啊！普通人能做到吗？更何况是生性慵懒，凡事喜欢走捷径，练武只为泡妞的韦小宝呢？

于是想到一个笑话。

一个男生追女孩，苦苦追了一年，没成功，就放弃了。

这时女孩倒来问他："怎么追到一半不追了？"

男生苦笑："一半？那你倒是给我一个进度条啊。"

所谓进度条，就是我们下载新软件或安装新应用时，电脑屏幕上出现的一个横条，标明目前进度。电脑内部的运作我们是无法知道的，但通过进度条，我们会知道，嗯，已经80%了，再坚持一会儿就好了。如果没有进度条，我们就很茫然，不知道电脑是在安装呢，还是根本没动静。

追求女孩时，没有进度条，没有及时的反馈，男孩花尽心思，但看不到希望，不知道女孩的真实想法，的确是很难坚持下去的。

学习也是一样，当我们确定了一个目标，比如考试上升多少名次，或是数学考到多少分，然后兢兢业业地去做题。但进步总是缓慢，而且经常是看不见的。或许我们的努力，要一个学期之后，甚至一个学年之后，才能见到效果。由于没有进度条，得不到及时的反馈，坚持了一段时间后，似乎毫无进展，我们往往就会灰心丧气，觉得前途渺然，甚至自我怀疑，于是慢慢放弃。而一旦放弃，又觉得深深自责，陷入负面情绪，由此而产生恶性循环，并叹息一声："唉，我的自控力不行。"

这当中出什么问题了呢？

其实很简单，这样的学习，没有进度条。他只是在沙漠中孤独地跋涉，没有路标，没有清泉，没有旅伴，面前只有漫漫黄沙，炎炎烈日，猎猎长风。

我最初开始写书的时候，一想到要写二十万字，就不由心生怯意：那得写多少个日日夜夜啊？独自对着电脑，一字一字地输入，我能坚持下来吗？

我后来想了个办法，将任务分解，二十万字，分两百天完成，平均每天一千字。有时写得顺畅，就多写点，有时灵感枯竭，就歇一歇。每天写完了，就觉得很有成就感，对接下来的写作也充满信心。

现在我有了自己的微信公众号，就更加方便了。我把新写的内容整理好，及时在公众号里发布，让朋友们阅读，得到及时的反馈。这样，坚持下去就不难了。

试想一下，我写完当天要完成的章节，打开微信公众平台，粘贴上文字，精心选择插图，并加上动听的音乐，浏览一下，感觉和简单的word版大不相同，仿佛已经正式出版。我觉得满意了，就点击发送，并转发在朋友圈里。很快，就有朋友阅读了，点了赞，留了言。我就得到鼓励，不由自主地重新打开文章，在音乐的伴奏下，细细地多读几遍，发现了妙处，就觉得满意，发现不足，就马上修改。此中滋味，美妙无比。

写作，就变得十分有趣了。

后来我发现，我无意之中，运用了一些游戏化思维。

熊豆读到这里，觉得挺有意思，尤其是读书看不到进步，就宛如置身沙漠那段，让她很有共鸣。她也缺一个进度条吧。

“杨略哥哥，你爸是做什么的？”

“他是做企业管理的，挺爱思考，时常把管理学的知识用于指导我的学习。”

“我真羡慕你，”熊豆想到了她开出租车的爸爸，他显然没这个能力，“那这篇文章，不是写给我呀？”

“实际上是写给我的。”

“你是学霸呀，名校高才生，还是作家，也需要指导吗？”

于是杨略说起了前因后果。

自从和老同学们聚会，决定要拍电影，杨略十分上心。本来打算拍熊豆逆袭的片子的，可熊豆希望以后再拍。他们一想，这倒也对。反正刺激熊豆的目的达到了，接下来就辅导她学习，等她真成了学霸，再拍也不迟。

不过，杨略还是很想写一个剧本。他和楚当当探讨了一下电影的题材。他们都喜欢悬疑推理的电影，如果能拍一个烧脑的悬疑片，那自然最好不过。同时呢，因为拍摄条件有限，演员不能多，场景最好选在校园。于是，他们达成共识，拍一个十五分钟左右的校园悬疑短片。

那究竟拍什么呢？他们决定先学习经典作品，从中寻找启发。楚当当推荐了一些经典的悬疑片，杨略也去书店买了东野圭吾的推理小说《白夜行》《嫌疑人 X 的献身》《恶意》，还有湊佳苗的《告白》等等，兴致勃勃地看了起来。

可是，他越看越慌。人家的作品充满巧思妙想，层层深入，引人入胜，而且充满社会批判性。这样的故事，他哪里写得出来？所以，一连想了半个月，毫无头绪。他就想放弃了，希望按照他原来的套路去写作。

周末时，他回到家。爸爸听了他的想法，沉思了一会儿，对他说：“以前我和你说过，学习分为三个区，构成同心圆：最内层是舒适区，在里面做什么都轻车熟路；第二层是学习区，任务超过自己能力，但努力一下还能完成；最外层是恐慌区，任务远超自己能力，完全无法胜任。”

杨略立刻就明白爸爸的意思：他要总是在舒适区里待着，写自己熟悉的题材，一切顺风顺水，虽然舒服，但却不能进步。果然，爸爸接着往下说："你要想学习，要想进步，就总得挑战自我，去做那些自己不擅长的事情。这个过程肯定是不舒服的，但唯有如此，精英们才脱颖而出。你这些天学习编剧，觉得难，觉得不舒服，就说明你处于学习区了。"

"话是没错，"杨略皱着眉头，"可我现在觉得无从下手，看不到进步，实在是动力不足呢。"

"你说的也是实情。所以，我想告诉你一个让学习快乐起来的好方法。"

"这个方法就是进度条吗？"熊豆听到这里，忽然就明白了。

"对啦，刚才只发给你一段，原文很长的，我怕你看不完。"

"没事，我想看的。我现在就需要这样的帮助。"

于是，杨略把全文发给了熊豆。

游戏是谁都喜欢的。从简单的跳房子、打弹珠，到复杂点的象棋、围棋，到流行多年的视频游戏，比如《魔兽世界》《刀塔》等等，都让无数人沉醉其中，得到快乐。

那么，游戏为什么吸引人呢？

一、游戏能带来及时反馈，激发旺盛的热情

《俄罗斯方块》就是要消掉更多的方块，获得更高的分数。玩战略性游戏，就是要战胜对手，获得胜利。当然，有些游戏耗时较多，征途漫长，为了随时让玩家得到激励，保持热情，游戏中设置了三个元素：

1. 积分。

在游戏过程中，每完成一项任务，杀死一个敌人，捡到一些宝物，

积分就会增加。积分达到一定数量，等级就会升高。许多游戏本身也有枯燥的成分，只不过是重复性劳作，四处奔走，砍砍杀杀，但玩家乐在其中，就是因为他们能看到积分的变化。

英语学习 APP 扇贝也借用了这个方法。当我们每天学完一百个单词，或看完两篇新闻等，就可以打卡，得到及时的鼓励。

2. 徽章。

徽章是积分的总和。在《三国志》系列游戏中，我们选定角色，耕地经商，招兵买马，然后攻城略地，当势力范围得到拓展时，皇帝的封赏也随之而来，由州牧到刺史，再到中郎将、大将军、丞相，直到最后汉献帝主动禅让，这其中当然有许多乐趣。

当我们在扇贝英语打卡满三十天，就会得到一枚徽章；阅读满两百篇，就会获得一枚徽章；经过单词量测试，单词量满一万个，也会得到相应的徽章。这种徽章是虚拟身份的象征，是个人学习的一种肯定。

3. 排行榜。

一个游戏的诸多玩家，会通过排行榜来看自己的成就。在使用得当的情况下，排行榜具有激励作用。

游戏玩家为什么总是越玩越好呢？因为他们的成绩以进度条、点数、级别和成就的形式，清晰地予以呈现，玩家很容易看到自己目前的成绩，以及发展的速度。瞬间的积极反馈，让他们更加努力，并成功完成更艰巨的挑战。而在学习和锻炼中，我们得不到及时反馈，没有掌控感，所以很难坚持。

我认识一个女生，她看到新闻里有位女子，因为长期锻炼，五十岁还是少女模样，苗条匀称，凹凸有致，引发万人点赞。于是她发誓：我也想那样。一时兴起，锻炼了几天，在微信朋友圈里发了一篇：“前天游泳，昨天器械，大汗淋漓的感觉真是痛快！坚持才能胜利！”

可是，第三天呢，闺蜜来了，一起逛街。哇，这个烤肉很诱人，再来一块。有烤肉，没海鲜怎么行？来份海虾，还有秋刀鱼！哟，好口渴啊，真想喝杯可乐。哦，对了，得控制饮食，不能喝碳酸饮料。可是好想喝……唉，算了，健康饮食从明天开始吧。老板，再来一份烤翅！

我说这些，并没有讽刺她的意思，而是表示深刻理解。因为我们的大脑时常鼠目寸光，注重眼前享受，而缺少长远的打算。我们明明知道，天天跑步、做俯卧撑、仰卧起坐，同时控制饮食，坚持下去，就能拥有好体格，练出迷人的肌肉。可是有几个人能坚持下去呢？我们虽然知道不吃眼前的棉花糖，可以获得更长远的利益，可是我们往往忍不住。那怎么办呢？

对照游戏带来的及时反馈，我们需要思考一个问题：那些原本枯燥单调，需要长时间努力的事情，能不能也在过程中赐予我们及时反馈，从而让我们快乐地坚持下去呢？

二、当环保变成了游戏

在瑞典首都斯德哥尔摩，一个地铁站的进出口楼被改造了。每一阶楼梯用油漆刷成了黑白两色，就像是钢琴的黑白键盘一样。当人们走上楼梯，每走一个台阶，就相当于按下一个琴键，扬声器就会播放出相应的音调，不同阶梯发出不同的音调。

许多人放弃了旁边的电梯，而选择使用楼梯。他们不仅锻炼了身体，也获得了许多乐趣。

这个“钢琴楼梯”的点子出自德国大众汽车瑞典分公司的工作人员，旨在通过趣味改造，改善人们的行为方式。他们称自己是在“用趣味改变生活”。

瑞典还有一个“世界上最深的垃圾桶”。当公园的游客往里面扔垃圾的时候，就会听见一种奇妙的声音：他们手里的垃圾，仿佛从很高的悬崖上呼啸着坠落，几秒之后，才砰的一声落地。游客们十分惊奇，又觉得好玩，于是四处找垃圾丢进去。改装后的垃圾桶成功收集到了72千克的垃圾，比同一地方的未改装垃圾桶多了41千克。于是公园就变得十分干净。

原来，这是设计师在垃圾桶上装载了一个传感器，当有东西扔进去的时候，垃圾桶隐藏的喇叭便会播放一段声音，将一米高的垃圾筒模拟成数百米的深渊。

如果说“钢琴楼梯”的出现是为了轻松改变人们只坐电梯的坏习惯，那么，这个“最深垃圾桶”就是一个环保卫士——用趣味体验，让平常因想偷懒而乱扔垃圾的人，愿意主动把垃圾送入桶内，并乐此不疲。

而这种趣味的本质，就是让人得到了及时反馈。

多么聪明的办法。

三、当锻炼变成了游戏

跑步的健身效果人尽皆知，但要抽出时间，说服自己早起，不管寒暑都要出门，而且要忍受单调的运动，都不是容易的事。但偏偏有一些人争先恐后地跑了起来，而且越跑越快，越跑越远。而其原因，居然只是因为利用了一个跑步系统。

原来，每一款耐克运动鞋的鞋底，都有一个微小的传感器，里面有加速计，可以靠运动来激活，将数据传到手机，或者手环上，告诉我们现在跑得有多快，跑得有多远。

获得实时反馈后，人们获得了动力。因为每跑一公里，就能挣到一个点。挣到足够多的点数，就能够升级。目前，“耐克+”一共有六个级别，每次升级，都是一种极大的荣耀。

有使用者说：“现在，我是绿带跑步爱好者，共积累了438公里，再跑560公里就能升入蓝带。这是一个令人生畏的数字，但我升级的动力很强，我敢打赌，跑后面560公里所用的时间，肯定比跑最初的

438 公里更快。”

实时统计数据、升级系统、个人成就，造就了一款非常出色的跑步游戏。这个游戏利用及时反馈和相关奖励，推动我们付出更大的努力，拥有更大的雄心，最后，许多人变得热爱跑步、乐观健康。

近来，“微信运动”受到了很多人的热捧，因为它会统计每个人一天走过的步数，并且有一个排行榜，微信好友们走了多少步，都在上面清晰地显示。

很早以前大家都知道，每天快走一万步，有益于身体健康。但很少有人主动去做。因为即便走了，也不会去数。即便数了，别人也不知道。所以，大家对此明显动力不足。

现在有了“微信运动”，很多人动力十足。以前开车去超市，现在一想，还是走路增加点步数吧。下班时，本来要坐车，可打开微信一看，自己才走了不到一千步，得，走路回家吧。甚至网上还流传了一个笑话，有人为了步数更可观，登上榜首，就把手机绑在了狗身上，让它到处颠颠地跑。

说到底，“微信运动”给了我们及时的反馈，就带给我们乐趣。因为身体变健康，其本身很难测量；而微信步数的增加，则真实可控，能激发人的斗志。

四、当学习也变成了游戏

“耐克 +”运动系统的经验是值得效仿的。因为学习和运动一样，需要长时间努力，但又不会立竿见影。我一直在想，能不能为自己设计一个“学习 +”系统，为学习提供及时反馈呢？

当然，你会说，这种反馈不早就有了吗？你看，我们学完一节，就有作业，老师批改后，就有一个反馈，做错的还得改正。上完一章，老师往往会做个测试，这时又会有一个分数。然后呢，期中考试、期末考试，都会有分数，甚至还会有个排名。

这不都是反馈吗？

的确，这是反馈。但这种反馈存在一些问题，严重挫伤着大多数学生的信心。

这样的反馈不够及时，也不够具体。而且，无论是小测试，还是期中期末考试，都是只重结果，并不能反映学习的过程。这样的反馈对学习落后者非常不利。因为他们总是被结果打击，而努力的过程则被人忽视了，因此，他们充满了失控之感。

什么是失控？失控就是一种难以把握命运的惶恐和焦虑之感，它会严重冲击我们的幸福感，以及身体健康。而游戏化思维，恰恰能帮助我们重新夺回掌控感。

你看，在“耐克+”系统中，影响点数的是跑步的路程，而不是身体各项指标的变化。因为我们的身体原本就千差万别，老人更不能与年轻人比健康。说到底，健康指数，是我们难以掌控的。我们能掌控的，就是迈开步子，一米米地跑，一里里地跑。

同样，成绩暂时落后的同学，其分数是不能与尖子生相比的。所以，分数对于他们来说，是难以掌控的。但是，一字一字地写作，一道一道地解题，一个一个单词地背诵，却是可以掌控的。所以，为了激发他们的学习热情，不应该反馈他们最后的分数，而应该反馈他们努力的过程。

而且，每个人根据自己的情况，都可以设计一套属于自己的“学习+”系统。就算我是学渣，你是学霸、学神，那又如何？我虽然暂时成绩不如你，但我照样可以进步。在这样的自我激励下，有朝一日，我在成绩上也可以与你平起平坐。

你说，这样的激励系统，是不是更为有效呢？

快给自己设定这样的系统吧。

熊豆认真地看完了全文，还摊开笔记本做了总结。这篇文章挺长，归结起来就两点：第一，应该有自己的学习节奏，确定自己的目标，一步步完成，而不必和别人相比（尤其不能和莫茵比）。第二，根据自己的情况，拥有一套属于自己的“学习+”系统，每次达到一个目标，就给自己增加积分。

可是，道理是明白了，可我该怎么具体设置小目标呢？怎么设计属于自己的“学习+”系统呢？怎么让它运转起来，刺激自己去学习呢？

她把疑问抛给了杨略。这一回，杨略毫不含糊。因为这方面他之前就有积累。

“熊豆，我现在写篇文章，明天发给你。”

当晚，杨略就把以前父亲给他上的课，结合自己的思考和实践，洋洋洒洒写了一篇文章，发在公众号里，然后转发给熊豆。

五、精英们都是清单控

晚上，我们需要有这样一份写上任务清单的日志表。临睡前，拿出日志表，把当天的任务一一打钩，算好一天获得的点数。然后，翻到下一页，在空白处，填上第二天的任务。当然，到了第二天，任务会有变化，不要紧，到时候再增补不迟。

序号	任务	分类	分值	完成
1				
2				
3				
4				

序号	任务	分类	分值	完成
5				
6				
7				
8				

这样，一早起来，我们就知道今天该做什么了。

首先，任务要足够细致。

不是“今天要学英语”，而是“今天用20分钟，背完10个英语单词，写20道习题上的题目”。不是“今天完成数学作业”，而是“今天用60分钟，写完数学试卷30道题目”。

其次，分清轻重缓急。

把事件按其紧迫性和重要性分成ABCD四类，形成时间管理的优先矩阵，写在分类一栏里。

紧迫性 / 重要性	紧急	不紧急
重要	A	B
不重要	C	D

解释一下，紧迫性是指必须立即处理的事情，不能拖延。重要性是指任务与你的人生目标息息相关。有利于实现人生目标的事物都称为重要，越有利于实现核心目标，就越重要。

第三，要事为先。

马克·吐温说，如果你每天都必须吃一只恶心的活青蛙，那请你一起床就将它吃掉，这样你一整天都会很满足，因为你把最糟糕的事情都做完了。

这也就是说，如果你面前摆着许多任务，那么你就从最大、最困难而且最重要的事情开始。你还要督促自己马上开始，然后一直坚持，直到任务完成，再去做其他事情。

如果你选择从轻松的事情开始，那么重要的事情会在脑中反复扑腾，发出尖锐的噪音，让你心慌意乱，难以安宁。与其如此，不如先将这些重要的事情解决吧。

六、量化激励能助你腾飞

之前说过，游戏让人上瘾，就是因为激励来得特别及时。打倒一个小兵，就能拿到金币，得到积分，于是感觉良好。我们要把这种量化激励用在学习当中，制定游戏规则。

序号	任务	分类	分值	完成
1	化学：记牢10个反应式	B	10分	10分
2	看英语文章500单词左右	B	10分	5分
3	做10道选择题	A	10分	10分
4	语文：背一首古诗词	B	10分	7分
5	数学：完成一张试卷	A	20分	20分
6	物理：做完作业10题	A	25分	20分
7	跑步1000米	B	10分	10分
8	看小说《白夜行》50页	C	5分	0分

今日得分：82 分。

这样，就对自己今天的收获有一个直观的掌握了。

当然，还有更简单的办法，比如你一天最大自习时间是4小时，而你有效利用了 3.5 小时，那么你的时间利用得分是 87.5 分。

此外，还有一个小诀窍，我不提倡题海战术，但提倡一道好题（尤其是错题）多做几遍，每做一遍就打一个★，等到这道题目边上出现了五颗星，肯定已经滚瓜烂熟。当你看着这些星号，肯定觉得兴奋，有成就感，甚至让你心跳加速，体温升高。学得这么开心，效率当然要比被动学习的人高很多。

19 世纪伟大的物理学家开尔文曾说："无法衡量，就无法改进。"我们需要实时数据来衡量自己的表现：我们是变好了，还是更糟了。我们可以根据这种反馈，面对目标集中精力，激励自己更加努力。

当然，关于量化激励的具体方法，你也完全可以根据自己的爱好随意发挥。

熊豆看完之后，起初还觉得有点将信将疑：量化激励就这么有用吗？不过看这个任务清单倒挺有意思，能让每天任务一目了然，而且每完成一项，就打个钩，写上分数，一天下来，若是得分在 85 分以上，应该还是挺有成就感的。

她就这样试了几天，把大目标分为小目标，又分成每天要完成的小任务，每次完成，她就有个很好的心理暗示：嗯，我在进步，我距离目标又近了一点点。

为此，她还专门买了一个效率手册，用于列每天的任务清单。她特意将字写得非常工整，显得郑重其事。每做完一项，她就用红笔打钩，并且给分，到了晚上，看到任务全部完成，做一个总结，就有种难以言喻的满足之感。

当她努力了一个星期，重新往回翻，抚摸着一周的业绩，心中油然而生自豪之情。

"瞧瞧，我这个星期可没有虚度。"

后来，她又暗暗给自己做了一个"名校等级制度"。她规定，每完成一天的任务，85 分以上，就计 10 分，每天的分数都相加起来。现在距离高考还有两年，一共 730 天。如果她最后能达到 6000 分以上，那就能考上心仪的浙江大学，去启真湖边读新闻专业，去亚洲最大的食堂吃饭。

长路虽然漫漫，但她感觉道路就在脚下，只要一步一步往前走，将每一步都踩得踏实，总有一天，她能走到梦想中的地方。

第四章

学霸1.0版②：每一天，都成为时间的朋友

毕竟初中时底子还算厚实，熊豆将高一课程恶补了一阵，也就初见成效了。平时加班加点，周末也不肯闲着，在莫茵的辅导和敦促下，学得很有劲头。熊豆妈妈看她浪子回头，大喜过望，精心准备了午餐，不停地给熊豆和莫茵夹菜。

“豆子，看你这么用功，妈妈心里可美了。”

“还美呢，我把以前抹指甲、涂眼影、玩游戏的时间全用于补课了。唉，一点生活乐趣都没了。你瞧瞧我，和莫茵一样，完全成了书呆子了。”

说完，熊豆还朝着莫茵嬉皮笑脸。莫茵也不在意，只是静静一笑，夹起一块春笋送进嘴里。

“尽瞎说，”熊豆妈妈嗔笑了一下，“没了那些乱七八糟的眼影啊假睫毛什么的，瞧瞧，现在你的样子多干净！这才像我的女儿嘛。”她伸手过去，捏捏熊豆的脸蛋。

“就你老土。”熊豆伸了伸舌头。其实呢，她是故意要呛她妈妈几句的。她也喜欢目前的状态，虽说安排得很满，而且按部就班，但每天都过得很充实，晚上也睡得安稳。

嗯，杨略说得没错，努力才是最好的生活状态。

就这样过了段时间，之前落下的课程，她基本自学完，虽说不算精通，但总算大体掌握，没有明显的漏洞了。她对蔡老师所做的承诺，一个月赶上大部队进度，也基本兑现了。

课间，蔡老师听了她的汇报，心里是满意的，但表情依然严肃。

“你还算是信守承诺。那么，从今天开始，你要和大家一样，什么难题都得啃下来，别给我讨价还价，挑三拣四！”

“没问题！”

熊豆虽然答应得很脆生，可心里还是有些恐慌。前段时间她之所以能抽空补前面的课，就是因为每天作业她都偷工减料了，这样才匀得出时间来。可从现在开始，她失去了这个特权，从赛场外进入拥挤的跑道，要跟着大部队前进了，她能跟得上吗？

果然，问题很快就浮现出来了。学习基础知识比较容易，也有挺多乐趣。可是再往上走，就明显觉得吃力。压力一大，她就想着闪躲逃避。比如中午时分，面对一张数学试卷、一道历史分析题、一篇议论文，她明知事情很重要，但迟迟不想动手，就给自己找了点理由：忙活了一上午，现在放松会儿，也是应该的。于是，她心里一阵轻松，就去看一点漫画书，和同学聊聊天，有时甚至跑去音乐室，和陈羽他们吼上一嗓子。

心一散，再收回来可就难了。她心里也是不安的，却又对自己说：反正还有时间，下午再做吧。到了下午，几堂课一结束，布置的作业就更多了。一直到晚自修临近结束，作业还做不完，她又对自己说：回家再补了，今天晚点睡，下不为例。

可是，一回到家，诱惑就更多了。妈妈端来了酸奶和饼干，网上有刚更新的美剧，微信里的留言还没有回复。

她东摸摸，西摸摸，时间就这么咔嚓咔嚓地过去，让她越发心浮气躁，终于下定决心，一咬牙一跺脚，把电脑关了，把手机扔抽屉了，把牛奶一饮而尽，然后喊一声：“动手！”

她迅速拿出卷子，挺胸收腹，正襟危坐，一题一题地做下去。但一会儿飞来个蚊子，一会儿台灯上又落个飞蛾，无不让她分心。眼看时针接近十一点，然后接近十二点，作业还没完成，怎么办呢？只好硬着头皮继续，一直解到最后几题，她头昏脑涨，实在没有思路了。

“唉，明天早上问莫茵吧。”

十二点半了，她才上床睡觉。本想好好睡觉，可是刚才大脑飞快运作，现在身子是累了，大脑却依然活跃。于是她给自己放松，先放松五官，再放松肩膀，放松手臂，一路放松下去，连脚趾都放松了，但还是没用。她辗转反侧，仰着，趴着，侧着，怎么躺都不舒服。于是睁开了眼，发现房间太亮了，仔细一看，是窗帘没拉好，漏进来一点路灯光，于是起身拉紧窗帘。可是身子一活动，就越发睡不着了。

“还是听听音乐吧。”

她打开手机，点开了轻音乐，闭着眼睛，听了一阵，脑子里无端地又塞进许多事，沉沉浮浮，让她心神不宁。没完成的卷子啦，让人头大的数学啦，和蔡老师的约定啦……脑子里过火车一般，轰恰轰恰，不能断绝。她也想到了陈羽，想到了莫茵……唉，此刻他们肯定已经安心入睡，明天又能继续奋斗了。而只有她，被睡神抛弃，生活在无梦无醒的黑暗白昼里。

也不知过了多久，她才沉沉睡去，又做了许多光怪陆离的梦，让她不时觉得心惊，睡不安稳，等到次日清早，闹钟响起，她困得睁不开眼睛。到了学校，只觉脑子里满是糨糊，上课效率自然不高，面对作业就心生畏惧，于是中午拖到下午，继而又拖到深夜，次日精神越发疲倦。如此过了几天，厌学情绪油然而生。

就在半年前，她也有过这样的状态。当时她的解决方案是痛斥教育。找到靶子后，她心里就宽松一些。而这回呢，她有了目标，也努力过一段时间，却不能坚持，那又怪谁呢？她就这样生活在愧疚、郁闷、焦灼、沮丧的泥淖之中。

这天中午，还没上课，班长就走到讲台上，宣布春季运动会的事情，希望大家主动报名参赛。

“咱们班的学习成绩虽然中等，可去年秋季运动会咱们是总分第一啊。所以今年的春季运动会，咱们一定要保持领先。去年得奖的同学今年争取再拿名次，为班级争光！石奎，你还是扔铅球……熊豆，你参加跳高吧。”

“我，”熊豆正在解题，听到点她的名，抬起头来，一脸茫然，“什么？”

“去年你跳高拿了第一，今年就看你了。”

“可今年我没空啊。”

“你就别推脱了。你去年的英姿，咱们都还历历在目呢。”

熊豆从小爱运动，腿也很长，身姿矫健。在去年运动会上，她曾有惊艳一跃，破了全校纪录。班长这么说，其他同学也开始声援：熊豆，上吧，上吧。

可熊豆天生就是倔强的脾气，她志愿参加，那倒也罢了，若有人硬逼着她去，她就算愿意也会硬顶着不去。况且，现在她真的很忙，时间完全不够花呢。

“班长，参加运动会得每天训练，我真没那闲工夫。”

“你没时间训练，倒有时间唱歌。”

“我乐意！”

“运动会代表着全班荣誉呢，”班长走到她面前，“学习上有莫茵为咱们班争光，运动会该你出面了。”

也不知怎的，也许是熊豆最近睡眠不佳，解题不顺利，满肚子不开心，神经就十分敏感。班长说的也是实情，可到了熊豆耳朵里就变了味儿：你熊豆学习不行，还逞什么能？你就是头脑简单四肢发达，运动会才是你的舞台。熊豆的火气忽然冒了出来。

“哪来那么多废话！现在是我的关键时刻，浪费不起时间。”

班长被这么一顶，原先的笑容僵在脸上，也不由发怒了。

“熊豆，没想到你是这么自私的人。”

“我自私？”熊豆腾地站起来，“我妨碍你什么了，你就说我自私？哦，你是班长，习惯了发号施令了是不是？我们都得听你使唤是不是？我告诉你，我才不吃你这一套！”

熊豆说完，也不管别人的反应，坐下去，依然做自己的题目。但激动之余，手还在发颤呢，哪里写得了字。于是，一整天又没状态了。

这天晚上，她回到家里，觉得无心学习，就和杨略聊了一阵。

“杨略哥，怎么样才能长期对学习充满热情呢？”

“你不是目标很明确吗？怎么会没热情呢？”

“时间不够用，效率不够高，睡眠不够多。唉，说多了都是泪。”

“那你说说看，一天都干了啥？干脆这样，你写篇小文章，记录你一天都做了什么。”

“啊？还写文章，我明明时间不够用，你还给我加任务。”

“磨刀不误砍柴工嘛。反省一下自己的一天是怎么过的，才能提高时间使用效率呀。”

熊豆答应了，反正她这会儿也看不进书，于是打开电脑开始写。因为是如实写自己的亲历，所以效率很高，一会儿就写完了。

她的一天

六点半，闹钟已经响了，可她昨晚复习到1点，现在还很累，好想再睡一会儿。妈，别催了……我起来了。迷迷糊糊来到卫生间，刷牙，洗脸，梳头，到了餐桌前，一看时间，啊，来不及了。慌手慌脚地拿上两个包子，背上书包就跑出门。妈妈在后面喊：把奶喝完再去吧。她一边关门一边喊：啊，来不及了，来不及了。

一路把自行车踩得飞快，总算踩着铃声走进教室。一堂课，又一堂课。因为精神不佳，只听得模模糊糊，半懂不懂。尤其到了下午，早已昏昏欲睡，只好拼命掐大腿，才勉强没睡着。她安慰自己，没事的，上课没听懂，课后自己补补就行了。

于是到了傍晚，继而是晚自习，她开始做作业。但上课没听懂，做题效率也低，经常得回去翻书。好烦呀，先听会儿音乐吧。嗯？前桌在聊什么，好像很有趣，于是插了几句嘴，哈哈笑了一会儿。不行不行，得做题了。啊呀，好像才一会儿工夫，晚自修怎么就结束了？于是只得骑车回家。

晚风一吹，精神倒振奋起来。回到家，打开习题，明明得动手了，却又刷了一会儿微信，这才开始解题。时间一点点过去，十一点了，十二点了，该睡觉了吧？可是，她心里很不安，总觉得今天虚度了，还是再多用会儿功吧。于是到了十二点半，甚至一点，实在扛不住，只好睡了。第二天，才六点半，闹钟响了，她睁开浮肿的眼睛，晕沉沉地看着窗帘上映出来的天光，唉，好想再睡一会啊。

于是，又一个轮回开始了。

天哪！

杨略看完了，脑海中就浮现出熊豆慌手慌脚的一天。

“你还别说，写得很生动，文笔也流畅。”

“还嘲笑我……”

“没有啦，我了解你一天的学习状况了。现在我来告诉你，怎么高效使用一天的时间吧。”

熊豆的邮箱很快就收到了一封来自杨略的邮件。

熊豆：

见字如面。

有句话说得好，如果你想学好一件乐器，最好的时机要么是十年前，要么就是现在。同样，要想提高成绩，最好是十年前就开始努力，其次就是从现在开始。而所谓现在，其实我们能真正把握的，只有今天，只有此时此刻。

那么，我们来谈谈怎么度过充实、激情的一天吧。

一、预习是提前确认

上课前一定要预习，其目的是提高听课效果。因为任何一个学生，都不能保证一节课45分钟一直保持注意力高度集中。也就是说，这45分钟之内我们的注意力都会有所波动，有时难免走神。而通过预习，确定难点、重点，那么在听课的时候，当老师讲到你已懂的地方，你就能会心一笑，无比愉快；当老师将你原先不懂的地方讲明白了，你就会豁然开朗。于是在整个上课过程中，你的注意力都会高度集中，从而有效提高听课效率。

但在调查中发现，大约只有25%的学生有预习的习惯，其余75%的同学中有人觉得预习太麻烦，有人不知道怎么预习，也有人没有时间预习接下来的课程。

那么，我们该怎么正确预习呢？

1. 什么时候预习？

一般来说，预习都放在前一天晚上。当我们做完作业后，就预习下一课，每门课花上五分钟时间。韩国学习大王朴哲范的方法是，在上课前五分钟，大致浏览接下来要学的内容，做到心中有底。这两个时间都可以，你可以试试看，哪个时间更适合你。

2. 预习什么内容？

我们要预习老师即将讲到的内容。如果有些地方不太明白，就做个标记，表明这是难点。如果发现整章内容都围绕这一个点展开，那么这里就是重点。找到它，也做个标记。对于英语和语文，就要将生词和生字找出来，查明读音和含义，为上课扫清障碍。

经过这样的预习，当老师讲到难点和重点，大脑就会高度集中起来；当老师讲到你较为熟悉的内容，你可以适当放松一下。如此张弛有度，听课的效率就提高了。

当然，也有一些同学，听说了预习的重要性，就下足了力气，提前一天把下堂课的内容读几遍，甚至把课后练习都做了。这样的确很认真，可是真的能高效吗?

未必如此!

因为预习太充分，他们会在心里想:“反正我都看过书了，都懂了，老师也没讲啥新鲜内容。”于是上课没事可干，就走了神，甚至打起瞌睡。他辛辛苦苦来学校读书，就变成了自学，对很多内容一知半解，效率自然是不高的。

所以，预习的功能就是提前确认接下来要学的内容，而不是超前学习。这一点请你牢记。

二、百分之百利用课堂

每个班里，总有那么几个同学，喜欢打篮球，也在教室玩闹，看上去自由散漫，可每次考试，他又总是名列前茅。那些整天不离座位的学生就想不通了:“他都是怎么学的呢? 我都这么拼命了，怎么还赶不上他。看来，智商是一道鸿沟啊。”

其实，如果仔细观察这些异类同学上课时的表现，你就知道原因了。他们平常虽然嘻嘻哈哈，可一到上课，就目光炯炯，脑子飞快运转，如饥似渴地吸收着老师所讲的知识。实际上，他们百分之百地利用了课堂，就远胜过那些上课不认真却想在课后补习的同学了。

他们深知，课堂教学的内容和方式，是经过国内外众多教育者精心研究，反复实践，才总结出来的经验，不是学生自己看书可以比拟的。因此上课认真听讲、积极参与，就是中学生学习的关键环节。

我总结过尖子生们上课时的表现，大概有如下几条成功经验:

其一，上课不要看书，一定要看着老师的眼睛。

在中学时，我的班主任经常提醒我们:“大家听我讲课时，一定要盯着我看。当然不是因为我帅，而是因为，当你们看着我，目光相对时，听课效率就特别高，不容易分心。”

对这一点，我非常认可。想象一下，当你与老师眼神交会，你会忽然一紧张，注意力就高度集中了。如果老师说得妙处，你听得心领神会，两人的目光中就带着共鸣，让彼此都心花怒放。

而且作为老师，他从我们的目光中得到鼓励，也会把课上得更加生动。否则，老师讲得热火朝天，学生却都低着头，老师也会很沮丧，甚至心里发慌：“难道我讲得不好，大家不愿意听？”或者是：“唉，既然大家都不想听，我草草讲完就得了。”

其二，不理解也不放弃，努力跟上老师进度。

上课时，再优秀的学生，也会有听不懂的地方。这时，你当然可以举手示意：“老师，我没听懂，请再讲一下。”负责任的老师肯定会耐心地再讲一遍。

许多同学没有这个勇气，认为说自己听不懂，就会脸面无存，于是眼睁睁看着老师继续往下讲。当上课内容如流水般滚滚向前时，他就越发失去信心，不由感到沮丧，后面的内容也听不进去了，只好在心里默默地想：“算了，反正我也听不懂，就不听了，还是等自习课时，按自己的进度自学吧。”

但我建议你，千万不要这样做。因为这样一来，上课没效率，又严重挤占自习时间，效率就越发低了。想象一下，当你在自习课上还为赶上课堂进度而疲于奔命，而别人早就拿出习题集、参考书，在扩展知识的大道上绝尘而去了，你哪里还赶得上呢？

所以，上课时要勇于发问，如果的确不方便提问，那就先画个记号，继续跟上老师的思路，掌握接下来的知识。等到下课，你再叫住老师，把不懂的地方向老师提出，得到圆满的答复后，你的课堂效率依然很高。

其三，尽可能大声地回答老师提问。

老师上课时说到重点，或者看到大家有点走神，为了提醒大家注意，往往会向大家提问：“柳永的原名，大家知道吗？”

如果大家响应热烈，那么课程就会进行得很顺利。这时，虽然老师没有点名让你回答，你也一定要大声回应："柳三变。"

通过大声回答，如果获得赞扬，你的精神会振奋起来，自豪之感油然而生。如果回答得很荒诞，同学哄堂大笑，其实也不要紧，你深受刺激，自嘲地笑笑，瞌睡就被赶到九霄云外，目光变得敏锐，精神又高度集中了。

其四，飞快地在脑海中复述老师讲过的内容。

复习并不是从上课结束才开始的。真正有效的复习是在课堂上就进行的。比如老师讲到重点，会特意重复几遍。这时，你的注意力要高度集中，在脑海中飞快地复述一遍。这样一来，知识点记清楚了，也没时间去开小差了。

第五，要高效地做课堂笔记。

课堂笔记有利于提高课堂效率，也有助于课后复习。不过，如何记笔记，也大有讲究。

有这样三位学生，各自拿出他们的教材和课堂笔记。

第一位学生的教材干干净净，上面一个墨点也没有。

第二位学生的教材上密密麻麻，全写着笔记。

第三位学生的教材上有很多下划线、重点符号，书页边有简洁的课堂手记。

你觉得哪位学生效率最高，成绩最好?

第一位的大脑和教材一样，也没有使用过，所以成绩居于下游。

第二位呢，上课辛辛苦苦写笔记，恨不得把老师的话全记下来，于是没有时间去理解和消化，成绩就得不到提升，只能居于中游。

第三位学生明显更胜一筹。他经过预习，知道了上课内容，老师讲课的内容如果是教材上的，那只要在相应地方画下划线即可，而不必费劲地抄写在笔记本上。如果老师所讲已超出教材，那就简要地记在书页空白处。如果实在写不下，写在便利贴上，贴在旁边即可。这样，他提高了记笔记的效率，随时能跟上老师的节奏，也有了思考的时间，自然能大大提高上课效率。所以，他的成绩居于上游。

你的课堂笔记，又是怎样的呢？

三、高效复习三部曲

上课之后，自然就需要复习。

我之前说过，许多同学一到自习课，不翻开课本复习，就直接开始做题，但往往效率很低。那么，该怎么复习，才是简单高效的呢？我的复习方法分为这样三步：

第一步，课后两分钟，脑子里回顾一下上课内容。

老师说完下课，提包走人。这时，身边同学纷纷起身。如果你能静下心来，把老师刚才讲的，就着黑板上老师的板书，在脑子里有条理地过一遍，发现有不清楚的，就赶紧翻书弄明白，然后再起身休息。这样，花一两分钟，你已经趁热打铁，完成了第一轮复习。

第二步，利用休息时间背诵知识点。

午餐时间和晚餐时间也要好好利用。课后两分钟回顾过上课内容，而此时就要好好背诵。只有通过背诵，知识点才能烙印在脑子里。而只有牢牢记住，才有可能创新。

所以，趁着空闲时光，把单词、生字、公式，抄录在小册子上，随时可以背诵。排队的时候，等车的时候，走路的时候，都可以利用起来。然后，到了自习课，就可以专心扩展自己的学习范围了。

第三步，通过习题来巩固知识。

做题的目的，其实也是复习。有了前面两步，知识点牢固掌握，加上集中精力，心无旁骛，就能提高做题效率了。会做的题目尽量少动笔写，少些中间步骤，甚至直接将答案写上，把时间省下来，用于攻克“半生不熟题”。而那些花了一刻钟也做不出来的题目，就不要再去苦思冥想了，可以向老师和同学请教。

如果学有余力，就要另外选择适合自己能力的习题集来做。那么，什么习题适合自己呢？如果有一本习题集，你能解出题目中的70%—80%，不太难，但也有一定挑战性，那么它就是适合你的，因为它能启动你的及时回馈系统，让你做题时充满挑战性和成就感。

四、怎样休息才最有效

有些同学做数学题累了，喊着："我要休息啦。"于是把书一扔。如果他直接倒在床上呼呼大睡，那倒也不错，起码身体得到休息。但其实呢，更多人说是休息，其实是想娱乐一下。玩游戏，看综艺节目，时间一晃儿就过去了，心里却开始发慌，等到重新拿起数学题，却发现脑子里充斥着游戏或节目的画面，很长时间不能进入学习状态。

这样的休息直接打乱了学习节奏，其实并不可取。我想要的休息，其实是交替学习法。

在学习中，如果过长时间盯着一门科目，会让我们疲惫不堪。有时为了赶任务，不得已持续下去，但效率低下，根本没有成效。这时你需要休息。但休息一定是停止学习吗？不一定。不同科目的轮替，也是一种休息。

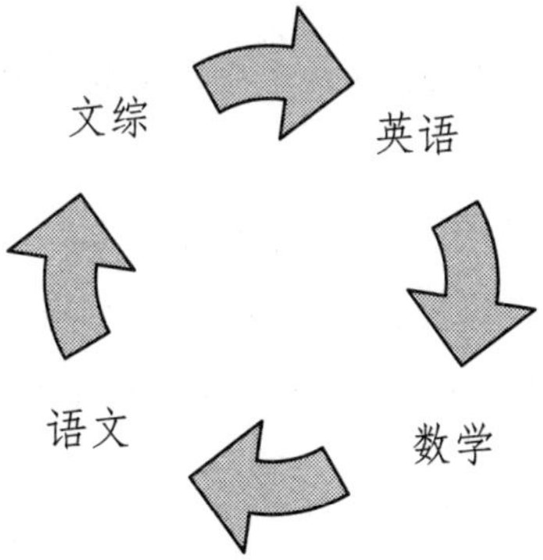

这种方法，就是"莫法特学习法"，它可以让我们保持精神上的兴奋，进行主动的调剂和放松，创造最高的工作效率。

比如你长于语文英语，弱于数学，那在时间安排方面，可以先做数学，做一小时左右，感到疲倦，稍作休息，再翻开你擅长的语文作业。

你一定深有体会，学习擅长的科目，会时常觉得带劲，有心得，有提高，甚至陶醉其中，好像学习也是一种休息。等你放下语文，把这种畅快感带到数学中去，也会得到高效率的学习。

同时，如果某一科目进入心理疲劳期，感觉复习遭遇瓶颈，那就找一些过去做过的经典试题来做。在这个过程中，遇到的都是熟悉的内容，心里不会有负担，同时“温故而知新”，很多知识当再次学习时，可能会有许多不同的体会和心得，会让你重新激发复习的热情，使心灵保持活力，而非倦怠和失落。

下午晚餐前，可以留出部分时间，去跑步、打球，出一身汗，让身体得以放松，然后头脑清醒地进入晚上的自习时间。这一点非常重要。所以，我强烈建议你去参加运动会，即使每天下午都要训练，会占用一部分时间，也是值得的。

晚自习结束之后，到了晚上十点，无论如何也要入睡了。因为睡眠和学习有着极其密切的关系。

我们的睡眠包括五个时期，其中有一个阶段，叫作快速眼动睡眠期。在这个时期，人脑就对白天获得的信息进行整理加工。因为白天学来的知识，来不及形成长期记忆，只是暂时存在大脑的海马体中。这里存储容量少，必须及时整理，及时转化和清空。这个过程要在快速眼动睡眠期内完成。

因此，保证足够的快速眼动睡眠，才能让知识转化为记忆，否则可能会被遗忘。也就是说，要抓住22:00和23:30这两个睡眠的关键点，进入深度睡眠，对于我们的学习非常重要。

所以，到了九点半，就该洗漱完毕，准备睡眠，去抓住22:00的关键点。实在不行，也不能晚于23:00入睡。这样，才能保证一天努力获得的知识，尽可能多地在脑子里保存下来。否则，辛苦学习一整天，一夜回到傻白甜。

五、学霸的一天是怎么安排的

关于具体的日程安排，可以参照一些学霸的时间表。当然，要结合你的特点来制定。下面介绍一下我读中学时的日程表。

6:30-6:50，起床，洗漱，吃饭，出门。

6:50-7:10，上学路上，可以听英语、古诗文，也可以听听新闻。

7:10-7:45，早读。语文，背课文。英语，准备听写。

7:45-11:55，早上五节课，中间有课间操，冬天跑步。课间迅速预习复习。

12:15-12:40，吃饭，之后做 20 分钟作业。

13:00-13:20，小睡，闭目养神。

13:20-16:35，下午四节课。课间迅速预习复习。

16:35-16:50，运动十五分钟。

17:00-17:20，食堂晚餐。

17:20-18:00，先回顾一下当天课程，再完成作业。

18:00-19:00，晚自修第一节，如果完成了作业，则学习逻辑性强的科目等。

19:10-20:10，晚自修第二节，学习记忆性强的科目等。

20:20-21:00，晚自修第三节，对当天内容进行查漏补缺，并预习第二天的内容。

21:40，到家，吃水果、酸奶，休息一下。

22:00-22:45，语文或英语学习，利于记忆，也利于睡眠。我特别建议听几篇配乐美文，既让你有所收获，又会觉得陶醉，放松。

22:45-23:00，洗漱，睡觉。保证七小时以上的睡眠时间。

写到这里，一天的规划就写完了。

无论如何，学习是艰辛的，但也是充实的。只有好好利用每一天，才能把根基扎得更深，日后才更会枝繁叶茂。李宗盛在回顾往事时，曾说："人生没有白走的路，每一步都算数。"是的，只要用心去做，就不会一无所获，日后回头，都会感激此刻的踏实稳健。

今天的信写到这里。

祝福你。

一直关注着你的

杨略

熊豆看了，颇有些醍醐灌顶。于是第二天，她就如法炮制，定好自己的时刻表，开始紧锣密鼓地运作。课前认真复习，上课时专注地盯着老师，课后立即复习。几天下来，时间利用率大大提高，她终于可以如期完成作业，并能安排自己的学习内容，晚上也能准时入睡了。

然后，她也有时间去运动了。

这天，她走到班长面前，大大咧咧地说："今年的运动会我参加。"

班长刚刚反应过来，不由大喜过望。

"那每天下午的训练，你别忘了。"

"忘不了，你就放心吧。"

果然，她第四节课后，换好运动服，带着莫茵去操场跳高。虽然学习时间少了些，但她的效率却高了，而且经过运动，她的脸色都变好了。这一晚，她回到家里，就向杨略报告了好消息。

杨略自然也高兴。

"熊豆，那你再写一篇《我的一天》吧。"

熊豆欣然从命，就又总结了一下目前的状况，写了一篇短文。笔法自然还是她的，可精神气儿就完全不同了。

我的一天

一早醒来，她顿觉浑身舒泰，于是起身，做几个拉伸动作，就拿出诗词或单词，大声地朗读起来。过了一会儿，妈妈在餐厅喊她吃饭。她来到洗手间，一边洗漱，一边在脑子里重现刚才背过的内容。

从容地吃完早饭，骑车出门。时间还早，街上人不多。她的自行车驶过路面，碾出好听的嗡嗡声。凉风拂面时，一想到该背的都已背完，心里就升腾出一种领先于别人的满足感。就好像一晚大雪后，第二天老早起床，在雪地上咯吱咯吱地踩出第一串脚印；又像是第一个爬上高峰，迎面猎猎长风，清冽的空气灌满肺叶，让人深深沉醉。

要上课了，她抽出课本，飞快地浏览着这堂课的内容，整体大纲了然于心，不懂的地方画个记号。上课开始，目光紧盯着老师，跟上老师的思路，偶尔在书页边上，记下老师的补充内容。下课了，并不马上起身，而是合上书，也合上眼睛，把上课的内容回顾一下，这才起身，略作休息后，又用极快的速度浏览下一堂课的内容。

终于，下午第四节下课，她和莫茵一同来到操场，热身，起跑，然后高高跃过横杆。她身姿如此曼妙，吸引了许多人来看。大家纷纷叹息：看来这三年的跳高比赛，都得由她称霸了。莫茵虽然跳不了那么高，但在熊豆辅导下，也有了进步，高兴得活蹦乱跳。

到了自习课，并不马上做题，而是把相关的课程内容又仔细翻看一遍，都熟悉了，这才开始非常专注地做题。因为知识点牢记于心，所以做题飞快。还有点时间，她争分夺秒地做点课外题，或者看一些课外书。

说来也怪，她做作业的时间有所减少，可因为运动头脑清晰，加上复习方法得当，她的解题速度就提高了很多。

等自修课结束，因为一天高效的运作，她已浑身疲惫，目光无神。骑车回到家，喝过牛奶，看了一会儿历史和政治，就打开日志表，给今天完成的任务一一打钩，并给自己打了分。

洗漱完毕，躺在床上，拿起古诗词或英语单词，默默地背了一些。一看时间，临近十点半，眼皮开始打架了。

“嗯，我又度过了充实的一天。”

于是关上灯，她满心安稳地睡着了。

经过有效的睡眠，第二天六点钟，她和闹钟一起醒来，又开始了元气满满的新一天。

第五章

学霸2.0版①：整体学习法，提升高效学习力

正当熊豆的学习渐入佳境的时候，杨略却为剧本而苦恼呢。

为一个新想法激动，那是很容易的，可具体执行起来，那就是另外一回事了。毕竟，单单记录熊豆重新爱上学习的过程，倒也不难，可那太像纪录片，而不是电影。电影嘛，必须要有一个精彩的故事，加上或有趣或感人的细节。这无疑是挺难的。但他还是想短时间内学会编剧，尤其是学会讲故事。

“我让熊豆做学霸，自己却不努力，那就不像话了。”

所以，最近一段时间，杨略读了很多编剧指导书，也看了不少经典电影，在为别人的创意激动时，他的脑子里也不时冒出许多想法，都记录在创意本里。然而，这些创意都显得很平庸。别看一页页的都是点子，可都像干瘪的谷子，没有一颗可以落地生根的。

眼看日子一天天过去，他不由地焦躁起来。

周末回到家里，妈妈去医院加班了，只有爸爸在家。三年前，爸爸曾得过癌症，经过治疗，现在大体康复，脸色红润，说话有力。

他依然经营着自己的企业咨询公司，但更愿意放手让副总去具体管理。而他自己呢，则将更多时间用于思考，写一些充满商业智慧的专栏文章。他总说，商业纷繁复杂，但其中有些规律性的东西，他要借助多年商海沉浮的经验，加上深厚的学养，将这些规律寻找出来。

杨略回到家时，爸爸在书房里办公。在书房的一角，立着一块白色写字板，爸爸画出一张大网，正从中心往外不停延伸，牵连出许多点，每个点上都写了不少字。

“爸，你画的是什么呀？”

“一张思维导图，”爸爸见杨略进来，就收起了马克笔，“我正构思一本书，题目是‘商道’。你瞧，我把这两个字写在中间，然后往外辐射延伸出八条线，就是这本书的章回。每个章回又辐射开来，就是每一章的小节了。”

杨略注视着这张图，觉得纲举目张，写作思路十分清晰。

“这个方法倒也不错，列写作提纲很方便啊。”

“岂止是方便列提纲啊，”爸爸端起了一杯茶，轻轻抿了一口，“对于创意来说，这个图更有用呢。”

一听到“创意”二字，杨略的眼睛顿时亮了。

“怎么用呢？”

“以前我给一些公司做广告创意的时候，经常用这个方法。”爸爸既然是做企业咨询的，广告也是重要一环，他平常也会参与创意。而既然是创意，广告和电影自然有相通之处。

“能给我说说吗？”杨略已搬了把椅子坐下。从初中开始，他时常聆听爸爸的授课，安静地坐下，几乎已经是习惯性的动作了。

爸爸一看他的架势，心里也觉得亲切。

“也行，今天就给你上一课吧。”

作为父亲，他是巴不得将浑身的本事都传授给儿子。更何况，儿子还如此好学。几天前，杨略告诉他想写电影剧本时，爸爸十分高兴，再三鼓励，并说：“没经验不要紧，先去写吧，写着写着，就有经验了，谁天生就有经验呢？谁规定只有别人才能写出好剧本来呢？”

当时，他还说了另一段话，也是让杨略很受益的。

“……在实践中吸收别人的经验，才是最为高效的，否则，看一大堆电影理论和写作技巧，到头来依然写不出一个字。别人的经验和理论就像造房子时的脚手架，的确不可或缺。可是，只有当你开始砌砖，一层层把房子叠高，脚手架才能为你所用。否则，就算脚手架搭得再漂亮，却不动手建房子，那也是毫无用处的。”

现在爸爸自己有创意经验，就不仅要倾囊相授，而且还要手把手教杨略怎么做了。

“略略，今天咱先讲理论，然后再一起来做创意。”

思维导图创意法

稍微说一下背景。英国学者东尼·博赞从达尔文的笔记中获得启发，把我们大脑中的发散性想法画在纸上，形成思维导图，也称心智图。

思维导图自一面世，就引起了巨大的轰动。作为21世纪全球革命性思维工具、学习工具、管理工具，思维导图已被广泛应用于生活和工作的各个方面，成功改变了2.5亿人的思维习惯。

用思维导图来创意，首先是找出占主导地位的观点，多方位思考，寻求各种不同的新见解，以摆脱旧意识、旧经验的约束，从而抓住偶然一闪的构思，深入发掘新的构思，创造出新的观点。

第1步：喷射式的发想

确定中心概念后，快速地在这个词四周的引线上写出几个联想的关键词。这时千万不能停下来选词，而要把进入脑海的第一个词写下来，不管这些词是否很荒诞。这往往是打破旧的限制习惯的关键。为此，要创造充分的“自由联想”的环境和过程。

第2步：深入联想

把已写下的关键词作为卫星词，再做第二次放射性联想，然后围绕着新词做第三次放射性联想。按照放射的本质，每个关键词都可以自成一体地产生无穷多的联想。

第3步：寻找关联

暂停下来，仔细看看图中众多的想法，找出与众不同的新元素或令自己激动的亮点，尤其要注意在不同枝节上的词语之间找联系。因为距离中心词越远的元素创新性越强。两个元素的距离越远，一旦发生关联，则其创意越是新颖。

爸爸说得很快，看杨略听得迷迷糊糊，就说：“咱们就现场练习一下。我出个题目，你来创意。”

他在写字板上的中心画了一把按摩椅。

“假如现在你就是广告公司的创意总监，刚接到一个项目，要给一家生产按摩椅的公司做广告。这个按摩椅市场定位是高端消费人群，主要功能是解除疲劳。你用思维导图法，看看能有什么创意？”

杨略刚刚接触思维导图，并不熟练，在按摩椅下方写上“消除疲劳”之后，就不知怎么做了。爸爸在一旁提醒：“你可以这样想，哪些人需要解除疲劳呢？”

杨略想了一阵，就画了五条引射线，在尽头分别写上“农民”“工人”“上班族”“领袖”“运动员”。

“有了五个关键词，”爸爸点了点头，“那对于每个关键词，你能想到什么呢？”

杨略从“农民”想到年老的父母，想到孩子们孝顺；从“上班族”想到生活压力……如此等等，画上的元素越来越多。

于是，第一个创意出现了。

“爸爸，从孝心入手可以吗？乡下的父母年纪大了，老是腰酸背痛。孩子们都很孝顺，就给他们买按摩椅。”

“算是一个创意，可是很普通，”爸爸沉吟了一会儿，“而且这个按摩椅定价很高，广告主希望突出高档、华贵，这与乡村的背景不太相符。”

“你这是消费者歧视啊。”

“广告就是为他人作嫁衣裳，没那么自由。”

于是杨略只好继续画图。他从“领袖”引出几条线。领袖会干些什么呢？正襟危坐开会，做重要指示，在人群中演讲呐喊。这样的伟人，名垂千古，死后会有人为他们塑像。

当杨略写下“雕像”二字时，爸爸忽然喊了一声好，神情兴奋起来，追问道："从雕像，你能想到什么？"

"想到什么？"杨略还有些不明就里，呆呆地想了一会儿，"想到林肯像、自由女神像、毛主席像，还有兵马俑、龙门石窟。"

爸爸飞快地从"雕像"引出几条线，把杨略的想法记录下来。

"毛主席像不能用于做广告，先不考虑。兵马俑和石窟雕像也不太适合。剩下自由女神和林肯像，他们和按摩椅能牵上关系吗？"

"能啊，他们一个站着，一个坐着，一百年都不动窝，肯定累得慌啊，需要坐坐按摩椅了。"

杨略说着，觉得有趣，脑中透入一片亮光。爸爸也看着他微笑。

是的，一个绝妙的创意出现了。就用自由女神和林肯像！他们捍卫自由，保护人权，坐了这么久，的确也累了，需要按摩放松一下了。而且，出于国人仰慕欧美的心理，用美国标志性形象来烘托高档家具，也是比较合适的。于是，爸爸在写字板上写下了创意文案：

"到什么时候，这个世界才能真正和平？我想我再不坐下来好好按摩一下，恐怕撑不到那个时候……"

图案是站着的自由女神在向往一把按摩椅。

"到什么时候，这个世界才会尊重人权，不再有种族歧视？我想我再不换把椅子好好按摩一下，恐怕撑不到那个时候……"

图案是坐着的林肯总统向往一把按摩椅。①

看到这么精彩的广告词，杨略不由得喝彩了。但爸爸并没有就此打住。

"我们继续想，看看还有没有其他创意？"

"还要来？"杨略有些为难了，"这不已经有好点子了吗？"

---

① 自由女神和林肯向往按摩椅，为国际品牌按摩椅的广告创意。而后文中超级英雄和按摩椅的广告创意，为本书作者所有。

“刚才的创意适合平面广告，而电视广告创意还欠缺呢。趁着你脑子发热，思路敏捷，继续想几个吧。”

于是杨略继续思考，在每个分支上，再画上更细小的分支。

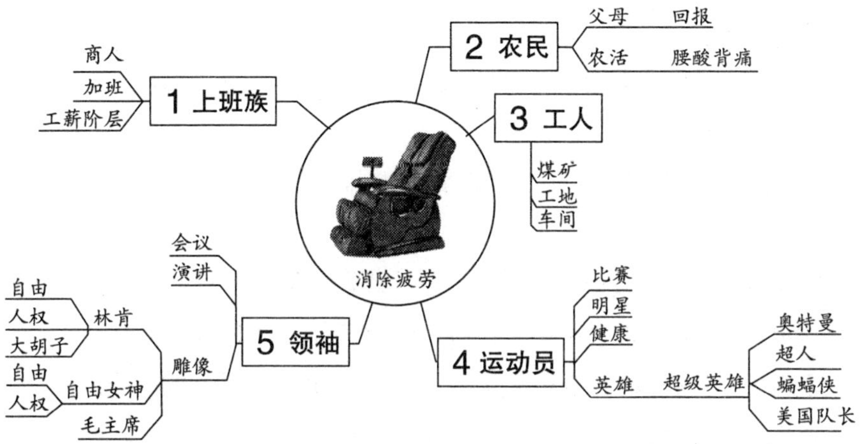

当他从英雄想到了超级英雄，就觉得脑子里又闪烁了一下。等他写“奥特曼”“蝙蝠侠”和“美国队长”时，几乎笑了起来，脑海中已经浮现出电视广告的画面：超级英雄们与反派大决斗，凯旋后，第一件事，就是放轻音乐，躺在按摩椅上享受。

爸爸也很赞许：“让超级英雄们来享受按摩椅，这也很好。一方面，广告诙谐幽默，引人入胜，展现了按摩椅的功能。另一方面呢，超级英雄很酷，和按摩椅高档定位也是相符合的。”

“原来广告创意这么有意思啊。”杨略虽然费了很多脑子，但心里无比愉悦。

爸爸说：“所谓创意，其实就是旧元素的重新组合。借用思维导图，就更容易将各种元素结合起来了，好的创意也就层出不穷了。”

杨略想，学了思维导图，就可以去给剧本做创意了，内心就十分快乐。爸爸忽然说：“杨略，你不是在帮熊豆学习吗？如果你能告诉她思维导图法，那就再好不过了，效率可以大大提升。”

“她在高中又不太需要创意，思维导图有用吗？”

“思维导图不仅用于创意，还能把知识点连成一个整体，更有利于学习呢。这就叫整体学习法。有一个加拿大的学习高手，名叫斯科特·扬，就是凭借整体学习法，一年学完麻省理工学院四年的课程。”

“这么牛？”

“对啊，你要是学会了整体学习法，对于以后考研、出国，以及写作，都是如虎添翼啊。”

“爸，你赶紧告诉我吧。学会了，我再转告熊豆。”

于是父子俩的课程又继续了。

爸爸站在写字板前，一边写，一边画，给杨略上起课来。足足讲了一个小时，窗外渐渐升起了晚霞，给书房铺上了橘红的暖色。

杨略怕爸爸劳累，希望他早点下课。这也正合爸爸的心意。

“光是听我讲课，效果其实不高，你顶多记住十之一二。而研究性学习就不同了。我给你布置个任务吧，听完我的课，再去查一些资料，给熊豆写一篇关于‘思维导图学习法’的文章。在写作的过程中，通过材料收集、反复思考、结构梳理，你就更能掌握这个方法了。”

于是，过了几天，熊豆就收到了杨略的邮件。

熊豆：

见字如面。

我们之前讲了由易及难法，让你投身教材里，把基础知识掌握好。但那只能算是学霸 1.0 版。要想学习取得更大的进步，你的学习方法也要进行升级。

今天，我们讲学霸 2.0 版。

我们都认识一些这样的学生，他们看起来既没有比其他人聪明多少，付出的努力也没有多少，却往往能够脱颖而出。当然，我并不是在说那些智力超群或是那些整天泡图书馆的学生，而是那些智商与我们相同，却能在更短的时间内学到更多知识，获得更高的分数，并且乐在其中的尖子生。

究其原因，他们爱学习，乐在其中，不用家长老师来催促；而更重要的是，他们懂得学习的规律，用更好更有效的方法来完成学习任务，并因为学得高效而获得了身心的快乐。

而整体学习法，显然就是能让人高效学习的好方法。

一、让你脑子更聪明的整体学习法

好吧，我知道，“整体学习法”这个概念很陌生，也有点吓人。

那我们这么说吧。你肯定有这样的体会，当你在阅读一本新书，学习一门新课，你总会用已经掌握的知识，去理解并消化新的知识，然后将这个新知识转化为自己知识体系的一部分。

也就是说，知识本来就不是孤立的。学习任何知识都需要与我们原有的知识联系。你创造的联系越多，就会将知识记得越牢靠，理解得也越深入。

举个非常简单的例子吧。

我们来理解一句诗：“风定花犹落。”首先，我们可以用自己所了解的自然现象来理解它：花季已过，百花凋残，风吹过，花瓣飘落，可风停了，花还在落，于是让人伤感于春的短暂。如果生活阅历再丰富一些，就可以用人生体验来理解这首诗：精神上受过打击之后，就算外界恢复平静，但内心还是隐隐作痛，如同花瓣不住飘零，原先春和景明的心境再也回不去了。

理解一句诗，我们都要调用自己的知识储备，理解其他知识也是如此。所以，我们大脑的学习，本来就是采用整体性学习的，运用你大脑里已有的丰富的神经元网络吸收、整合信息，让一个知识和另一个知识相互关联，从而轻松地驾驭知识。

其实，脑子聪明是什么意思？不就是学得快，记得更多更牢吗？而将知识组织起来，就是一个非常值得学习的策略。

二、好方法可以事半功倍

游戏有规律可循，甚至有秘籍可以修炼，那么学习呢，当然也是如此。可我们很多同学不管不顾，用死记硬背的方法一味蛮干。

有些同学自认为缺乏天分，考不上名校。可我认为，要想在数理化竞赛中获奖，的确需要较高的智商，但是想在中学里取得好成绩，并考上名校，只需要正常的智商即可。大多数人都有这个潜力，只是不够努力，或者努力不得法罢了。

我说的努力，不是抓紧每一分钟学习，而是抓紧学习的每一分钟。这就好比两人砍柴，刀钝了以后，一个人去磨刀，把刀磨锋利，效率很高。另一个不愿磨刀，越砍越钝，结果砍到很少的柴。这两个人，到底谁更努力呢？当然是勤于磨刀，努力要把事情做好的人。他们主动思考如何提高效率，所以效率得到提升，学习能力得以加强。而不愿动脑不愿改变的人，光做出一副积极的样子，一味低效干活，其实也是偷懒，只是懒得很隐蔽罢了。

很多人存在这种看似认真、实则偷懒的情况。

我曾指导过一位初三女生复习化学，她问我这样一个问题：

“你看这个方程式：$Na_2CO_3+2HCl==2NaCl+H_2O+CO_2\uparrow$，为什么盐酸和氯化钠前面会有个2呢？”

“这是配平啊，上课时老师没讲过吗？”

“学过，可听不懂。”

“就是反应式的左右每一种元素的原子数量得相等。你看，反应式的左边，Na_2CO_3 中，Na 有两个，而反应式右边呢，NaCl 里 Na 只有一个，所以前面加 2，左右就平衡了。”

“哦，原来是这样。”

“那你以前是怎么记的？”

“就是背下来啊。”

“连数字都背？”

我顿时惊呆了。我再问她历史、地理等学科，居然无一例外，全部靠背。甚至连数学、物理，她也恨不得把例题都背下来。所以她学得很累，但效果又很差。因为，她就算能背出一个反应式、一道物理题，但题目的条件稍微变化，她就不会了。

而且，她要记住这么多琐碎的知识，又没有深刻理解，脑子怎么受得了？

每次看到这种学习方法，我脑海中就浮现出一幅画面：八旗子弟穿着漂亮的战甲，跃马扬刀，冲向八国联军的枪口。结果一排枪响，硝烟之中，骑兵纷纷落地，但又有大批骑兵前赴后继，视死如归。这很感人吗？很感人。但是，这样的炮灰又有什么用呢？

所以，我们必须摆脱原始的学习方法，探讨学习规律，让学习变得像庖丁解牛一般顺畅淋漓。

三、把知识点串联起来，才是真学问

有一个笑话：

普朗克得诺贝尔物理学奖后，每天奔波于各个学府及社交场合，发表他的演讲。时间一久，他的司机听熟了，就对他说：“教授呀，你每次都讲一样的内容，连标点符号都不带改动的。我都听熟了，这样吧，下次到慕尼黑，就让我替你讲吧，你也歇一歇。反正人家也不认得你。”

普朗克说：“好啊，你想讲，那就你来好了。”

到了慕尼黑，司机像模像样地登了台，对着一群物理学家，洋洋洒洒大讲了一番。所讲内容，和普朗克一样完整。

讲完了，一个教授举手："先生，我请教一个问题……"然后问了个非常专业的问题。

听完问题，司机笑了："这个问题，太小儿科了，这样吧，我让我的司机回答一下……"

其实，这个笑话里藏着一个道理。

司机掌握的所谓知识，都是零散的知识点，一碰到具体问题，立刻现了原形。而普朗克之所以有真才实学，就在于他能把散乱的知识点串联起来，构成了一个完整的知识体系，这才构成知识本身，并且能够解决真实问题。

老师在上课时，都要讲清知识的来龙去脉，剖析概念的内涵，分析重点难点，突出思想方法。但很多同学上课没能专心听课，对要点没听到或听不全，笔记抄了一大本，问题也有一大堆，课后又不能及时巩固、总结、寻找知识间的联系，只是赶做作业，乱套题型，对概念、法则、公式、定理一知半解，只是把散乱的知识点一个劲儿往脑子里塞，而控制大脑信息出入的"海马体"一看到这些杂乱的信息，就不允许其进入，将这些片段性的知识一个个扔掉。

这样一来，学习就不可能顺利进行。

所以，我们学完知识点后，就要做系统小结，以教材为依据，用画图表的方式将知识点之间的关系、适用条件、特征等标注出来。

我们的知识本身就是整体性的，就好像一棵根深叶茂的大树。一个一个的知识点，比如单一的数学公式、化学方程式，就好像树上的叶子，而浓密的树叶下面，隐藏着大树的枝干。这些枝干，就是知识之间的内在联系——它们把无数片知识的叶子连接在了同一棵树上。

总之，只有了解知识点之间的关系，进行有效的组织，学习才有效率。

那么，具体该怎么操作呢？

四、整章知识点，画起来只有一张图？

真正掌握一门学科，不能只停留在熟记层次。因为高考对所有考生做出的潜在要求就是将各科知识系统化、网络化。非如此不能掌握真正清晰的骨架，也就不能将点状的知识连成串，进而变成面，为我所用。

好了，让我们就“秦朝中央集权制度”这个话题来画思维导图吧。

首先拿出笔记本，画上中心点“秦朝中央集权制度的形成”，然后画出五个二级节点：皇帝制度、君主专制中央集权制度、中央官制、郡县制、秦朝的统一。接下来，在每个二级节点上，再展开三级节点。以此类推，将这部分内容完全展示在一张图上。

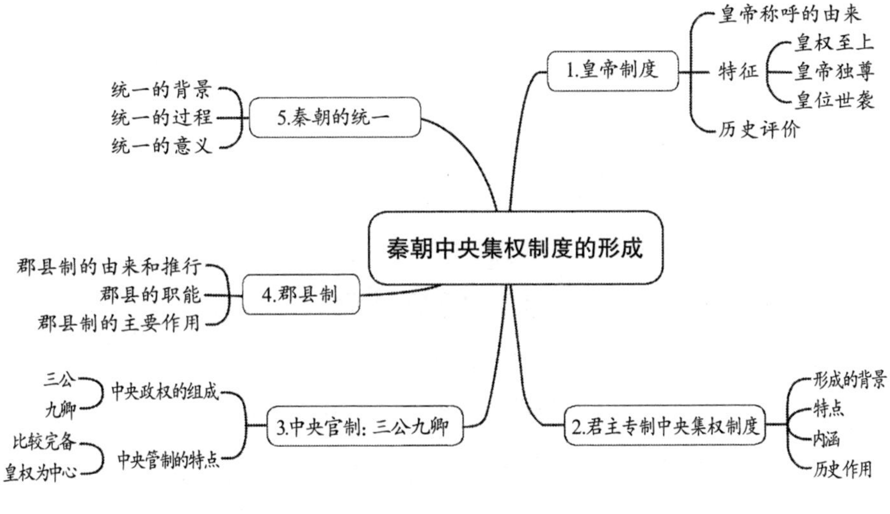

心中有了这幅图，先记中心点，再记二级节点，而后记三级节点，再将每个知识点记熟，就像织了一张大网，将本章知识一网打尽，当你遇到相关试题，也能迅速地从记忆库里搬出对应的知识点。

有一些知识点，贯穿于历史前后，散落于教材各处，这就需要构建一些单向思维图。比如学习中国古代政治制度时，从西周直到清朝的中央权力变化，可以做成这样一幅图。

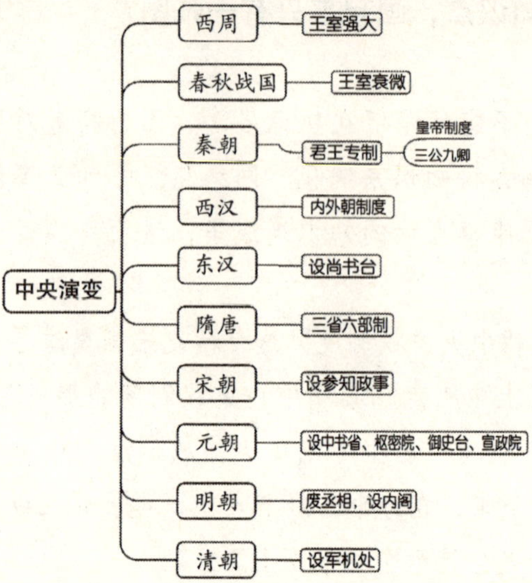

与此对应的是地方权力演变，也可以整理成类似的导图。

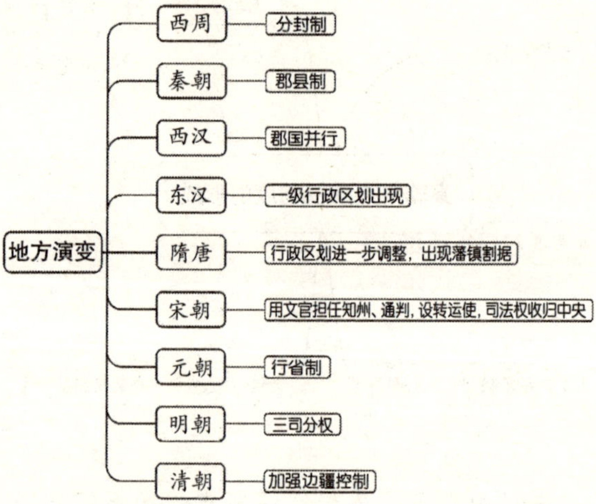

通过这样的形式，能把孤立、松散的知识点串联成线，而且能揭示出历史发展的一般规律，从社会发展的趋势中把握历史的脉络，构建历史知识体系的框架。如果你有时间，可以拓展开去，阅读一些历史著作，理解历史演变的前因后果，就能把这些抽象的知识点还原成丰富有味的历史时刻。

总之，整体性学习意味着知识点的学习并不是孤立的。事实上，知识的学习从来就不是孤立的，学习任何知识都需要联系。你创造的联系越多，就能将知识点记得越牢、理解得越好。

值得注意的是，我们不要去直接记忆参考书上的知识结构图，虽然这些图也是老师们精心编制的，内容齐全，条例清晰，但毕竟不是自己画的，如果只是照葫芦画瓢，没多大意义。相反，如果自己动手，整理知识结构图的过程，实际上就是强迫自己系统化思考，对知识进行梳理的过程，直到最终脱离书本也能回忆出其中的联系。经常进行知识结构图的绘画，就能对所学知识由“活”到“悟”。当然，你画好了自己的思维导图后，可以参考一下书上的知识结构图，用于查漏补缺，使你的导图更加完备清晰。

熊豆，我们这节课非常重要，希望你多阅读几遍，学会怎么绘制思维导图。

祝福你。

杨略

杨略的信来得恰是时候，因为在熊豆的学校里，运动会过后的第二周，就要举行期中考试。经过了一段时间的努力学习，她的基础弥补了，进度也跟上了，熊豆就有些自信起来。她当然知道学习的进步是缓慢的，不可能一个多月就能突飞猛进，可心里免不了有一种渴望，希望期中考试时就能一鸣惊人。

除了学习，她已经决定参加运动会，而且在心里确定，这次跳高的冠军必然是她的。

但这并不能让她愉快。在去年，她在运动会上虽然很是风光，在元旦晚会上也拿过了一个表演冠军，但老师见了她，嘴里会夸奖几声，而眼神里总带着一点“学渣到底还有点用”的意味。

如果她能在期中考试中再风光一次，那就可以一雪前耻，让老师们刮目相看：我熊豆再也不是叛逆少女、问题学生了。

到那时候，说不定连校报、广播台都要来采访她。那她该说什么呢？肯定得摆摆酷，将头发一甩，身子往后一靠，要有目空一切的眼神，展现出“女王之蔑视”。

“我就想文武兼修，同时又是个摇滚美少女，怎么了？”她心中有这样的愿望。

只是很可惜，所有不切实际的美好希望，总是会大打折扣的。接连几次测试，她的成绩还是沉在全班的中下等。而莫茵呢，依然牢牢占据榜首。

熊豆一再劝慰自己：继续努力，学习进步总是慢慢来的，不着急，要有耐心。但她内心还是受挫的。她甚至开始怀疑杨略的办法是否靠谱：就靠啃啃课本，也不去随大流地大量刷题，就能搞好学习？

而正在此时，杨略告诉她思维导图学习法，她简直如获至宝。她明白了，虽然之前狠狠地补了课，但她的知识还是零散的，尤其是历史、地理之类的课程，基本是靠突击背诵，一考完印象已不深，所以基础并不扎实。

于是，她按照杨略的指导，借用晚自修的时间，打开一个大本子，拿出多彩画笔，一笔一笔，把刚学完的地理知识画在一张思维导图上。画完了，她又找来参考书，对照着人家的思维导图来修改完善。

比如地理课上学到“黄土高原”，她就用了半节晚自修课，画了这样一幅思维导图：

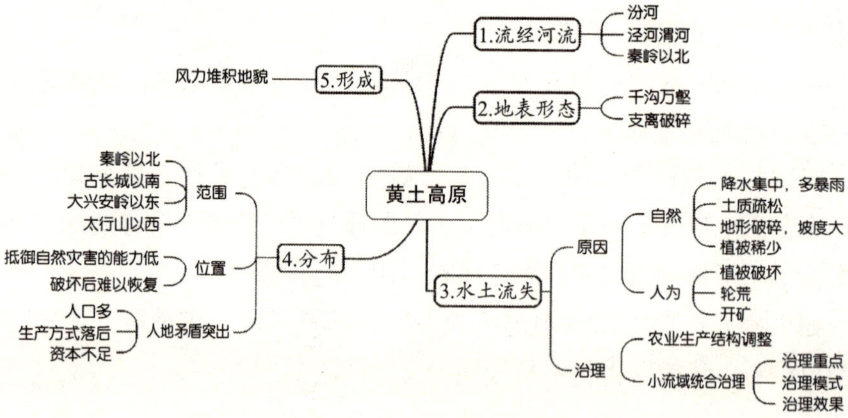

而政治课也不例外，她在绘制“公民的政治生活”专题思维导图时，已经很有经验了，将一幅图画得层次分明，重点突出。

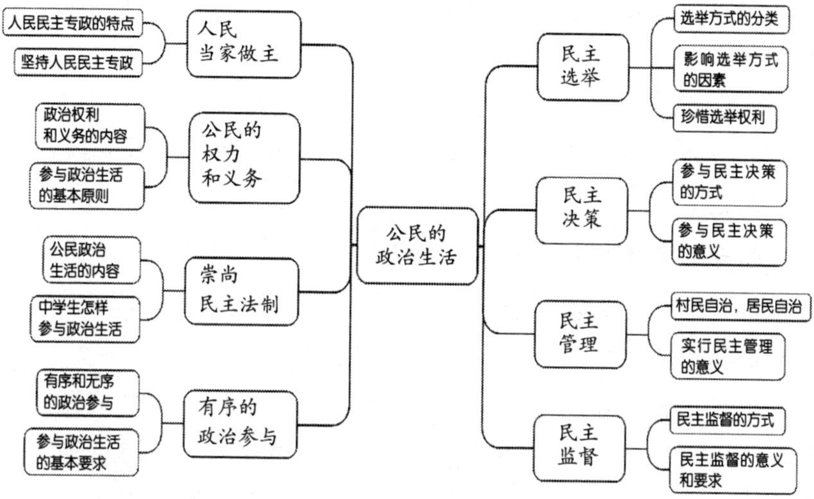

在以后的日子里，她将导图带在身边，排队时，临睡前，都看一看。时间一长，脑子里就有了一张完整的知识结构图。然后她又将每个知识点的含义默默地背上一遍，如果背得不熟，就马上去查阅教材。

有了这样的努力，她再去解题时，一下子能想到与题目相关的知识点，不是一个点，而是一张网。所以，她觉得学起来轻松多了。

莫茵看到熊豆自修时总在画画，觉得奇怪，一看是思维导图，也很有兴趣。她拿出了自己的笔记本，里面也有很多结构图。

熊豆好吃惊：“原来你早就在这样做了？是谁教你的？”

“没人教啊，从初中开始，我就有这个习惯，一画结构图，知识点就全明白了。”

“难怪你一直是学霸。”

熊豆更确信了这是个好办法，于是越发频繁地使用了。很快，她的笔记本里满是彩色的思维导图，她爱惜得如同艺术珍品。的确，这是她的心血所凝，每一张图都闪耀着她的决心和毅力。

杨略学习了思维导图创意法，就仿佛得了一柄宝刀，总想找个机会试试锋刃。因为学渣变学霸的剧本暂时没法完成，他就想先写个小短剧练练笔。

这时，学校里又举办了心理剧大赛。话剧他是不想参加的，但如果能编个心理电影，那也是极好的。加上这两年网上心理悬疑片十分热门，他也动了心思。

他孜孜不倦地琢磨着剧本，想了很长时间，设计了几个人物：富二代汤浩、穷二代凌竞、女神余洁、保安李全。他通过一张思维导图，将人物关系理清楚了。

又花了几天时间，杨略写好了初稿，开场就是汤浩被杀死，凶手是谁呢？他写了一个三重悬疑的凶杀案。虽然对白还不够精细，但总体来说，故事比较完整，思路也挺清晰，三重悬疑也都有了，内心颇为得意。于是发给楚当当。当当很快就仔细阅读了，在电话里对他说：

“故事有吸引力，可总感觉不对劲，很多地方逻辑存在漏洞。”歇了歇又说：“关键是，我不喜欢这个故事。”

自己辛苦构思的故事，不被导演喜欢，这是让人郁闷的。杨略只好说再想想看，希望能修改得更好。

然而一连几天都没有状态，脑子里空空荡荡，没什么好想法。没课的时候，他待在寝室看电影。这一天，他看了贾樟柯的《天注定》，被片中极地道的对白，以及现实批判力度所折服，不由心生感慨：我什么时候能写出这样的剧本来呢？想当初，贾樟柯拍第一部电影时，也不过就是个大学生呀。

看来，这事真的得靠天分和悟性吧。

有人天生就很会讲故事，不是吗？

第六章

学霸2.0版②：记忆一定有办法

过了一周，就是运动会。对于高中生来说，这是难得的休闲时光。学校停了课，大伙儿全来到操场，或者参加比赛，或者呐喊助威，十分轻松愉悦。当然，大家最关注的，其实还不是比赛，而是运动会的开幕式。每个班经过主席台时，都会有精彩的表演。为此，每个班都精心创意，并排练了好几个星期。

有些班级全体同学穿成了《哈利·波特》里的巫师，坐着扫把，玩起魁地奇。有些班级的领队打扮成超级马里奥，一路小跑，不时高高跃起，表示在采蘑菇。也有的班级当众敲锣打鼓，舞起彩狮。甚至还有刘关张各执兵器，带领一支队伍，从主席台前威武地走过。

熊豆他们班的创意更是别致，让所有人都吃惊了。

他们的方阵里，外围男生穿起希腊式盔甲，金光闪闪。中间的男生则穿白色紧身衣裤，做出掷铁饼者、投标枪者的经典造型。随即，他们又将一位女神高高托起。她身穿白纱长裙，头戴橄榄环，手中还举着高高的火炬。

这位女神，自然就是熊豆。

而她也不负众望，不仅在开幕式中担纲主角，而且还迈开大长腿，在跳高中夺得冠军，又帮助班级获得接力赛的第一名。一整天，她四处出没，成了万众瞩目的焦点。

熊豆的比赛结束后，像英雄一般回到班级的阵营，莫茵郑重地递给熊豆一个本子。

熊豆好奇地接过来。

“这是什么？”

“打开看看。”

熊豆打开来，里面是一首长诗。

“给我的？”

莫茵点点头。“今天看你的比赛，挺有感触的，就写了一点东西。”

熊豆连连赞叹，大声念了起来。

“你别念。”莫茵不好意思起来，要夺回本子。

“我就念！”熊豆连连躲闪，念得更大声了。

写给体育的赞美

当少年软禁在狭隘的书房，
被沉重的书卷束缚着翅膀。
当诗人在迷茫地寻觅诗行，
聆听暮鼓晨钟苍白的忧伤。
是谁，头戴着热烈的骄阳，
将活力注入你我孱弱的心房，
释放每个人心底的滔天巨浪，
生命的琴键奏出金属的喧响。
奔涌吧，血脉里都是熊熊的火光！
奔涌吧，胸膛中已有雄鹰在高翔！
你是路，是火，是马蹄的高扬！
你是链，是网，是紧挽的臂膀！
你的筋骨应来自青松的坚强，
你的血脉应来自江河的奔放，
你的心情应来自碧空的明净，
你的理想应来自银河的浩茫。
啊，体育，用你欢乐的歌唱
覆盖世间一切的痛苦和沧桑，
缘着歌声，攀上你刚健的翅膀。

我的生命将化作轻盈的云彩，
越过病痛，越过怯懦，越过忧伤，
在高远的天空里无忧地翱翔。

这首诗节奏极快，用词铿锵，仿佛有火焰沸腾，巨浪翻涌，让熊豆读得心潮澎湃。

“真想不到，你不仅是学霸，还是一位诗人呢。”

“我瞎写的。”

“我读着读着，就想唱起来呢。”

莫茵微笑地看着熊豆。

“那你唱来听听？”

“这我可不行。我去找陈羽，让他谱个曲，然后才能唱呢。”

莫茵听到那个名字，眼睛里放射出绚烂的光芒。熊豆暗笑，就拉着莫茵的手，在人群里找到了陈羽，把诗稿给他看。

陈羽拿着诗稿，才读了两句，就惊叹道：“这是谁写的？”

熊豆将莫茵拉过来，隆重地推向前去。

“咱们的莫大诗人写的。”

陈羽吃惊地看着莫茵。在班里，莫茵乖顺、娇小，总是静静地看书，一点都不起眼。他们俩同学了这么久，基本没有说过一句话呢。只是通过熊豆，彼此之间略有些了解。陈羽真没想到，这样柔弱的女孩，居然写得出如此铿锵的句子来。

“莫茵，你写得真好。”

莫茵的脸又红了，几乎不敢看他的眼睛。

陈羽看着诗稿，嘴里随意哼了几句，是一种热烈激越的曲调。他掏出笔，在诗稿上“是路，是火”那里画了几个圈。

“莫茵，这几个地方是单音节，唱起来不好听。你说，改成双音节好不好？”

“嗯，你说得很对。”

他们两个就认认真真地探讨起来了。

隔了几天，陈羽说，曲子写好了，于是三人一起来到音乐室。陈羽拿着贝斯，边弹边唱。前奏仿佛突如其来的滔滔巨浪，惊涛裂岸，让人一时目动神摇。而后陈羽的歌声响起，像巨浪之上的一只海鸥，不，是苍鹰，忽而在巨浪之间灵活地穿行，忽而又腾飞到高空，沐浴着灿烂的阳光。

唱歌的时候，他目光炯炯，停留在莫茵的脸上。而莫茵被歌声激荡，也忘了羞涩，勇敢地与他对视，心中掀起波澜，忽然想到了昨晚的一个梦。

在梦里，她在草地上奔跑，然后，挥了挥手臂，忽然飞起来了，飞过林梢，飞过山峦，眼前云彩浩浩荡荡，一会儿像鱼，一会儿又像马。忽然，她听到风声，回头一看，陈羽也跟上来了。他的肩胛上张开一对白色的巨翅，轻轻拍动，就卷起一股长风，有种说不出的轻盈与潇洒。

于是，他们相视一笑，并不说话，就朝着前方一直飞去。

而一旁的熊豆忽然发现，他们两人一个填词，一个谱曲，如此志同道合，其间真是甜蜜无限呢。

从那天起，陈羽总来找莫茵讨教问题。每次莫茵解答完，脸上总是红扑扑的，半天才能消下去。

熊豆看在眼里，心里很羡慕，又有几分酸楚：唉，我的那个志同道合，又在哪儿呢？

不过，她没有来得及感伤很久，因为运动会之后，期中考试马上就要到来了。对于考试，以前熊豆是不太在意的，但现在她想做学霸，也就坐不住了。每到下午，熊豆就跟着莫茵，在教学楼旁的林子里背书，一会儿抬眼观天，一会儿皱眉凝思，对照着思维导图，先将核心记下，然后是延伸开去的关键词，再是细枝末节。

她很快就发现一个问题。有些知识点是成体系的，比如生物学知识：细胞→组织→器官→系统（植物没有系统）→个体→种群→群落→生态系统→生物圈。这些知识点很有规律，梳理顺了，就十分好记。

可还有好多知识却是碎片化的，完全没有规律可讲。比如历史事件发生的年代、一些国家的名称，还有生物学中DNA所含碱基为什么是腺嘌呤（A）、鸟嘌呤（G）和胞嘧啶（C）、胸腺嘧啶（T）。这些知识，似乎没有逻辑可循，她就背了个稀里糊涂。

她背着背着，装了一脑子乱糟糟的知识点，就对莫茵说："要是有记忆面包就好了，吃一片，记一本。"

莫茵只是笑笑，安慰她几句，继续自己的背诵。唯有陈羽依然不上心，看了几天书，又去玩音乐了。或许，他自有出路，不用为考试烦心吧。大伙儿都说，陈羽出手阔绰，是富二代，他的父母肯定都帮他安排好前程了。

唉，不同人有不同的命运。

熊豆知道抱怨也没用，只是继续看书。她想起杨略曾说，只要学会思维导图，那记忆知识就很简单，可这些零碎知识怎么办呢？

她就给杨略发了一封信。

杨略哥哥：

我要期中考试啦，天天背书，语文、英语、政治、历史、地理，还有生物也要背，虽然也挺用功了，结果还是事与愿违，因为很多知识点不能归入思维导图里去，只能靠死记硬背。现在我背得好痛苦，效率又低，估计考试时只能丢三落四。

此外，我听很多人说，等到毕业了，工作了，就不用背什么知识点了，咱们靠的是能力。又有人说，网络时代，记忆力不重要了。因为很多知识可以通过百度、谷歌等搜索引擎迅速找到。既然这样，我还需要背这些知识点吗？

期待你的回答。

背书背得脑子短路的
熊豆

杨略看完了邮件，也想起了那段背书的时光。

当然，即便到大学，尤其是文科，也免不了在考试周内疯狂背书。所以，记忆力不好，或者记忆方法不得当，死记硬背的痛苦会一直持续下去。在中学时，他曾自主研发过一些记忆法，比如谐音法啦、顺口溜法啦，大学里也在继续使用。

葛怡在读教育学，对什么“最强大脑”之类的图书或节目很感兴趣，看到记忆大师们能在短时间内背下大量无序的数字，就十分惊叹，就花了不少时间去研究记忆术，总结出了一些高效记忆的办法。杨略学了，也觉得受益匪浅。这回刚好熊豆需要，就将这些办法重新整理了一遍，发给了熊豆。

熊豆：

见字如面。

来信已收到，你说得很对，许多知识是碎片化的。对于它们，怎么记忆最有效呢？我和葛怡很关注这个话题，也写了一篇关于高效记忆力的文章，现在我发送给你。

一、记忆力是一切学习的基础

在信里，你问我记忆知识点是否还有必要，并且说，未来人才靠的是能力，而不是知识。但我想追问一句：如果脑中没知识，要建房了却不懂力学，要写作却不懂修辞，要做广告却不懂顾客心理，我们又怎么说他有能力呢？而且，我们所谓的学习能力，又是什么意思呢？我们要想学习新知识，就必须搬出记忆里的旧知识，去理解、消化新知识，才能得到知识的丰富。

所以，知识是能力的基础。

进一步说，记忆力是一切学习的基础，也是一切能力的基础。

美国广告大师詹姆斯·韦伯·扬谈及自己的成功经验，曾说过一段话："我所认识的真正有创造力的广告人都具有两个显著的特点。第一，是从埃及的葬礼习惯到现代艺术，对太阳底下所有的问题无不感兴趣。第二，是对任何方面的知识都如饥似渴地吸取。广告人如同牛一般，不吃草的话，绝对挤不出奶。"

他是非常强调知识渊博的重要性的。当然，你会说，你以后并不想从事广告业，还需要这样如饥似渴吗？

答案也是肯定的。

在以后的社会里，创新能力将会越来越重要。为什么呢？我以前也说过，简单工作，机器和人工智能很胜任；而创意工作，还是需要人脑参与。什么叫作"创新"，韦伯·扬说过：所谓创新，就是"旧元素的新组合"。没有知识储备，哪有什么创新呢？

我们可以这样说，任何创新，或者是问题的解决，其实都是头脑中知识的灵活应用，或者是知识和知识相互碰撞产生的火花。在写作中，我们常常说灵感的重要。可灵感是什么呢？在我看来，灵感就好像化学反应的催化剂，如果试管里空空如也，那么用再多的催化剂也是无济于事的。

而这些知识，都需要成为长期记忆，才能为我们所用。其实每一次学习，都以记忆为基础，去学习新知识，最后又以增加新记忆而告终。每一次创意，都是以记忆为基础，将储存的知识进行新的组合。所以，无论何时，记忆都是无比重要的。

那么，怎样才能提高记忆能力呢？

为此，我们首先得弄清楚，记忆到底是怎么回事。

二、科普帖：记忆到底是怎么回事？

曾经有人认为，往大脑里储存知识，就像是往抽屉里放东西，放好了，一直保存着，想用了，就随时拿出来。但科学家从没发现大脑里有什么专门储存知识的地方，反倒发现，原来所谓的记忆，其实就是一些神经链接。比如我们看到一样东西，听过一句话，看过某些字，神经元受到刺激，互相连成一个神经网络。如果类似情境重新发生，这个神经网络对此非常敏感，就会产生反应，于是就重新记起来了。

所以，认知就是神经网络的建立过程，回忆就是神经网络重新兴奋的过程。而神经网络是脆弱的，如果不经常巩固，很容易就断裂，于是原有的记忆就被遗忘了。

经过科学家进一步研究，发现记忆有这样三个系统（如图），为我们提高记忆效率提供了科学根据。

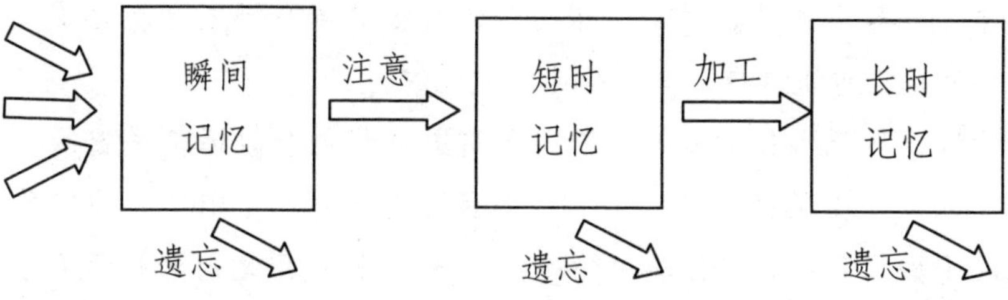

想象一下，你坐在教室里，能看到、听到、闻到什么？黑板上的粉笔字、老师高亢的嗓音、同桌指间转动的圆珠笔、女神新剪的发型，还有窗外透入的阳光、树上婉转的鸟鸣、后桌男生的窃窃私语……各种信息扑面而来，全都进入你的瞬间记忆。

瞬间记忆容量极大。有些侦探电影里会出现这样的情节：某人曾无意中与罪犯打过一个照面，可当时完全没留心，事后只有模糊的记忆。这时一个催眠师出现，让他进入深度睡眠，返回当初的现场，看清了罪犯的容貌、服饰，并一一描述下来。

这种情节虽有些夸张，但也是真实的。因为这些零零碎碎的信息，都存在我们的瞬间记忆里。当然，这对于我们学习都是无意义的。总不能为了想起某个定律，就在考场上被催眠吧。

所以，瞬间记忆虽然强大，但唯有进入短时记忆，才有可能真的被记住。这时，起关键作用的，是注意力。你的专注点在哪里，就决定了哪些信息能进入你的短时记忆。

短时记忆的特点是，容量很小，一般只能容纳5－7个项目，其余部分你没有留心，就了无痕迹，事后很难回想起来。

在课堂里，当你在留意女神在风中轻轻扬起的发丝、后桌男生谈论的欧洲杯赛事，又或者被同桌转笔转得心烦意乱，上课的内容就被挤在一旁，不能进入短时记忆了。

当你好不容易集中精神，将上课内容输入短时记忆，就一定能记得住吗？好像也未必。举个简单的例子，有时候我在打电话，对方告诉我一串电话号码，我手头又没有纸，只好嘴里不停念叨，一直念到将这个号码输入手机，然后，很奇怪，我把这串号码完全忘记了。如果我们背单词也是这样，当然是让人失望的。

所以，真正记住的知识，都是要进入我们的长时记忆系统的。而如何进入呢？必须经过深入加工，而且要与长时记忆中已有的信息相联系。比如，我们要记住李白的《将进酒》，必须用之前的知识（比如李白的个性、字词的意思）来充分理解这首诗，然后经过背诵，才能进入长时记忆里去。

说到这里，记忆的原理我们就说完了。接下来，我们探讨如何利用这个原理来增强我们的记忆能力。

三、真正的记忆术就是注意术

希腊文学家艾斯·强森曾说："真正的记忆术就是注意术。"集中注意力，能使大脑最敏捷，最准确地记忆被注意到的知识和经验。

课堂上如何提升注意力，我们在上一封信中已有详述，在此不再赘述。那么，在课后，尤其到了周末或者假期，没有老师监管，没有同学竞争，没有上课铃声，要自己安排作息时间，这时怎么保持注意力呢？

其实，家里干扰因素实在太多，不是个很好的学习场所。我的建议是，如果有条件，最好是能去图书馆学习。那里环境优雅，大家都安静地看书，非常有利于学习。

但如果非得在家，那也要努力静下心来。身处喧闹与诱惑之中而心如止水，有些人是可以做到的。比如毛泽东用"闹中取静"的方法在城门口读书，李政道经常去人声鼎沸的茶馆里静心读书。但这种境界太高，中学生并不是人人都能做到。我们能做的，就是尽可能减少干扰因素。

有一位畅销书作家曾对我说，他刚毕业时，去一所学校工作，白天要上课，要管理学生，忙得无法写作。到了晚上，他就抓紧宝贵的自由时间写作。

为了能让自己安心写作，他的房间不通网络，没有电视，只有一个书架，一台电脑，一桌一椅一张床。地上摆着几个哑铃，墙上挂了一柄古朴沉重的汉剑。除此以外，房间空空荡荡。

他往往一回房间就打开电脑，开始专心写作。若是没有灵感，写不进去，他就看看书。看书看累了，就玩几次哑铃。或者，将汉剑拔出剑鞘，在房间里挥舞。剑身沉重，舞不多时，浑身沁汗，头脑就变得清醒，于是又坐在电脑前，继续写作。

那几年，他每年写出一部书。别人问他：工作这么忙，怎么还有时间写作？他的回答是："很简单，当生活足够无聊，写作就成了最大的快乐。"

其实学习也是一样，如果我们在学习时间内，将那些激情澎湃的游戏都卸载，学习和求知就会成为最大的乐趣，那我们的学习效率又怎能不高呢？

当然，看书、做题时，分心在所难免。这里，我们可以尝试几个简单的方法，把心思收回来。

1. 指读法。看书时，用食指放在你要读的那一行下面，不断移动食指，从这一行到下一行。刚开始使用指读法可能会感到不适应，不过一旦适应了以后，食指划过书本也很自然，手指提供的控制和聚焦会大幅度提高阅读速度。

2. 朗读法。这也很简单，原先只要目光划过文字，现在则轻声念出来，让听觉视觉共同起作用，也能提高专注力。

3. 积极阅读法。对于长段文字的阅读，积极阅读法十分有效。所谓积极阅读法，就是不断概括大意。开始积极阅读时，可以在阅读材料旁边开始评注，每读完一小部分时（指读法），就写下一些笔记：

（1）这一节中重点是什么？（明白）

（2）这一节中有什么地方让我眼前一亮？（兴趣点）

（3）我由此联想到了什么？（拓展）

积极阅读法强调深入理解材料，将知识点真正地整合在一起，自然降低了阅读速度。所以，我们不必对每个知识点进行完整的积极阅读，而只针对自己需要理解和记忆困难的那些内容即可。

4. 自我奖励法。当我们需要努力记忆，可脑海中却出现吃水果、看电视、打篮球等杂念时，我们不要自我埋怨，而是轻轻地对自己说："嗯，我可以去吃水果，打篮球，看电视，不过呢，得做好眼前的事情。就把水果、篮球、电视看成是完成目标后的奖励吧。"这样一来，原来妨碍记忆的杂念，反而成了刺激记忆的诱导剂。这看似儿戏，但的确有用。

四、没规律的知识怎么记？

现在回到你的问题上来：没规律的知识到底怎么记。其实，大部分知识都有规律可循，我们可以通过理解意义，理清结构，勾勒画面来进行记忆。但还是有很多知识呈现碎片化，找不出规律，一般只能靠反复背诵，硬生生记住，不过若能借助一些小技巧，的确也能事半功倍。

比如以下这些知识点：

李渊618年建立唐朝；

安史之乱是755年；

《诗经》有305篇；

动物分类学中最重要的九个门的名称：原生动物门、腔肠动物门、扁形动物门、线性动物门、环节动物门、软体动物门、节肢动物门、棘皮动物门、脊索动物门；

二十四节气。

这些知识点你看上去异常零碎，怎么记忆呢？介绍几种方法：

第一，谐音法。

李渊618年建立唐朝——李渊见糖（建唐）留一把（618）。

安史之乱是755年——安史之乱发生后，老百姓气鼓鼓（755）的。

第二，定桩法。

定桩法是把一定秩序的事物引申出来，用作记忆用的钩子，并和要记忆的内容建立连接的方法。例如，房间摆设顺序、身体器官顺序等等，把需要记忆的内容跟这些顺序钩子建立起联系的方法。

对于记住动物分类学中各门的名称，因为有顺序，所以用数字定桩来记比较合适。

序号	定位词	记忆内容	联想记忆	简单记忆
1	一	原生动物门	一元	一元
2	饿	腔肠动物门	腔肠空（饿）的动物	肠空则饿
3	扇	扁形动物门	一巴掌扇扁	扇扁
4	丝	线性动物门	丝线缠绕	丝线
5	五	环节动物门	五环之歌	五环
6	柔	软体动物门	柔软	柔软
7	气	节肢动物门	气节很重要	气节
8	吧	棘皮动物门	吧唧吧唧嘴	吧唧
9	九	脊索动物门	九索（麻将）	九索

先把各门名称记熟，然后记住“简单记忆”，我们念一个数字，就能记起相应的记忆内容，从1到9按顺序记，就不会混乱了。

第三，歌谣法。

用歌谣巧记我国领土四至点：头上顶着黑龙江，脚踏曾母暗沙岛，嘴喝两江汇合水，帕米尔上摆摆尾。

用歌谣巧记我国邻国：十四邻国陆上环，俄国蒙古和朝鲜，哈吉塔巴阿富汗，印尼不丹缅老南，隔海六国要记全，印尼马文菲日韩。

还有二十四节气歌：春雨惊春清谷天，夏满芒夏暑相连，秋处露秋寒霜降，冬雪雪冬小大寒。

不过，这些方法其实应用面非常窄，尤其谐音、歌谣，往往是机缘巧合才能用，所以我并不推荐。我更希望大家花更多力气在寻找知识点的规律之上，那才是真正有效，而且放诸四海而皆准的办法。

五、一次学习，五次记忆，玩转遗忘曲线

德国有一位著名的心理学家名叫艾宾浩斯，他在1885年发表了他的实验报告后，记忆研究就成了心理学中被研究最多的领域之一，而艾宾浩斯正是发现记忆遗忘规律的第一人。

这条曲线告诉人们在学习中的遗忘是有规律的，遗忘的进程不是均衡的，不是每天丢掉固定的几个。在记忆的最初阶段，遗忘的速度很快，后来就逐渐减慢了。过了相当长的时间后，几乎就不再遗忘了，这就是遗忘的发展规律，即“先快后慢”的原则。

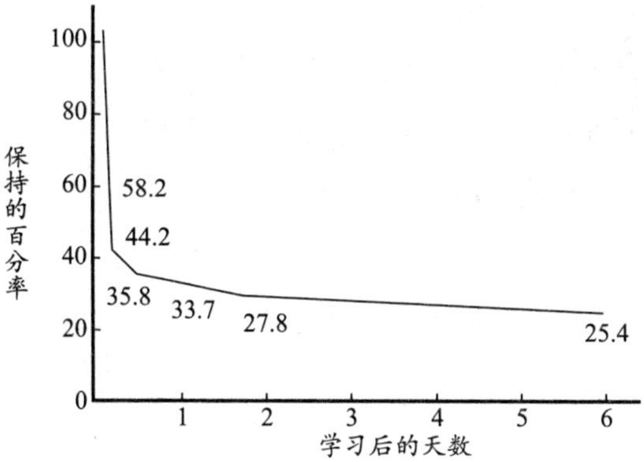

艾宾浩斯遗忘曲线

所以，如果我们能制定合理的学习计划表，就能对抗遗忘曲线，在短期之内记住海量知识。

你可以自己绘制这样一份表格。

	内容1	内容2	内容3	内容4	内容5	内容6
24小时	5.15					
3天	5.17					
7天	5.21					
15天	6.1					
30天	6.16					

每次拿着该学习的内容（最好是自己制作的思维导图），进行这样的复习：

5月14日，将所有的节点盖住，只看中心点，回忆一下一级节点是什么，再想二级节点是什么，回忆起来之后，再想三级节点是什么。以此类推，直到复习完所有节点，并明白每个节点的含义。

5月15日，也就是24小时内，复习第一次。

5月17日，也就是3天以内，复习第二次。

5月21日，也就是7天以内，复习第三次。

6月1日，也就是15天以内，复习第四次。

6月16日，也就是30天以内，复习第五次。

按照这个表格，安排好复习时间，每次复习完，都打一个勾。我相信，一个月后，你已复习五次，整个思维导图已经烂熟于心了，而成绩肯定已经开始进步。

此外，这个表格的好处，不仅在于及时复习，还能给自己一个随时监控自己学习流程的机会。你知道的，及时反馈会给自己很大的鼓励哦。

我们的课讲到这里，就学完了学霸1.0版和学霸2.0版。接下来，我们要升级到学霸3.0版，探讨具体学科的学习方法了。为此，我邀请了很多学习高手共同来辅导你呢。具体是谁，你到时候就明白了。

祝福你。

杨略

熊豆看完了信，也着手将一些知识点编写成歌谣，当然，很多是只有她自己才明白的。比如背历史时，其中有一条：1842 年签订的中英《南京条约》中开放的中国第一批通商口岸广州、厦门、福州、宁波、上海（由南向北），记为“广厦福宁上”。

可“广厦福宁上”还是不好记，她展开了联想。杭州城北有个广厦天都城，是一大片商业住宅小区，里面有山寨的埃菲尔铁塔，在网上流传过一阵子，但住宅卖得不好，周边又多有荒地，一到雨季，就泥泞不堪。于是熊豆在脑海中浮现出一幅画面：广厦天都城浮（福）在泥泞（宁）的土地上。于是，“广厦福宁上”就记得十分牢靠了。

又有一条：洋务派在中央和地方的代表共六人——奕䜣、曾国藩、李鸿章、左宗棠、张之洞、崇厚。这本是很难记的，她用了谐音法，编为“新翻译（李），坐洞后”。

熊豆越编越觉得有意思，编好一条，就觉得浑身舒畅，情不自禁地递给莫茵看。莫茵看了，也赞不绝口，就和她比赛，拿到一个知识点，看谁的口诀编得更有趣。

“水金地火木土天，海王冥王绕外边。”这是太阳系的九大行星。

“一近快，七远慢。”这是地球公转速度的规律：地球 1 月初公转至近日点，公转速度最快；7 月初公转至远日点，公转速度最慢。

于是，枯燥乏味的背诵，忽然成了充满创意的赛诗会。

熊豆觉得，要想乐学，只要方法得当，似乎也不太难呀。

其实，就在这个时候，杨略过得一点都不轻松。自从第一个创意被楚当当否决后，杨略虽然挺受打击，但很快就振作起来。看完电影《罗生门》之后，他忽然想，能不能把故事放在一个房间里进行，让四大主演互相辩论，像《罗生门》里的人物一样各说各话，暴露出人性来。

可富二代汤浩已经死了，怎么来辩论？用《罗生门》里的灵媒替亡灵说话？杨略忽然灵光一闪，让汤浩的鬼魂直接上场，行不行呢？他脑子里顿时浮现出一个故事情节：

穷二代凌竞、保安李全、女神余洁三个人各怀鬼胎，彼此提防，说些无意义的话。忽然汤浩的鬼魂推门而入，让他们大惊失色，魂不附体。而汤浩死时，是身后中刀，没有看清凶手，所以汤浩的鬼魂进行了审案。

杨略想到这里，就打开电脑，径直写下去，很快就完稿了。继而又花了几天时间完善了剧本。三人一鬼自说自话，宛如《罗生门》中的众人，都竭力维护自己的形象。等到最后，三重悬疑解开，真相大白，却暴露出人心之险恶，令人内心冰凉。这时，必然有玄奥阴森的片尾曲响起，让人回味悠长。

经过修改，杨略把初稿发给了楚当当。

楚当当看得很快，并且立即有了反馈："看到鬼魂出场，很觉意外，叙事很有特色。"

"那……故事就这么定了？"

"嗯，我再想想。我觉得叙事特色是有了，可惜人物不可爱，而且电影才十五分钟，余洁和凌竞性格忽然转变，很不自然。"

杨略再反思一阵，也觉得有道理。

这时他恰好看了韩国电影《辩护人》，主角宋佑硕出身贫寒，原本贪图安乐，只图挣钱，是个目光短浅之人，看到政府对言论的压制，也觉得与己无关，并不理会。直到他恩人的孩子也被逮捕，他才出离愤怒，开始为那孩子辩护，踏上捍卫民主之路。电影经过一个半小时的铺垫，情感酝酿已足够，宋佑硕这才改变了原来的立场，而观众觉得这个转变十分自然，甚至心里都在呐喊：你赶紧去辩护！于是，当律师挺身而出，慷慨陈词，场面变得十分感人。杨略由此联想到自己的小电影，本来就是十几分钟，人们性格却骤然变化，缺乏必要的铺垫，显然十分不合理。

于是，他又有些心灰意冷，将第二稿丢弃不用，却又对楚当当说：“我再另写个剧本。你放心，对于文字，我有足够的耐心。”

杨略又看了许多电影，专注于看人物的个性。这时，他仔细阅读了许多纸质剧本，十分留意看电影的开头5分钟，看导演如何迅速地建立一个人物的形象，包括相貌、性格，及其过往的历史。比如他看《老炮儿》的开场，灯罩儿的煎饼摊被城管抄了，六爷帮他要回了面子，短短几分钟，一个仗义、能摆平事儿，然而过气的北京混混头子的形象就立了起来。

同时，他还学习了场景间的转换。在岩井俊二的经典电影《情书》中，他发现了一个好巧妙的转场，兴奋至极，和葛怡一起在食堂吃饭时，就兴奋地讲给她听。

“渡边博子写信给死去的男友，不料却收到了回信，于是去小樽寻找真相，没有结果，失望离开。上一个场景博子去了机场，而后飞机腾空飞起，而下一个场景是与博子相貌一样的藤井树抬头仰望，似乎在望着飞机离开。可是镜头一转，藤井树面前却是一幢楼。原来，她们正在看楼，准备搬家。这样的衔接，很有深意呢。”

葛怡也觉得很有意思，将一只虾夹到了杨略的碗里。

“我也喜欢这个电影，不过看得没有你这么仔细。”

杨略说得兴奋，又说起另外几个巧妙的地方。女藤井树回到母校，从老师口中，得知男藤井树已死时，画面中没有出现人物表情，而只是在淡淡的背景音乐中，摄像机横扫过教室的走廊、一堵颜色灰暗的墙，让人心里好沉重。等摄像机扫到窗户时，女藤井树已经和老师告别，骑上自行车离开了。

“没有一句对白，没有一个表情特写，但通过简单的场景，情绪却完全表达出来了。这种感觉实在太棒了。”杨略又说，现在他看电影的感觉和视角与以往大不相同了，以前都看情节，现在却十分关注细节。

葛怡赞许地说：“这是内行看门道呀。”

这时，他们已经吃好了饭，走出食堂，走在校园的路上了。杨略被晚风一吹，兴奋之情有些冷却了，默默地说：“看人家的作品总是那么精彩，可自己的剧本怎么写，却是一点都没头绪呢。”

“前面几稿都不行吗？”

“不能用，现在我也没有其他切入点。”

夜色渐浓，校园里人来人往。他们面容各异，带着各自的故事，匆匆地走路。他们在想什么？又有什么目标？我该怎么去发掘他们的故事呢？杨略一路沉思着。走到图书馆楼下，葛怡面色忽然凝重起来。

“我和你说个事儿吧。”

“嗯？”杨略看向葛怡，奇怪于她的郑重其事。

“前两天，我看到陈高照了。”

陈高照是他们的老同学了，从初中就同班，高中时分了班，到了大学，又同了校。可虽说陈高照学习很忙，性格又有些内向，但平常在校园里碰上一面，也不算很意外。

“然后呢？”杨略期待着下文。

“我感觉他怪怪的。”

“他怎么了？”

葛怡说起几天前发生的事情来。那天下午，她去图书馆，从书架上取下了一本书，透过书架的空隙，忽然看见陈高照坐在窗边。因为是上课时间，所以图书室里只有寥寥数人，十分安静。

葛怡正要过去打招呼，却发现陈高照不停地偷眼观瞧一位女生。那女生穿着时尚，皮肤白皙，相貌俏丽，上唇微微翘起，很精致，但也透出一股傲气。她觉察到有人注意她，抬头一看，礼貌地微微一笑，又静静地看书，过了一会儿，接了个电话，就起身走了。

陈高照一路目送，却不起身，过了许久，他看向窗外，嘴里默默地念叨着什么。葛怡循着他的视线看去，是那位女生走到了图书馆前的广场上，步伐轻盈，体态婀娜，的确美不胜收。

陈高照收回眼神，忽然站起身来，走到女生坐过的座位，在旁边小心地坐下，转过脸，深情地凝视着空座位，仿佛那位女生还在。过了一会儿，他开始轻轻说话，偶尔还发出笑声，表情十分甜蜜。他又摊开一本书，指指点点，像是和谁在讨论书中的内容，而且他说一会儿，就停下来聆听对方的回应，还不住点头，似乎聊得十分投机。

葛怡说："我当时不寒而栗。你说，陈高照这是怎么了？"

杨略也十分好奇。"那个女生是谁？"

"那位女生我认识，叫李静娴，生物系的高才生，还是校舞蹈队的，气质很好，家境也不错，追她的人很多，她都没看上。听说，她男友在美国读研，正等着她出国呢。"

"看来陈高照没指望了。"

"谁说不是呢？高照的心理一直挺脆弱，我就怕他受刺激。你说，他现在是不是出现幻觉了？"

"你是说，他会分不清真实和幻想？"杨略担忧起来，随即又说："可能他只是寂寞了，在幻想中得到一点幸福，就类似左手握右手，也没那么严重吧？"

杨略说着话，脑子里忽然一阵电光雷鸣，浮现出一个场景：在白色的背景前，一个男生脸色苍白，说他已分不清幻想和真实。

他承认，这个场景他是借鉴了李樯编剧的《黄金时代》。那部电影一开场，萧红对着镜头，表情冷凝，宛如黑白相片，安静地说：我是萧红，生于 1911 年，死于 1942 年。场景十分怪异，也耐人寻味。

如果陈高照真的觉得幻想更加美好，不愿分清幻想与真实，那么又会发生什么故事呢？会不会做出匪夷所思的举动？

杨略忽然觉得，他的创意之门，正缓缓地打开了一条缝，就兴奋地对葛怡说："我想写写高照。"

"高照都那么难过了，要是还透露他的隐私，会不会更加刺激到他呢？"

杨略沉吟了一会儿，才说："我觉得旁观者清，如果他看到剧本里自己的影子，也许和熊豆一样，能冷静下来，正视自己的问题，那反而能促进心理康复呢。"

葛怡听到这里，也点点头。

"你说得也对，我上心理学时，老师就说，心理问题产生的原因，很大程度是因为逃避。直面问题，虽然悲伤，但却能恢复健康。所以，你可以试试看，不过，最好还是征求一下他本人的意见。"

"那我先写个开头，然后再去找他。"

第七章

学霸3.0版①：单科突破之语文篇

杨略重新设计了故事的线索，涂涂改改，思路通畅后，就写了一个开头，和楚当当商量了一下，一起动手，将一个个场景进行细化。这时他刚学的电影知识就起作用了，他将剧本写得有模有样。

一忙活，就把熊豆忘记了。周末时，熊豆主动与他联系了。

“杨略哥哥，最近在忙什么呢？”

“我在写一个悬疑电影的剧本呢。”

“咦，悬疑？和我有关吗？我可没什么悬疑呀。”

“我先写一个校园凶杀推理爱情电影，积累一下写作经验。到了那时候，你也真成学霸了，我再来写关于你的剧本。”

“哇！凶杀、推理、爱情，好重口味啊！不过我喜欢！写得怎么样了？”

“刚写了个开头。”

“能不能给我看看呀？”

“写得不好。”

“给我看看吧，我可是资深推理电影评论家！”

“看你这么诚心，那给你看看吧。”

于是熊豆就看到一个开头。

1. 凌竞的肖像，白色耀眼的背景

时钟清晰的走动声。

（近景）银幕一片雪亮，凌竞的形象由模糊而清晰，出现在镜头里，面容有些憔悴，头发有些凌乱，眼圈黑得沉重，似乎耽于幻想，眼睛里罩着一层云翳。他沉郁地对着镜头，满脸寂寞。又静穆了一会儿，开始说话：“我经常分不清幻想和真实。”

2. 舞台，内，夜

（全景）舞台上，追光灯之下，余洁身穿白衣，舞姿曼妙，宛如天人。多用画面叠化，同时展现多种舞姿，通过布光，拍出光晕，营造出缠绵优雅，而又迷离恍惚的意境。

（中景）凌竞坐在台下第一排，微笑着欣赏余洁动人的舞姿。

镜头从凌竞侧面移至正面，同时变为近景。凌竞的表情开始变得僵硬。

3. 舞台，内，夜

（近景—中景）凌竞依然坐在舞台下的座位上，但失去笑容，眼神疑惑而焦虑地盯着舞台。

（全景）余洁与汤浩在舞台上共舞，并且跃入汤浩怀里，会场里回荡着余洁爽朗而空灵的笑声。

4. 凌竞的肖像，白色耀眼的背景

（近景）凌竞盯着镜头斜下方，怅然若失地说着话。

“它们同时存在。”

5. 舞台，内，夜

（全景）余洁又在台上跳着舞，来到台边，微笑着，向台下的凌竞（其实是镜头）伸出手：“凌竞——”叫声空灵而缥缈。

（近景）凌竞十分喜悦，连忙向余洁（也是镜头）伸出手去。但刹那间，笑容褪去，目瞪口呆，说不出话来。

（全景）以凌竞的视野，看到空旷的舞台。

（大全景）寂静的会堂，红得发暗的空座位，明亮无人的舞台。只有凌竞一人，显得那样渺小，向前徒劳地伸出胳膊，却触不到任何东西。

6. 凌竞的肖像，白色耀眼的背景

（近景）凌竞对着镜头，面无表情地说话：“我分不清哪个是真，哪个是假。”

7. 农村房子，内，日

（近景）母亲正在简陋的灶台上炒菜，因为儿子回来，所以她面带笑容。

（中景）凌竞出现在厨房门口，看着辛劳的母亲，面带愧色，对家境又不满，所以只有无奈。

（中景）卧室里，床上叠着颜色俗艳的旧棉被，母亲正在叠衣服，想到儿子即将离开，表情有些伤心。

（特写）母亲把凌竞的衣服放在箱子里，合上盖子。

（中景）凌竞在衣柜前换上黑色上衣，表情复杂。

（中景）凌竞坐在门口看书，镜头滑过，可见木门古旧，屋子里的摆设凌乱而粗陋。

（中景）凌竞对着母亲，背上背包，拎起箱子。

（近景）母亲倚靠在门边，无言而满是不舍。

（中景）凌竞走出家门，表情冷凝，忍住伤感，母亲在身后渐渐模糊。

8. 装潢考究的房间，内，夜

（中景）客厅颇为考究，他斜靠在厚垫沙发上，悠然自得，看着电影，吃着水果，不时发出笑声。

（中景）他坐在钢琴前，陶醉地弹奏着一首曲子。

（中景）他站在高大的书架前，静静地阅读一本书。

画外音：“哪个是真的？”

9. 寝室，内，日

（特写）凌竞的双手从书架上搬下一大摞笔记本，堆放在书桌上。

（特写）本子上都贴着标签，写明起始和终止的日期。

（特写）凌竞挑出一本，翻到最新一页，可见笔记本上满是文字。

画外音：“幻觉好像在吞噬我的感官。”这个声音非常压抑。

10.一组闪回快切

（中景）凌竞在教室，在图书馆，在宿舍，在操场，他都背对着观众坐着，仔细写笔记。镜头前摇，可见凌竞伏案疾书的侧后近景、笔记文字的特写（画面很快闪过）。

同步画外音："我只能相信手中的笔，和纸。"

11.走廊，外，日

（中景）凌竞沿着长长的走廊向前走着，走道很空阔，寂寥无人，他不时回头望向身后和四周，精神恍惚。

（近景）凌竞目光投注到侧前方的长椅，猛然一惊。

（中景）长椅上居然坐着自己，正在写着笔记。此时的音效是类似恐怖片的骤然一响。

（近景）他从长椅上经过，看着长椅上的自己，面露疑惑与惶恐。节奏缓慢，听得见凌竞的呼吸声。

（中景）长椅上的凌竞缓缓抬起头，茫然地看着他。

（近景）行走着的凌竞觉得不可思议，低头思考了一会儿，再倏地回头，看向长椅。

（中景）椅子上空无一人。

（近景）凌竞茫然四顾，带着困惑，继续向前走。

12.凌竞的肖像，白色耀眼的背景

（近景）凌竞对着镜头："但是慢慢地，我改变了想法。我开始记录幻想，混进现实里去。"

13.走廊，外，日

（近景）依旧空旷的长廊，余洁和汤浩站在前方亲密地说笑，凌竞依然前行。

（中景）凌竞从他们身边经过，眼睛一直盯着他们。

（中景）汤浩和余洁停止说话，诧异地看着凌竞。

画外音："因为，幻想往往更加美好。"

（近景）"凌竞——"耳边回响起余洁呼唤他的声音，依然空灵缥缈。凌竞一回神，睁开眼，一扭头——

（近景）余洁挽着他，一脸甜蜜地向他诉说着什么。

（近景）正面拍。凌竞先是吃惊，然后欢喜，陶醉于其中，不由在余洁额头上亲了一口。他们说笑的声音甜蜜而模糊。

画外音：“但有时，也会出现问题——”

14.教室，内，日

（全景）凌竞捧着手里的笔记，欢快地掠过众人，走向第一排的余洁。

（中景）凌竞视角，摄像机移动拍摄，余洁正在座位上看书。

（近景）正面拍摄。凌竞在余洁旁边坐下。余洁惊异地扭头去看。凌竞一脸笑意，亲昵地在她额头上亲了一口。

（近景）余洁一脸惊讶。

（中景）旁边的同学也都十分惊异，望着他们俩，有好事者还开始起哄。

（中景，跟拍）一旁的汤浩看在眼里，疾步向前，揪住凌竞的领口，将他拎起来，一把推倒在走道的地上。

（近景）凌竞视角仰拍，汤浩猛地一拳砸下。

拳头击中脸部的声音。

屏幕瞬间变黑。

15.黑色屏幕

出片名：心迷失。

熊豆很快就看完了。

“好恐怖啊。尤其是走廊上那一幕，凌竞居然看到自己坐在那里，我看了心里直发慌。”

这也是杨略深感满意的一组镜头。

“这种幻觉的表现方法，在电影里很常见的呀。”

“杨略哥哥，我好羡慕你这么能写。又能写诗，写小说，现在又写剧本，真是全才。我要是能有你一半本事就好了，不，不要一半，五分之一，十分之一，能学好语文就行了。”

“你那么爱看书，作文肯定不会差啊。”

“哪里呀。虽然我挺爱看书，可作文成绩总是提不高，连我自己都想不通呢。”

“照理说不应该啊。”

“就是嘛，杨略哥哥，你能不能帮帮我呀？”

其实，就在前几天，熊豆遇到了一点事儿，给了她很大的刺激。

她们班出去春游了。去的地方也不远，开车一小时，到了余杭的鸬鸟镇。他们一直走进群山之间，来到密林深处。那里溪水逶迤，道路曲折，满目的青翠林木，让他们十分欣喜。

前些天细雨连绵，现在刚刚放晴，林间的石阶上长满绿苔，浸透了雨水后，显得分外润泽新鲜。

熊豆不由感叹一声：“好美啊。”

莫茵在她身边，俯下身去，摸了摸苔藓：“我忽然发现，刘禹锡的‘苔痕上阶绿，草色入帘青’，写得多么优美呀。”

路旁还有一些农舍，门前种着大片的麦子。麦苗青青，在风里轻轻摇曳。麦地旁有个池塘，池子里的荷叶刚从水底长上来，展开一个个鲜嫩的椭圆。熊豆把相机交给莫茵，自己跑到池塘边，嘟着嘴唇，右手贴在脸边，食指中指做成一个剪刀。

“快，给我拍一个！”

莫茵替她拍完，看着水面上的荷叶与浮萍，轻轻地念道：“圆荷浮小叶，细麦落轻花。”

熊豆觉得诗句好美，又十分应景，就问：“这是谁写的？”

“是杜甫的作品，全诗我也记不清，就喜欢这两句。当年他离开长安，来到秦州，受尽艰辛，几乎饿死，没办法，只好继续奔走，来到成都才安顿下来。在朋友的帮助下，他建了一个草堂。生活安宁，心情一好，他就写出这样恬静的诗句了。”

熊豆听到这里，自卑变成了崇拜。

“莫茵，你真是学霸啊，看个荷叶，还能想出这么多事情来。”

“我也是瞎联想呀。”

结束了一天的旅行，回去的车上，大家整理照片，不能免俗，都要发朋友圈。熊豆凑足九张照片，发了出去，配上一行文字：“今天走进大自然，元气满满，感觉真棒。”

再看莫茵的朋友圈呢，也有照片，不过旁边是一段极美的文字：

今天去了一个小村。车子进了小镇，山便高起来，笔架一般，巍巍然，生满了竹子，像绿颜料里掺了黄，山色就极鲜嫩。到村口，有一条宽溪，汩汩滔滔，浅，清，溪石磊磊，使溪水翻起白浪花，淙淙有声，远处就能听见。

陈羽第一时间点了赞。熊豆读了好几遍，也不由赞叹：“看你写的文字，好像比真实风景还美呢。我就没注意看竹子的颜色，还有石头和浪花。还有，你的句子好短啊，但读上去很舒服。”的确，文字的节奏，包含的情感，有着照片不能比拟的表现力。

莫茵吐了吐舌头：“为了写这段文字，我特意多观察了一下呢。”

熊豆看向车窗外，喃喃地说：“可我光顾着拍照，好像……都忘了看风景了。”

是啊，一群小姑娘凑成一堆，叽叽喳喳只顾聊天，排列组合只顾拍照，争先恐后只顾走路，说是走进大自然，可大自然走进她们的心里了吗？于是熊豆模模糊糊地感觉到，其实，学习语文并不只为了考试，因为具备出色的写作能力，旅游时会比别人观察得细致，也就更能发现生活的美感，从而也会比别人生活得更有质量吧。

因为这些刺激，现在熊豆诚心诚意地向杨略讨教语文学习的方法了。

杨略也不含糊，整理了多年来对语文的感悟，结合写作的体会，写了一篇文章，修改停当，这才发给熊豆。因为是自己所长，所以洋洋洒洒，居然写了六七千字。幸好文笔不俗，所以熊豆收到邮件后，就当成美文来欣赏了。

熊豆：

见字如面。

语文学得好，其优势极为明显。诗词烂熟、文笔出众，考试时自然极为有利。此外，当你在大庭广众之下演讲，在谈判桌上与客户沟通，与心上人交流时，如果语文功底扎实，谈吐优雅，旁征博引，条理清晰，那自然是极为迷人的。

更何况，新高考政策当中，语文占了200分，自然就成了兵家必争之地。

那么，语文该怎么学呢？

一、学好语文重点靠语感

如果你去问一个语文学霸：“你怎么知道这句话有语病？你怎么知道这篇文章是这个主题？你的作文为什么写得这么漂亮？告诉我方法好吗？”

学霸往往会被问得有点发蒙。

这就像你问一个老司机怎么开车，怎么判断前后车的距离，怎么踩刹车，怎么打方向盘，他往往只能回答：“我就这么随意一踩油门，一打方向，没什么方法。”因为老司机开车就靠感觉。

语文学霸也是如此。他仔细琢磨以后，或许他会总结出几条方法，告诉你这道题目这样做，那样写。可是你听完了，成绩并不会提高半点。为什么？因为他语文好的本质不是这些解题方法，而是——

语感！

什么是语感？

语感是一种玄之又玄的东西。让语文学霸去做题目，他或许说不清楚为什么词语必须这样搭配，阅读题的答案为什么该是这个，甚至病句为什么是病句，但他一做就对。因为语感不是一种知识，而是一种能力，是对文字读音、搭配、节奏、韵律的敏感性。凭借语感，他能够体会到文字的美感，也知道句子读起来不舒服肯定有问题，同时，他还能将这种美感化入自己笔底的文字中去。

作家北村曾写过一首诗，名字就叫《一首诗》，当中有三句特别有意思：

诗应该念着念着
就唱起来了
唱着唱着就飞起来了

的确，好诗，好句子，就是容易吟诵，能和内心产生共鸣，让思绪轻轻地飞起来，感到无以名状的欣喜，觉得万事都新鲜，都和谐，都令人迷醉。

当我们有了这样的语感，看到好文章，听到好歌词，甚至街上谁的一句妙语，立即引起我们高度的警觉，惊叹之，品味之，记录之，在写作中想方设法地将它使用出来。

那这种美好的语感，又是怎么来的呢？

二、练好语感靠背诵

语感不是教出来的，而是长期阅读背诵后的结果。说得再直白一点，和绘画的笔法、弹琴的指法、足球的脚法一样，从懂得，到学会，再到熟练，最后从容自如，需要反复阅读、吟咏、背诵，才能慢慢具备。

一旦有了良好的语感，对于语文学习，几乎包治百病。

如果你问我，为什么病句看不出来，为什么语法整不明白，为什么成语明明很熟写作时却用不进去，为什么文言文中的虚词、一词多义总也记不住。我的回答只有一个：文章没背熟！

甚至可以说，语文学不好的根源，就是好文章没背熟！

就这么简单粗暴？

是的。初中阶段的语文是“大致理解的基础上熟读成诵”，高中阶段的语文学习是“在熟读成诵的基础上具体理解”，都在强调背诵。不背文章，而只想通过做题来学好语文，那只是缘木求鱼。

三、用思维导图来背诵诗词文章

那么，怎么背呢？

在学习语文时，为了让短时记忆里的信息，更快速牢固地转入长时记忆，除了死记硬背式复述，还有三种更有效的储存方式：

1. 理解意义才学习；
2. 绘画内部组织图；
3. 勾勒出视觉形象。

这样三条写在这里，当然是抽象难懂的。没事，我们通过背诵柳永的《八声甘州》，来学习这些方法。

对潇潇暮雨洒江天，一番洗清秋。
渐霜风凄紧，关河冷落，残照当楼。
是处红衰翠减，苒苒物华休。
惟有长江水，无语东流。
不忍登高临远，望故乡渺邈，归思难收。

叹年来踪迹，何事苦淹留？

想佳人妆楼颙望，误几回、天际识归舟。

争知我，倚栏杆处，正恁凝愁！

第一步：理解意义才学习。

通过将新信息与已经储存在长时记忆中的信息建立联系，我们就能发现新信息的意义。这种有意义学习的过程，就是我们所说的理解或领悟。很多同学害怕背古诗词，原因就是，对古诗词并不太理解，就靠背诵，结果效率低，忘得快。其实，如果把内容彻底理解，再背诵，就相对简单。

首先，我们了解一下作者和写作背景。

柳永原名柳三变，出身士族家庭，从小接受儒家思想，有求仕用世之志，只是考试不顺，于是满腹牢骚，说："且把浮名，换了浅斟低唱。"宋仁宗听了就不太喜欢。后来又有人举荐柳永，宋仁宗就说："且去填词，要浮名何用？"柳永从此郁郁不得志，浪迹于娼馆酒楼，自称"奉旨填词柳三变"。有这样的人生境遇，他的词就经常抒发羁旅之志和怀才不遇的痛苦愤懑。这首词也不例外。

了解背景后，我们再逐字翻译，了解这首词的含义。

面对着潇潇暮雨从天空洒落在江面上，经过一番雨洗的秋景，分外寒凉清朗。凄凉的霜风一阵紧似一阵，关山江河一片冷清萧条，落日余光照耀在高楼上。到处红花凋零翠叶枯落，一切美好的景物渐渐地衰残。只有那滔滔的长江水，不声不响地向东流淌。

不忍心登高遥看远方，眺望渺茫遥远的故乡，渴求回家的心思难以收拢。叹息这些年来的行踪，为什么苦苦地长期停留在异乡？想起美人，正在华丽的楼上抬头凝望，多少次错把远处驶来的船当作心上人回家的船。她哪会知道我此刻正倚着栏杆思念她，而且愁思是如此的深重。

翻译到此，我们对这首词的意思就全部理解了。但单单如此，还不容易背诵。我们还得找出其内在的逻辑联系，画出结构图，使整首词变得脉络清晰。

第二步，绘画内部组织图。

《八声甘州》的内部组织是非常严密的。

第一层，写明时间和景物。暮雨飘洒，秋风凄惨，山河冷落，残照当楼。这是冷落萧瑟的深秋景致，气势虽壮阔，但词人的内心是悲凉的。

第二层，感慨时光易逝。眼前花叶凋零，春夏美景变得一派萧条，让词人想到生命之花也在凋谢。长江之水纵然奔流，美好时光又怎能回得去?

第三层，思念家乡。因为时间流逝，年华老去，词人开始想念家乡，想念过去。可是故乡那么远，不忍心登高远望，于是他后悔这些年羁留在外，虚度光阴。

第四层，思念爱人。其实思念家乡，最终只是思念某人。这里，词人将一种情思，做了两处描写，既写佳人思念游子，也写游子痴望佳人，更显得情意缠绵。

总结起来，就是这幅图:

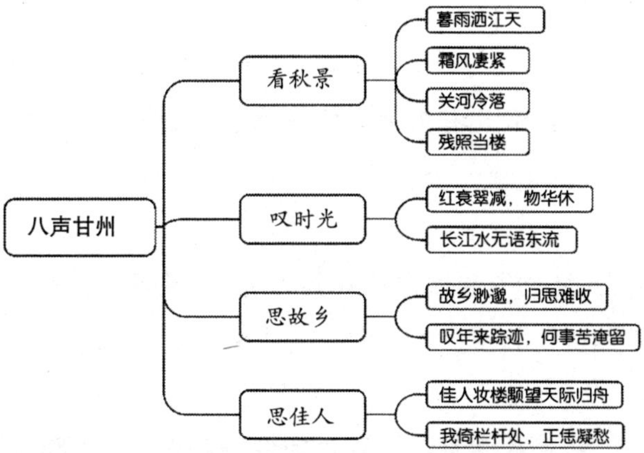

其内在脉络就是：看秋景，叹时光，思故乡，念佳人。掌握了内

部组织关系之后，这首词的思路就非常容易掌握，背诵起来也不难了。

第三步，勾勒出视觉形象。

在课本中，诗词大都被配上一张插图。这是因为我们对图画的记忆，远远超过了对文字的记忆。尤其是图文并茂之时，记忆效果最好。如果没有插图，那我们可以在脑海中勾勒出一幅画面，甚至是一组电影镜头。

熊豆，在这里我给你布置个作业，请写一篇《八声甘州》的诗词故事，把当时的场景进行复原吧。

四、课文解析是语文学习的基础

很多同学会问："课堂上老师花了很长时间讲语文课本，但是考试却不怎么考，我们还需要花时间和精力来学高中语文课本吗？"

对啊，老师为什么要这样做呢？其实，他们有着充足的理由。你看，高考语文试卷一共有现代文阅读、文言文阅读、诗歌鉴赏、语言基础知识和作文五个模块。而这五大模块和高中语文课本均有着密切的联系。

1. 语文基础知识。

字音、字形、熟语，以及标点符号，其高频考点很多都出自课本原文。还有文学常识，基本上都出现在课本的注释和补充材料当中，需要我们认真阅读，绝不放过任何一个角落。

2. 诗歌鉴赏。

课本的诗歌中，包含了各种常见意象（比如"明月"往往与"思乡"有关，"剑"与"雄心"相关，"柳枝"与"不舍离别"有关，等等……读熟了，就一通百通），也包括了各种诗歌题材（比如思乡、田园、抒怀、边塞，等等）。只要在学习的过程中理解诗句含义，把握赏析方法，归类整理，那么应对试卷中的诗歌鉴赏就十分有把握了。

3. 现代文阅读。

高考现代文阅读考查的一切文本体裁：小说、散文、论述类文本、报告文学、新闻，在课本中都有对应的文本。叶圣陶先生说过，课内阅读是准备，课外阅读才是运用。天下文章无穷无尽，自然是读不完的，老师是以课文为例子，精心剖析，让我们完全理解作品的思想、结构、文采，从而锻炼出语文思维。学成之后，举一反三，拿到一篇课外文章，都能知道它在写什么（思想），怎么写的（结构、文采），是不是好文章（从思想、结构、文采综合评判）。也就是说，老师上课时分析课文，是为了帮助我们理解，锻炼思维，从而举一反三。

4. 文言文阅读。

高考试卷中的文言文阅读，考查的篇目全部都是课外的，但是文本中出现的实词、虚词、句式等知识点却全部来自于课本。而且文言文如此美妙，真的值得用心背诵。比如苏轼的《前赤壁赋》：

壬戌之秋，七月既望，苏子与客泛舟游于赤壁之下。清风徐来，水波不兴。举酒属客，诵明月之诗，歌窈窕之章。少焉，月出于东山之上，徘徊于斗牛之间。白露横江，水光接天。纵一苇之所如，凌万顷之茫然。浩浩乎如冯虚御风，而不知其所止；飘飘乎如遗世独立，羽化而登仙。

你瞧，月出东山为纵向，白露横江为横向，一纵一横，构成极壮阔优美的意境。句子长短错落，而又自成对仗，构成和谐韵律，读之令人迷醉。再如贾谊的《过秦论》：

秦孝公据崤函之固，拥雍州之地，君臣固守以窥周室，有席卷天下，包举宇内，囊括四海之意，并吞八荒之心。当是时也，商君佐之，内立法度，务耕织，修守战之具，外连衡而斗诸侯。于是秦人拱手而取西河之外。

这篇虽是政论文，却文采灿烂，字句铿锵。你看“据崤函之固”与“拥雍州之地”，对仗工整，凝练有力；“天下”“宇内”“四海”“八荒”四词同义而角度不同，而其搭配的动词，又有“席卷”“包举”“囊括”“并吞”，何其恰当而华丽。文章充沛的气势、勃勃的雄心，流宕在行文之间，使文句华丽而不乏质朴，奔放中又具有浑融的魅力。

同时，要将课文中每页的注释、课后的题目，以及每章的小结，都仔细阅读。尤其是文言文的练习题中往往有一词多义、通假字、实词虚词用法的总结，需要认真记住。

总之，课文是语文学习的核心和基础，千万不可忽视。

五、博览群书能提分

除了课本之外，课外阅读对于培养语感、形成价值观、提升写作能力都非常重要。书读多了，尤其一些好书反复研读，就能深刻影响自己。

老师都推荐大家去读名著，并鄙视一些流行小说。其实，这也不能强求。在我看来，按照自己的阅读和理解的水平，选择自己爱读的，就可以了。当你读完《盗墓笔记》《龙族》之类，觉得虽然故事生动，但终究留不下什么有用的，这时，你的欣赏水平提升了，自然会去选择更有深度的书，而且能看得进去，并有所收获。

我从小就爱读书，到了高中，课业虽然忙，但读了不少图书。一开始喜欢武侠，就把金庸的书看完了。后来听说大仲马的小说也算武侠小说，也都借来拜读。随着欣赏水平的提高，我阅读了雨果、老舍、巴金、契诃夫的小说，感觉受益匪浅。那时候课业毕竟繁忙，阅读时间实在不多。有一段时间我住校，晚自修后回到寝室，还会读一会儿书，熄灯了都舍不得放下，就在被窝里打着手电，继续看上几页，直到楼道里响起巡视老师的脚步声，才关掉手电，在黑暗中，想着达达尼昂和三个火枪手的命运。

当我发现了非常美妙的段落，反复阅读后，就会将之抄写下来，写作时加以模仿，用在自己的文章里去。我的语文成绩就突飞猛进了。

总之，博览群书是必要的，但必须对一些好书进行耐心分析。读书的目的不在快、不在多，而在于从书中汲取营养，在于通过整个阅读过程修养一颗宁静而富有感知力的心。同时，当我们阅读过那么多精彩的文字和段落，就能逐渐养成敏锐的语感。

六、初等写作靠结构

在语文学习中，写作无疑是最难的。因为写作是无中生有，需要创造力，属于更高级的思维，这比借用公式去解题要难上许多。

“怎么才能写好作文？”经常有中学生问我这个问题。我一般会反问他们：“那你平常怎么做的？”

“嗯，就是多看看书，摘录好词好句，可一到写作就全忘记了。”

他说的是实情。从小学开始，老师就给学生推荐美文，让他们阅读，同时摘抄好词好句，用意在于提升学生文采。可是，正如该生所说，那些漂亮的句子，只在本子上抄抄，根本用不进文章里去。这就像从豪华邮轮上拆下最金贵的零件，却装不到自己的小木船上去。

也有一些学生，读书很快，阅读量也很大，平时说话妙语连珠，成语用得很溜，甚至也有一些独到的见解，但一旦开始写作，又是一篇干巴巴的流水账。他自己也纳闷：这到底是为什么呢？

其实原因很简单，他们学习写作时本末倒置了。

作文由三样东西构成：一是结构，二是文采，三是思想。其中结构是基础，而后才是文采与思想。拿一棵树来做比喻，结构就是枝干，文采是树叶，思想是果实。如果枝干都没有长高，树叶和果实又挂到哪里去呢？

很多同学抄录好词好句，目的是为了提升文采；博览群书，目的是为了涵养思想。但如果没有结构，文采和思想无处依附，也就出现了“我读过很多书，但还是写不好一篇文章”的尴尬。

如果你觉得还有疑义，那我再问一句：写作的目的是什么？是成为文采斐然、见解独到的作家吗？其实不然，更多人是为了学会表达，不需要多有文采，只要写出契合主题、思路清楚、结构明晰的文章就足够了。而这样的文章，在高考中也能得到中等成绩（70%左右的分数）。

所以说，在写作中，文章结构是第一位的。

比如这样一道高考材料作文：

亚马逊创始人 Jeff Bezos 在普林斯顿大学 2010 年毕业典礼上讲道：聪明是一种天赋，而善良是一种选择，而选择比天赋更重要。以此为话题写一篇议论文，题目自拟。

我们可以这样构思：

首先明确主题，对 Jeff Bezos 的原话加以阐释：善良决定了所做事情是否有利于公众利益。聪明决定了能否将事情做好。如果聪明用在损人利己上，那就危害社会；而唯有为公众谋福利，才能得到认可。所以，善良比聪明更重要。

然后，从正反两面展开论证。先选择瘦肉精事件、毒奶粉事件为反例，说明错误的选择加上聪明，就容易办坏事；然后以比尔·盖茨、乔布斯、孙中山等人为例从正面论证，正确的选择加上聪明，才能推动社会进步。

结论：当比尔·盖茨、乔布斯、孙中山选择正确，当他们个人获得事业的成功时，公众也获得了福利。

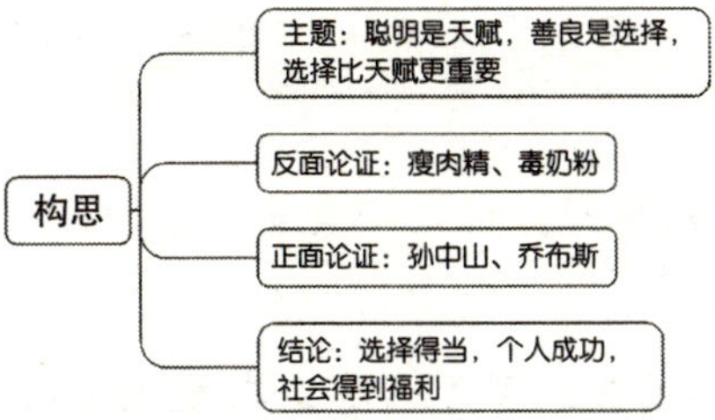

这样写成的文章，结构正确，中规中矩，虽然不算出彩，但也还过得去。如果你掌握了文章的结构，就可以开始练习文采了。

七、中等写作靠文采

我有一位老师曾说，他写作时总有点古典味儿，喜欢四字结构。原因很简单，他小时候书不多，能拿到的都是《说岳全传》《水浒传》《三侠五义》等书，于是对里面的语言结构非常熟悉。

初一暑假，他得到一本精装的《三国演义》。因为别无它书，他就看了好几遍，一些精彩片段如关羽温酒斩华雄、三英战吕布、赵云单骑救主等，他都熟记于心。初二开学后，他的作文带了点文言味儿，语句精炼，颇有文采，让老师很是欣赏。

是的，当我们读了许多经典名作，写作时就会不由自主地加以模仿。所以，我们在阅读时，要十分留心作品的细节，去体会语言的节奏、韵律。我们来欣赏一下史铁生笔下的经典段落：

> 我们将默默地凝望，隔着咫尺空间，隔着浩瀚的时间，凝望生命的哀艳与无常，体味历史的丰饶和短暂。他抑或我，不动声色却黯然神伤。
>
> ——史铁生《务虚笔记》

这段话读上去是那么工整而好听。“凝望”“无常”“神伤”押韵。

“空间”“时间”“短暂”押韵。“凝望”一句和“体味”一句又是某种意义上的对仗和递进。

有些文章追求词语之间巧妙的搭配，让人一读就十分新奇。

风天里，太阳走得快，过了屋脊，下了台阶，在厦屋的山墙上腐蚀了一片，很快就要从西山峁上滚下去了。太阳是地球的一个磨根吧？它转动一圈，把白天就从磨眼里磨下去，天就要黑了。

——贾平凹《商州再录》

在这段话里，“过”屋脊、“下”台阶、“腐蚀”山墙、“滚下”西山峁，这一串动词用得多妙！尤其“腐蚀”二字，十分新奇形象。而把太阳比作“磨根”，也是神来之笔，让人印象深刻。

有些名家的修辞用法也让我们惊叹不已：

整个的世界像一个蛀空了的牙齿，麻木木的，倒也不觉得什么，只是风来的时候，隐隐的有一些酸痛。

——张爱玲《沉香屑·第二炉香》

这个新奇的比喻，将人物对世界的感觉具象化为一个蛀空了的牙齿，显得非常新奇独特，而且鲜明准确地道出了人物的内心感受。

对于这样的好词好句，我们要仔细阅读，仔细模仿，而后把模仿变成原创，形成自己独有的风格。

我就是从阅读中学习如何提升文采的。因为热爱自然，我对作品的风景描写情有独钟。读到妙处，往往抄在本子里，抄得熟悉了，忍不住就模仿，写作文时就渐渐用了进去。到现在，我一写风景，笔下也是流畅的。

草叶上微光闪烁，再细看，四处也是星星点点。于是父子两个人蹲下去观察，不料惊起一点流萤，高高飞起，直飞入槐荫中去。他们抬头去看，萤火虫消失了。孩子指着高天。“看，飞出来了。”果然，树冠旁边，藏蓝的天宇中，有一点亮光，明朗朗的，出奇的大，而且不动，原来是北斗星。

这样的段落，我自己反复去读，也觉得十分动人。

你呢，愿意去模仿这样的好文章吗？

八、高等写作靠思想

古语云：“文以载道。”写作的最高境界，自然是表达思想。其实，写作本身就是自我思考的过程，议论文如此，记叙文也如此。

要想文章富有思想，自然是靠观察和思考。但中学生人生阅历毕竟比较浅，所以阅读是一条捷径。在这里，我想探讨一下，怎么才能充分汲取一本书的营养。我们以阅读《骆驼祥子》为例。

第一遍，看情节。这时可以速读，知道祥子的曲折命运，以满足自己的阅读兴趣，并了解全书的内容与结构。

第二遍，看细节。在了解了故事情节后，第二遍阅读就可以分析作品的结构，看作者如何讲故事。当然，我们也可以摘抄细节，看老舍如何进行外表描写、风景描写、心理描写。这样的阅读对于写作能力提升特别有效。

第三遍，从思想层面来对此书进行剖析凝练。我读完《骆驼祥子》以后，认为这部小说的思想内涵可以分为两层：

第一层，反映现实之广。在老舍笔下，底层人物生活之艰辛被写得入木三分。但光是这一层，《骆驼祥子》还不足以成为名著，幸亏它没有在此止步。

第二层，反映人性之深。祥子朴实憨厚，但也有心机。虎妞死后，他面临选择：和小福子在一起，但得养活小福子那个当了酒鬼的爹；不选择小福子，自己单过，虽说孤单，但日子轻松。思来想去，他怕被拖累，就选择了后者。而他的选择，直接导致小福子自杀，并使他自己也失去生活的指望，最后日渐堕落。

你说，我们每个人不也会面临形形色色的选择吗？祥子的选择很有代表性，我们能在他身上看到自己的影子。所以，就算时过境迁，我们还是会去阅读《骆驼祥子》，并且产生心灵的共鸣。

经过这样有深度的阅读，我们会对人生多一份理解，对世界多一份怜悯，自己的思想境界也得以提升，这对自己的写作会产生深远的影响。

总结一下今天的内容。熊豆，我希望你先用心学习文章结构，再提高文笔，然后在阅读和思考中，让思想逐渐成熟起来。

今天的信先写到这里吧。

祝福你。

杨略

熊豆是晚自修结束后回家看这封信的。她越看越心惊，因为她发现自己平时学习语文有那么多的误区。

首先，她是不屑于背书的。她总觉得背那些死知识并没有用，却不知道，语感正是从背诵中得来的。

其次，她上课时对老师划分段落、概括段落大意之类，也是很不以为然的：反正课文又不会考，那样分析又有什么用呢？

还有，她课外书虽然看得多，但看得太快，恨不能一口气看完，最后看得浮皮潦草。好不容易看完了，虽然觉得这本书很好，值得学习，但也没有看第二遍的兴致，所以过了段时间，书中内容基本就忘却了。这样的阅读，对于提升文采没什么帮助。有时候她还在想：“我的记性真差，看完就忘，跟没看过一样。”现在她明白，要想记得深刻，就要看得仔细，而且反复看，并将精彩语句背诵下来，以此积累素材，并慢慢养成自己的语感。贪多求快，只是虚荣心作祟，终究是没有用的。

她看到信中布置了写诗词故事的作业，就认真读了几遍《八声甘州》后，打开电脑，开始慢慢地写字：

江边，一位中年人身穿白袍，临风而立。刚刚下过一阵秋雨，景物都明晰地呈现在眼前。到底是一阵秋风一阵凉啊。你瞧，红叶在风中飘落，剩下些光秃秃的枝条，山河之间就满目萧条了。只有这滔滔的长江水，还在昼夜不息地流淌。唉，春秋交替又交替，人可就老了。

一阵凉风袭来，中年人不由将衣衫裹得更紧了，眉间满是惆怅，顺流望向远方，却又看不见家乡，就轻声叹了口气：

“唉，年纪大了，容易悲秋。最近是越来越怕登高望远了，因为老想着故乡的那些人和事。这么些年了，我漂来漂去，逗留在外，到底是为什么呢？”

他眼前浮现出一幅画面：一位相貌清秀的女子，衣着华丽，站在楼上，望着远方。忽然看到一艘航船远远地驶近，她十分兴奋。可是，等船经过楼下，思念的人并未归来，她又满脸失望了。

“唉，又让她白等了一天。”他不由抽泣起来，泪流满面，喃喃地说：“这么多年了，我都没有回去，你肯定在埋怨我了吧？可你知道吗？我并不是薄情之人，就像此时此刻，我靠着栏杆，远远地向你眺望，内心的凄凉，你知道吗？”

回去吧，回去吧。年轻时轻言别离，此刻才想到弥补，是否还来得及呢？

在文章里，她对《八声甘州》进行了适当拓展，眼前就浮现出完整的画面。有风声，有水流，有景致，也有柳永的言语、神态和心绪。这样细致地解读，就融入了自己的思考、想象，还有深深的共鸣。她觉得，这回真的理解这首词了，也永远不会忘记了，而且以后再遇到柳永的词，也能举一反三，可以读懂了。

临睡前，她躺在床上，翻开语文课本，看郁达夫《古都的秋》。她耐下心，不只是了解文章的意思，还关注文章的用词，以及语句的节奏感。她轻轻地念着，忽然觉得无比美好。

秋天，无论在什么地方的秋天，总是好的；可是啊，北国的秋，却特别地来得清，来得静，来得悲凉。

混混沌沌地过去，只能感到一点点清凉，秋的味，秋的色，秋的意境与姿态，总看不饱，尝不透，赏玩不到十足。

这三个“来得”，三个“秋的”，三个“不”，都多么好看而且好听，显得那样柔情款款。当他写到北国的槐树，“像花而又不是花的那一种落蕊，早晨起来，会铺得满地。脚踏上去，声音也没有，气味也没有，只能感出一点点极微细极柔软的触觉。”啊，她似乎也感受到那种触觉了。再往下读，她越发感慨了：郁达夫真是高手啊，连灰土地上扫帚的丝纹、秋蝉的残声，都被他写得别有意味，历历如画。

天很晚了，她放下课本，觉得第一次将语文书看得如此津津有味。

和以往一样，临睡前，她准备听点音乐，但忽然看到手机听书软件里有名篇朗诵，就点开来，选了一篇鲁迅的《故乡》。

起先一段钢琴曲银铮铮地响起，宛如瓷盘中落了冰晶，岩洞里响着水滴，顿时让她心里安宁。但不知怎的，在静夜里听见这些清澈的声音，她又略微有些忧伤。而后，一个女声温柔地念道：

我冒了严寒，回到相隔二千余里，别了二十余年的故乡去。

时候既然是深冬；渐近故乡时，天气又阴晦了，冷风吹进船舱中，呜呜的响，从篷隙向外一望，苍黄的天底下，远近横着几个萧索的荒村，没有一些活气。我的心禁不住悲凉起来了。

啊，熊豆听到这里，心也悲凉起来了。从小学开始，这篇文章她曾读过许多遍，但感触从未如此之深。大约，这和年龄有关。她从父母的经历，联想到中年鲁迅的无奈和悲凉，就懂得了人世普遍的沧桑。而朗读与配乐无疑也加重了这种气氛。于是，鲁迅笔下的闰土、杨二嫂、宏儿，以及水生，个个都形象分明，连鲁迅记忆中的那些琐事，都显得意味深长。

到了末尾，鲁迅离开家，乘上船，又想起西瓜地里那个银项圈的小英雄，“眼前展开一片海边碧绿的沙地来，上面深蓝的天空中挂着一轮金黄的圆月”。听到这里，她的眼泪止不住落下来。

这到底是为什么？大概是触发了对美好童年的追忆，还有对人世无奈的了解。但似乎又不止于此，她感觉自己和鲁迅一样，一个人站在浩茫时空面前，感受到渺小，孤独，于是惆怅难言，却又深深沉醉。

她是沉醉在美好的文字之中了。

杨略一直牵挂着陈高照。这天下午，他上完课，大约接近五点，就给陈高照打电话，听说他在湖边的湿地里监测，于是穿过校园去找他。

浙大的紫金港校区原本是一片湿地，有着巨大的芦苇荡，还零散的有几个渔村。自从建了大学，渔民迁移，芦苇荡也只剩下一个启真湖。为了保证水质清洁，就需要净化水源。所以，在湖泊的入水口，生命科学院的老师特意建了一个人工湿地。

陈高照跟着导师做湿地的维护和植物培育的研究。此时，陈高照正俯下身子，细心地观察着，在本子里做着记录。

听到身后有人来，他转过身，见是杨略，就微微一笑。

“你怎么来了？”

“很久没见你了，特地来看看。最近怎么样？”

陈高照和杨略身高相仿，体型修长，鼻梁高挺，目光明亮，虽然穿得朴素，身子也瘦削，却有一股自然的英挺之气。

“我还那样呗，整天和水草打交道。”

杨略举目四望，只见水中、岸边长着各类植物，都是他叫不出名字来的。“我就想来听你说说水草呢。”

陈高照给杨略介绍起湿地里的水草来。叶如芭蕉而中间伸出一串紫花的，叫作梭子草；旁边一丛植物叶子细长，宛如千万柄长剑，就是菖蒲。其余又有千屈草、欧慈姑之类，陈高照如数家珍，甚至介绍了各种植物的净化作用。杨略听了根本记不住，只好自嘲地说：“和你比起来，我真的是‘文傻’，所谓文人，百无一用。”

陈高照却挺严肃：“怎么会呢，理科研究需要文科做指导的。我现在还准备多读点美学，和生态学结合起来，让这个湿地既有生态净化功能，同时又优美宜人。”

“就是传说中的‘生态美学’？”

“嗯，其实一个好的景观，既有自我净化功能，又能让人陶醉于其中。”他又说，大学校园应该望得见山，触得着水，处处有密林，时时有鸟鸣，学子们得到自然的熏陶，心胸才会开阔。目前浙大的紫金港校区，建筑太多，板结的土地也多，而植物太少，远远还算不上美好。

陈高照本来话并不多，有时甚至显得木讷。但术业有专攻，一说到本行，他就滔滔不绝了。说到最后，他忽然有些不好意思了。

“我是不是说得太多了？”

“我喜欢听你说这些。”

“很枯燥吧？”

“怎么会呢？我听了你对湿地的介绍，感觉很有意思。你看，我们在中学里，学过那么多课程，其实都是为了考试，所以不停地做题，至于课程本身的魅力，我都没时间去感受。可我听你讲生态学，讲自然净化，就觉得非常美好。连我这个文科生都想去研究了。”

陈高照一边听一边点头。

“我很认同你的观点，我也是进大学后，读了许多名家的图书，才知道自然科学的魅力。”

“所以我冒出了一个想法——你还记得熊豆吗？”

“熊豆？”

“就是楚当当的表妹，我准备拍电影，让她从学渣变成学霸。”

“哦哦，记起来了，她现在怎么样？”

“还行，经过我和葛怡的努力，她现在学习挺上心的。上回聚会时我们也说了，要请学霸给她讲学习方法。你能给熊豆好好讲讲自然科学吗？”

“我行吗？”

“就谈谈你理解的自然科学，尤其是生态美学。”

陈高照还在犹豫，他本来就不擅长交往，尤其是给那种时尚、叛逆、大大咧咧的女孩上课，他更加没把握了。

杨略看他为难，就说：“其实，我都是采用写信的方式。”

“写信？”陈高照顿时放了心，“那行！”

他们在水边的长椅上坐下，又聊了一阵。陈高照就问起杨略的近况。

“我啊，就是整天写东西呗。”

“最近有什么大作吗？”

“在写一个剧本。”

“关于熊豆的？”

“不，是一个心理剧，想拍个微电影。”

“心理剧？挺有意思的。”

“对啊，大学生当中，心理问题很普遍的。”

陈高照听到这里，就不说话了。杨略只好自己说下去："刚写了个开头，接下来怎么写，我也没把握。"

说着，他从包里掏出一份打印稿，上面是《心迷失》剧本的开头部分，递给了陈高照。虽然这样做太直接了，但他也顾不上了。陈高照很快看完了，并不说话，只是看着宽大的湖面，以及湖对岸高挺的图书馆，目光有些迷离，过了好久，才喃喃地说："幻想的确比真实更美好。"

杨略知道，这是碰到了陈高照的敏感地带，就越发小心起来，生怕言语不慎，让他变得敏感、忧伤。

"你……也这么想吗？"

陈高照点点头："尤其是当有个人可望而不可即的时候。"说完，他重重地叹了口气，将双手插进裤兜里，头垂在胸口，沉入难言的悲伤之中。杨略一时不知说什么了。

湖边忽然响起吉他声。一对情侣坐在草坪上。男生怀抱着吉他，轻轻地弹起来。弦声清越中带点青涩，像初春时融化的雪水，从山间淙淙地流出，汇成小溪，揉进天空的蓝、新芽的绿，以及卵石的五彩。男生的歌声响起了，像一艘小纸船，在小溪里静静地流淌。

我要，你在我身旁
我要，看着你梳妆
这夜的风儿吹，吹得心痒痒，我的姑娘
我在他乡，望着月亮

旁边一位女孩抱膝而坐，温柔地看着男生。她是个圆圆脸，身量小巧，皮肤白皙可爱。等男孩唱完了一段，她就接着唱。她的声音清脆而细腻，让人想到樱花盛开，想到栀子花香，想到许许多多美好的事物。

我要，你在我身旁
我要，你为我梳妆
这夜的风儿吹，吹得心痒痒，我的情郎
我在他乡，望着月亮

啊，这是老狼的歌，一如既往的温暖而撩人，让人触动心事，于是五味杂陈。陈高照静静地听着歌，心都要飞起来了。是啊，他一直向往校园爱情，和心爱的人儿一起看书，一起吃饭，一起在湖边散步，偶尔四目相触，轻轻微笑，将手牵在一起。

其实，谁又不向往呢？

在歌声里，夕阳渐渐西下，撒出漫天的彩霞，湖水闪烁着点点金光。

晚饭时间到了，杨略提议到校外找个饭馆，炒几个菜，再喝上几杯，好好聊上一阵。陈高照总是独来独往，在教室和实验室待久了，自然觉得烦闷，加上今天看了剧本，更有许多话想对老同学说，于是就同意了。

饭菜很快就上来了。两个酒杯碰在一起。杨略向来豪爽，将啤酒一饮而尽。陈高照也很痛快，一仰脖子，喝完了一杯。

杨略给陈高照倒酒，杯口都浮起啤酒的白沫。

“进了大学，我都没和你喝过酒呢。”

“我不爱喝酒。”

陈高照说得有点言不由衷。其真正的原因，是他生活费有限。他不向家里要钱，靠着帮老师做实验，挣点勤工助学的钱，日子过得紧巴巴的。就算每天吃食堂，到了月底还觉得囊中羞涩，哪有钱下馆子呢？虽说杨略大方，肯定抢着买单，但每次如此，陈高照就不好意思。于是但凡有饭局，他总推说有事，日子久了，也就没人约他了。

对于这一点，杨略自然是心知肚明的，却并不点破。“别光顾着喝酒，吃菜吃菜。”他夹了一块红烧鸡肉，放进陈高照的碗里。

但陈高照似乎对饭菜兴致不高，又给自己倒了杯酒。他平时并不喝酒，加上此刻还空着腹，才几杯下肚，脸就红了，却不管不顾，只顾倒酒。杨略看了，心里倒有些发慌。

“高照，慢点喝。”

“没事，我有数。”

转眼一瓶啤酒见底，陈高照又开了一瓶。大约喝了三瓶后，他的眼睛开始发红，盯着半杯晃荡着的啤酒。

“这酒吧，喝着喝着，头晕乎了，耳朵也迟钝了，身体也飘忽了，真真假假，忽然就分不清了。烦心的事儿，也就不重要了。这种感觉……可真好啊。”

“高照，你多吃点菜。”

“杨略，我最羡慕的人就是你啊。你和葛怡，从初中到现在，这都多少年了，志同道合，心心相印。你说，这人世间，还有什么比这更可贵的？”

“感情嘛，谁都能遇得到的，早晚而已。”

陈高照痛苦地摇摇头。

“我也以为能遇到的，可谁知道呢，到头来，遇到还不如别遇到呢。”

“为什么这么说？”

陈高照依然看着酒杯，口齿不清，絮絮叨叨地诉说起来。原来，他大二时，家里田地歉收，爸爸没挣下钱，就交不起学费，让他申请助学贷款。他却碍于自尊，不愿去领取表格，也不想去开贫困证明。那次是李静娴帮了他。她用辅导员助理的名义，替他给家人打了电话，让高照爸爸去乡里开贫困证明，又领了表格，交到高照手里，并说了一些贴心的话。这使他无比感动。李静娴人品好，相貌也美，于是成为他的女神。只可惜，女神有男友，比她大两岁，刚去了美国读研。女神也在考 GRE 与托福，准备毕业后一同去留学。

陈高照明知是没有机会的，但还是朝思暮想，难以释怀。她要做项目，他就默默相帮；她要写论文，他就翻遍图书和期刊，去为她整理资料。李静娴一开始很感激他，但看出他的心意后，又理智地躲避他。

陈高照无比痛苦，却又无可奈何，做什么事都提不起兴致来。加上看了《黑客帝国》之类的电影，忽然觉得我们目光所及，手脚所触，不过都是虚幻。既然一切都是虚幻，幻想和真实又哪有什么界限?

如果幻想比现实更美好，那么为什么不自己构造一个世界呢?

从那天起，陈高照就遁入了一个幻想世界。每天吃饭，总是面北而坐，似乎女孩就坐在对面，他随时可以夹起一筷子，喂到女孩嘴里。每晚他都去教室自习，在身边勾勒出一个女孩，两个人暖暖地坐在一起。他会在女孩面前摊开一本书。

“你看这本，我看这本。”

看到妙处，自然要一起分享，谈话是不方便的，他就用笔谈。在白纸上一行是自己嚣张的字体，下一行模仿她娟秀细小的笔迹，一行一行交叠而下，仿佛成了一首美妙的诗，将读书心得一一写下。他也给女孩写信，尽管暂时不能寄出，但还是一封一封地写，事无巨细，一一记录，竟比日记还要翔实。写完后，都锁在抽屉里，等待有一天，它们将做一次远行，像一群洁白的鸽子，扑啦啦飞到她的手里，被女孩的美眸细细阅读，轻轻拨动她的心弦。

有时独自走在路上，陈高照会突然乐不可支，一脸灿烂，甚至情不自禁，轻轻叫道：“静娴……”声音缠绵，浸透相思之意，身体顿时轻盈，几乎要奔跑起来。有时对面有女生翩然而来，灿烂悦目。他呆呆地看着出神，心里却想：“静娴比你可爱太多了。”于是欣欣然地走自己的路。

他从未感觉到如此的欣喜充足，虽然这一切都只是虚幻。

就这样送走了冬天，又迎来了春天，继而又是夏天，他已经写完了好几叠信笺，可收信人在哪里呢?

说到这里，陈高照的眼泪不住地流淌下来。他用手支着额头，遮住了眼睛。杨略看着他嘴角不停抽搐，心里也难过起来。这个陈高照啊，出身寒微，心思细腻，在这个功利的社会里，或许只有以梦为马，才能获得片刻的安慰。

“高照，你这样下去，会难以自拔的呀。”

“但我觉得很幸福。当我不愉快，就闭上眼睛，对着心里那个人轻轻呼唤一声，就会感到心里微微一颤，一种难以言说的愉悦从心脏辐射到身体各处去。这是我最幸福的时刻。”

陈高照说这话的时候，真的闭上眼睛，嘴角微微上翘，一脸温馨恬静，显然沉浸在最美好的情绪里了。

杨略问道：“你为她这样，值得吗？”

“当然值得，为她做什么，都是值得的。”陈高照忽然笑了一笑，显出一派天真，“有时候我会幻想，如果有一天，她在校园里跑步，忽然遇见坏人。我拼死保护，最后倒在血泊里。她把我扶起来，哭着问我怎么样。我就会说：‘为你死，我也是愿意的。’”

啊，陈高照的心里，居然还藏着这么狗血的电视剧桥段。

“高照，你真的愿意这样下去吗？”

“嗯，这样就挺好的。”

杨略看他执迷不悟，心知再劝也无益。他更加打定了主意，必须为陈高照写一个剧本，探讨一下可能发生的事情，让他正视自己，并借机反思。

或许，这样才能帮到他。

第八章

学霸3.0版②：单科突破之英语篇

夏天悄悄来了，虽说桃李落尽，只在枝头结了小小的青果，但校园里总是花事不绝的。先是蔷薇花在围栏上张灯结彩，继而凌霄花开了，攀爬在假山上，举起无数个橙黄小喇叭。然后就是广玉兰在墨绿油亮的宽叶间雍容地盛开，像一朵朵白净的素莲。

这一天，杨略听完了上午的课程，在教学楼下等到了葛怡。昨晚听陈高照一席话，他心里越发珍惜与葛怡的感情了。葛怡察觉到他柔情的目光，就挽着他的手臂，轻轻地说：

“你让我给熊豆写英语学习方法，可我一直也写不好。”

“你还能写不好？”杨略说，“你每年暑假都出国，一会儿欧洲，一会儿东南亚，英语练得很棒了呀！”

“哪有啊，我本来以为自己的英语还不错，可一出国，却连点个菜都点不好，非得指着菜谱给人家看。还有一回，人家问我要不要加辣，我完全没听懂，真是丢死人了。所以，我们的课堂英语，在日常生活里根本没法用。”葛怡忽然有点伤感起来，“世界那么大，英语处处通用，学不好英语，真是处处受束缚呢。”

杨略也点点头。“算起来我们都学了十来年英语了，可原版的电影都听不懂呢。”

说到电影，葛怡忽然想起一个事情来。

“我有个小表妹，十三岁，人很懒，成绩很糟糕，英语却很不错。因为她小时候在美国待过两年，学了一口地道的美语，还认识了几千个单词，现在看电影根本不用看中文字幕。我问她，你的词汇量不大，电影全都听得懂吗？她说，如果不懂，就靠猜。多猜几次，这个单词就认识了。”

杨略听到这里，不由深思起来。

“我觉得你表妹说得很有道理。我学语文的时候，也没有费劲地背生词、学语法，就是看看小说，自然就掌握了。英语也应该这么学吧。”

话虽如此，但到底怎么学，他们心里还是没什么主意。

葛怡说：“其实我很想去向专家讨教一下。不光是为了熊豆，也为了我们自己。你有熟悉的老师吗？”

杨略忽然想到了一件事。前些天，校报编辑老师下派了本学期的采访任务，对象都是学校里的名师。杨略已经是校报记者团的团长，所以具体由谁去采访谁，都得让他来分派。

“我记得当中有一位，是著名翻译家张道林先生。”

“是他？”葛怡惊叫了一声，“我看过他翻译的不少文学名著，文笔非常棒。”

杨略就说：“那我把这个采访任务接下来，你和我一同去，顺便向他讨教一下英语的学习方法。”

葛怡高兴地点了点头。

杨略当即就和张教授联系了。张教授就住校门口的教工小区，并且恰好有空，于是双方约定，第二天晚上就去他家。

这是一个修建于民国的小区，倚靠着湖泊，清一色的别墅，红砖清水墙，坡面屋顶，绿色木窗，颇为别致。楼前都有小花园。架子上缠绕着蔷薇花，盆子里长着月季。楼与楼之间，则是高大的水杉。

张道林教授站在楼下迎接。他大约七十岁，身材不高，却很挺拔，花白的头发梳得整齐，面色红润，黑框眼镜，肚子稍有些发福，但白衬衫穿得挺括，黑色背带裤显得洋派。

天色不算晚，三人就在小花园坐下。刚寒暄了几句，一位极优雅的女子从房子里走出来，端着两杯咖啡。她穿着黑色毛衣，米色长裙，白发纹丝不乱，嘴角是淡淡的笑意，眼角虽有皱纹，却显得十分从容自信。

杨略听说过，这是张道林教授的夫人林如梅，也是出色的翻译家。他们夫妻俩志同道合，一同翻译，著书，授课，闲时周游列国。这让杨略十分敬重羡慕，而且想到，因为学贯中西，行走天下，所以滋养出了这对伉俪的独特气质，那他和葛怡以后是不是也能这样呢？

一念及此，对于学好英语，他有了更为迫切的愿望。

于是，他们在谈完张道林夫妇的翻译生涯后，杨略虔诚地请教起学习英语的方法来。

“对于英语，一说‘学习’，这就错了。”张道林喝了一口咖啡，“可现在的学生呢，整天背单词，做试题，读乏味的文章，这哪里是掌握英语的正道呢？”

“那该怎么掌握英语呢？”

“英语是语言，语言是拿来用的。在使用过程中，才能更好地掌握。”

“可是，不学习，怎么能使用呢？而且，我们毕竟没有生活在英语国家，平时没处用啊。”

张道林没有正面回答，只是淡淡一笑。

“我介绍给你一个方法，读英文原著，沉浸在纯正的英语世界里，大量输入英语信息。你们本来就要看大量欧美文学，那就把本来要看译本的时间用来看原著，就不用额外花费时间去‘学习’英语了。”

葛怡说：“我已经在读了，可坚持不下去，原著太难了。”

“那你在读哪本书？”

“《双城记》。”

“哦，这本书不简单，‘万词不重复率’高，句子难度很大。你刚起步，看这本书有点不太适合。读英语原著，往往会变成了查英语词典、记忆生词的过程，完全是个苦差事。因此很少有人能坚持下去。”

葛怡连连点头：“那我该怎么挑书呢？”

“打开一本书，一页里如果生词在十个以内，而且内容是你感兴趣的，就是适合你读的。有时候，一些探险小说、幻想小说，情节生动，引人入胜，反而是更好的入门读物呢。”说到这里，张道林忽然想到了什么，朝着门内喊了一声：“如梅，把我刚做好的那份书单拿给我吧。”

很快，优雅的林如梅又走了出来，将一个清单递给杨略。杨略双手接过来，展开一看，是一张表格。

张道林说:“这是我给大一新生开的书单，由易及难，你也可以看看。”

级别	类型	推荐作品
L1	儿童读物	《鸡皮疙瘩》（Goose Bumps）系列、《棚车少年》（Boxcar）系列、牛津书虫世界名著系列；
L2	青少年小说	《纳尼亚传奇》（Narnia）全集、《暮光之城》（Twilight）全集、《哈利·波特》（Harry Potter）全集；
L3	流行小说	尼古拉斯·斯帕克斯（Nicholas Sparks）的爱情小说、阿加莎·克里斯蒂（Agatha Christie）的悬疑小说；
L4	经典小说	《傲慢与偏见》（Pride & Prejudice）、《简·爱》（Jane Eyre）等各种老牌名著。

葛怡不由吐了吐舌头：“原来我一上手，就选了 L4 的经典小说，太高估自己了。”

张道林笑着站起来，去给几盆花浇水：“看原著要循序渐进，有成就感，有自信心，才能坚持下去。等你看完二十本小说原著，你的英语水平就大不一样了。记得当年，我看完一百来本的时候，就觉得英语已经流淌在我血液里了。”

杨略和葛怡也听得激动起来。一百本，那需要多大的毅力啊。哦，不，如果是看精彩的小说，那应该不会很累吧。

他们似乎看到了一条康庄大道。

离开张教授家，杨略和葛怡立即去了图书馆，挑来挑去，选中了《纳尼亚传奇》中的两册。

杨略说:“我看过这本小说的中文版，还看过电影，读起来应该不累。”

葛怡却说：“既然故事全知道了，再读一遍还有什么意思呢？纯粹是为了学英语，没了新鲜感，不是和张教授的方法背道而驰吗？”

杨略很赞同，于是选了这个系列的第四部《凯斯宾王子》。对他来说，这是个陌生的故事呢。

他把书带回寝室，规定每天看十页。当晚他就开始了。当他看到四兄妹刚刚被召唤，从火车站来到纳尼亚，十页已到，他就停止了。这样看了几天，每天能按时完成阅读任务，杨略心里就有了些成就感。

过了几天，对张教授的采访稿写好了，要拿去给他看，于是杨略再次来到他家。

“原著读得怎么样？”张道林并不太关心采访稿，粗粗看了，就放在一边，倒是目光炯炯地问起杨略的学习情况来。

“读了《纳尼亚传奇》，每天十页，大概十几天能读完吧。”

“每天十页？”张道林沉吟了一会儿，“那你觉得这本书好看吗？”

“还行吧。”

“如果是中文版，你会这样看吗？”

“那当然快得多，两百来页的书，我半天就能看完。”

“如果你读中文小说时，也规定每天只能看十页，你感觉怎么样？”

“那太差劲了，根本不过瘾啊。而且拖得时间一长，前面情节都忘记了。”

“所以啊，你把一本《纳尼亚传奇》拆成二十份，用二十天看完，那还有什么阅读乐趣呢？”

“这不是英语书嘛，生词多，读不快。”

“你是每个生词都要查字典吗？”

杨略点点头，甚至有几分骄傲：每词必查，多么认真。

“那的确读不快的，”从表情上看，张道林很有些不以为然，“那我告诉你一种读书法，每两页，只准查一个生词，一天看四十页以上，你觉得怎么样？能做到吗？”

杨略吃惊地看着张教授。“那么多生词，两页查一个，我怎么能读得懂？”

“剩下的生词，你先猜着读。”

“万一猜不到呢？而且，读书不记单词，那还有什么用？”

张道林笑笑说："你错了，读下去，比记生词要重要得多。只有每天四十页以上，径直往下读，才能读到故事的起伏曲折，才能体会到英语的美好。而且，只有读完一本书，你才会树立学习英语的自信。"

"那么，没查的单词怎么办？真的置之不理？"

"没关系，重要的生词，会反复出现的，总有机会去查它。你可以尝试一下，用七天时间，看完一本《纳尼亚传奇》。"

"我……试试看吧。"

杨略将信将疑地答应下来。

杨略回到寝室，拿出那本《纳尼亚传奇》，静下心，看了下去。看完十页时，心里有些烦躁，唉，还有三十页呢。但正如张教授说的那样，坚持看下去，故事开始生动起来，他就读得顺畅起来了。就这样，他挺过了六天，终于看完一本书，忽然极有成就感，于是又借来另外几本。

随着阅读的持续进行，他的速度越来越快，看到第四本，三天就读完了。虽然这个阅读速度和看中文书没法比，但他在图书馆里，看到满书架的英文原版书，就再也不发怵了。而且有一些陌生的单词反复出现，他查了一遍，后来又看到好几遍，就记得很牢固了。

最关键的是，他觉得英语成了工具，带他去领略故事的曲折与美好。他有了这样的心得，立即和葛怡交流，葛怡这样尝试了几天，也深有体会，就说："我们把这个方法介绍给熊豆吧。"

"行，不过我估计，她还看不了《纳尼亚传奇》。"

于是他们在图书馆里找了许久，决定先给她看《棚车少年》，这是一位美国教师钱德勒·华娜用五百个基本单词写成的探险励志故事。杨略翻了一翻，果然句式简单，可以一目十行。

于是，周末时，熊豆再来浙大时，杨略和葛怡就将这套书交给熊豆，让她一天四十页，每两页只能查一个单词。

熊豆看到那么厚一摞书，委实被吓了一跳。

“我看课本还不流畅呢，就让我看英文原著，这也太抬举我了。”

“你读着试试看？”

熊豆挑了一本薄的，翻开第一页。她的英文水平自然是不行的，连单词 cousin（堂兄弟，表兄弟）都要拿出手机字典来查一查。不过，这本书到底简单，而且对话很多，故事也挺精彩。她跟着四个小主人公进行探险之旅，等到有些累了，一看页码，居然看了十页。

“我居然看得懂了！这也太神奇了。”

“这说明你的英语水平还不错呀。”

“被你这么一说，我好像有点信心了。”

于是，整个下午，熊豆都沉浸在书里。她难得有如此愉悦的英语阅读时光。况且，葛怡和杨略也陪着她，三人一同看英文小说，这让她忽然有一种温暖的归属感。

“嗯，做学霸的感觉也蛮不错的。”

临走时，葛怡拿出一个信封，交到她手里。

“和你说好的，这是英语的学习方法。这篇文章，我可是花了很长时间写的。为此，我还特意讨教了一位著名的翻译家呢。”

“姐，你真是太好了。我一定用心看，玩命学。”

果然，一回到家，熊豆就打开了葛怡的信。

熊豆：

你好。

我让你读名著，算是一个很好的学习方法，但是我还是想给你写封信，系统地谈谈英语的学习方法。

一、英语学习首先要大量输入

谈到学英语，很多人想去外国留学，以为只有到了外国才能学好英语。其实不然。怎样才能学好英语？首先要问问自己：为什么要学英语？明确了目的，贵在坚持，雷打不动，就会有很好的英语积累。

一句话，不要把英语没学好归结于没有英语环境。

一个生活的强者，总是自己创造环境。

在这里，我主要谈谈如何大量输入英语。

首先，按自身水平，大量阅读英语原著。

学习英语时，你必须分等级大量阅读，而不能只是停留在课本之内。当你读完二十本初级读物后，发现没有几个生词，全书都能轻松地读懂，并进入作者所描绘的世界时，那你就可以读第二等级水平的读物了。当然，如果仅仅读过几本初级水平的读物，基础根本没打好，就急于读一个更高水平的读物，那必然就会欲速则不达，自然不可能学好。

其次，在泛读的基础上加上精读。

所谓精读，简单地说，就是重复。

在阅读时，当你读过二十本初级读物后，就要在这二十本中找出一本自己最感兴趣的来重复读。同样的，当你读过二十本中级水平的英语读物后，就应该从中找出一本自己最感兴趣的来重读。

第三，通过听英语音频，来大量输入英语信息。

文化旅行家庄百川常年奔波于欧美，能与当地人做深入交流。可他在大学时英语并不好，毕业后更是日渐荒废。那么他后来是怎么学好英语的呢？

他说，多亏了他儿子。

为什么呢，原来，他有了儿子后，每天要陪他入睡。黑灯瞎火，无事可做，他就听新闻。可国内新闻不好听，国外新闻听不懂。

但好在他找到了 VOA Special English（慢速英语），它最大的特点就是，词汇极简，语速极慢，慢到让人联想起《疯狂动物城》里的那只慵懒的“树懒”。每天 VOA Special English 只提供四五段新闻，而他有半小时，于是重复听。他的英语虽然很差，但毕竟还有点基础，听一次，不懂；听第二次，有点懂；第三次，基本懂；第四次，几乎全懂。

听懂英语新闻后，心里有了一点点成就感，也就有继续听的动力。久而久之，就从VOA的Special English听到Standard English（标准英语），再到BBC新闻……

而英语听得多了，他自然就会说了，遇到外国人，就越说越熟练。然后，他的英语也就学好了。

从他身上，我们可以知道，通过读和听进行大量输入，是英语学习的基础。你也知道，语言学习最重要的是培养一种感觉，而感觉要靠数量的积累。俗话说水到渠成，同理，达到了一定的阅读量，语感就产生了。到了那时，你的英语就能运用自如。

二、怎么丰富词汇量

对于英语学习，扩大词汇量非常重要，而且仅仅利用课堂上的时间是远远不够的。我们需要在课后投入时间去巩固和完善。

我不主张背单词表，而是希望你能通过阅读来记忆单词。有了上下文，单词才是有意义的，也更利于记忆。

而词汇来源，不能仅仅是课本，还应该包括更多地方。有许多人选择看新闻，但往往见效甚微。为什么呢，因为这些内容，即便是中文版你都未必乐意看，更何况是英语呢？我们要读自己感兴趣的材料，比如英文童话、小说。如果你是体育迷，除了体育新闻，还可以读一些体育明星的传记。

日常生活也是词汇的来源。街上的广告牌、超市里的导引牌、日用品包装袋、地铁上的警示牌，都会有英文单词。你需要留意阅读，并默记于心，因为这些内容最为实用，尤其到了国外，这些单词将与你的生活密切相关。

等到词汇量较为丰富之后，就可以学习英语单词的构词法。

<table>
<tr><th>构词法</th><th>定义</th><th colspan="2">分类</th></tr>
<tr><td rowspan="4">合成法</td><td rowspan="4">两个单词相连，成为一个新词，前一个词修饰或限定后一个词。</td><td colspan="2">名词+名词：如weekend（周末）</td></tr>
<tr><td colspan="2">名词+动词：如daybreak（黎明）</td></tr>
<tr><td colspan="2">名词+动名词：如handwriting（书法）</td></tr>
<tr><td colspan="2">名词+及物动词+er：如pain-killer（止痛药）</td></tr>
<tr><td rowspan="3">派生法</td><td rowspan="3">在词根前面加前缀或在词根后加后缀，从而构成一个与原单词意义相近或相反的新词。</td><td rowspan="2">前缀</td><td>表示否定：dis-，il-，im-，in-，ir-，mis-，non-，un-等。</td></tr>
<tr><td>其他前缀：
anti-（反对，抵抗）：antiwar（反战的）
auto-（自动）：autoalarm（自动报警）
co-（共同）：cooprate（合作）
en-（使）：enable（使能够）
inter-（互相）：interact（相互作用）
re-（再次）：reprint（重印）</td></tr>
<tr><td>后缀</td><td>构成名词的后缀：
1）-ment表示行为或工具。如：
measure（测量）→measurement（测量）；
equip（装备）→equipment（装备，设备）；
2）-tion，-ation，-sion等表示行为过程。如：
explain（解释）→explanation（解释）；
produce（生产）→production（生产）；
3）形容词后加后缀-ness构成相应抽象名词，如：
cold（寒冷的）→coldness（寒冷）；
dark（黑暗的）→darkness（黑暗）；
4）某些动词或形容词后面加后缀-ence或-ance可构成相应的抽象名词。如：
enter（进入）→entrance（入口处）；
resist（抵抗）→resistance（抵抗）；
5）某些形容词后面加-y，-ty，-ity等表示性质状态的后缀，构成抽象名词。如：
electric（电的）→electricity（电）；
safe（安全的）→safety（安全）。</td></tr>
</table>

注意，没有一定的词汇积累，光学构词法往往效果甚微。但词汇量达到一定程度后，再借用构词法，词汇量就会迅速增加。

三、这样学习语法最有效

我们学习汉语时，先关注的是读和说，真正学习中文语法时，其实已经初中了。这时，我们早已熟练掌握母语，再通过学习语法使之更为精确。这也就是说，对于一个初学者来说，刚开始不应过度在意语法。这就好比小孩走路，没有必要掌握什么技巧，他们所需要的只是多多尝试，走着走着，就有了感觉，随着年龄的增长，还可以学习如何走得更优美。

学英语其实也是如此，刚开始要多读，多说，有了一定的阅读量和词汇量之后，再去学习语法。

学语法要讲究主次，最基本的一定要先掌握，比如主谓宾，动词（及物动词，不及物动词）等等，句式结构、句式搭配都有哪些，这些东西也是你学习语法的骨架，是学习英语的根本。掌握了这些基本的知识，再回想一下你读过的一些东西，仔细想这些句子是怎么来的，等到想明白了，才有可能读懂更高级的句子。

更进一步，可以通过阅读来不断地巩固你所学习的语法，也就是我们通常所说的培养语感，当你大多数时候靠语感来判读分析一个句子的时候，说明你的英语水平已经相当不错了。

四、口语和写作都需要大量模仿

作为英语学习者，必须模仿已有的东西，不经历模仿的“创新”意味着错误。创新源于模仿，模仿是学习英语的基础，模仿是创新的基础。

比如在学习语音时，要大量地重复练习音标、单词发音，朗读句子和文章。而在练习过程中，尽量模仿音标发音和单词发音，同时模仿句子的音调和节奏。

模仿对学好语音至关重要。在学口语时，要尽量模仿你已经读过的东西和已经听过的东西。如果你要学习英文写作，模仿的重要性更是显而易见。你要读各种不同类型的文章、名家的文章，重复地读过多遍而能真正理解了以后，就要一丝不苟地去模仿。模仿得越像越好，这是英语学习最基本的常识。

总而言之，对于学英语，一定要将它视为工具。通过英语，我们可以看小说，看电影，看各类社会学专著，可以与外国人士交流。只有这样，才会对英语保持足够的兴趣。也只有在这样的使用中，英语水平才能真正得到提高。

对不起，我一直没有说考试。因为在我看来，根深才能叶茂。当你能轻松地看懂英文原著时，考试对于你来说，根本就是小菜一碟。

祝福你。

葛怡

看完了信，熊豆心里有了底，就又看了会儿《棚车少年》。她每两页查一个单词，并将单词记录在单词本里。当她看到四十页时，看到单词本里抄录的二十个单词，心中充满了成就感。她这才把书放下，并且伸了个懒腰。

这时，妈妈已经烧好了晚饭，来房间叫她吃饭。看到她居然在看英文小说，顿时大呼小叫起来。

“哎呀，豆子，你可了不得，整本的英文书你也看得懂？”

“马马虎虎啦。”

“哎呀，还是当当和杨略有本事，才这么几天时间，就让你脱胎换骨了。豆子，你看书辛苦了，走，尝尝妈妈给你炖的鸡汤！”

坐在饭桌上，看着精致的饭菜，熊豆忽然声音温柔地说："妈妈，我觉得学习其实挺好玩的。虽然比以前辛苦，但我挺开心。"

因为在学习上花的心思多了，她就没时间涂脂抹粉，往往是洗把脸，抹点护肤霜，也就行了。而头发呢，也不再费劲摆弄，只是随意扎个马尾辫。她原本就长得好。这样一来，反倒更为清纯可爱。

"你这样想就对了。"

妈妈含着笑，搂住她的肩膀，眼眶里闪着泪光。

"妈，你怎么还哭啦？"

妈妈赶紧抹了抹眼泪。"豆子，看到你用功，我不知道有多开心。我都觉得，生活一下子就亮堂了，日子也有奔头了。"

餐厅新换了灯，一排三盏，从天花板垂挂下来，橘黄的灯光，透过彩色的灯罩，变得异常温馨。母女两个聊着熊豆小时候的趣事，都禁不住快活地笑起来了。

而在此时，杨略正在教室里，起劲地写着电影剧本。自从剧本开了头，又和陈高照直接交流过，他就写得越发顺畅，而且一发不可收拾了。他目光炯炯地盯着笔记本的屏幕，双手噼里啪啦打得飞快。有时甚至感觉到打字速度都跟不上他的思维了。

他先写了一个凶案现场。

凌竞半靠在地上，睁开眼睛。这是一个昏暗的活动室，当中有一张大长桌，靠墙有一架子轮滑鞋。摆设都颇为凌乱。他四顾茫然。手一抬，哐啷一声。他吃惊地往下看去。地上躺着一把匕首，旁边是一摊血迹。再看衣服上，裤子上，还有手上，都是鲜血。

他举起双手，看着上面的鲜血，呼吸急促起来。而从双手的间隙，他看到不远处黑乎乎的歪躺着一个人。

那是汤浩的脸，苍白无生气。凌竞抖抖索索，爬过去，探了探鼻子下面，完全没了鼻息。凌竞急促低沉地“啊”了一声，往后摔倒在地，胳膊撑着地，狼狈地倒爬到墙边。他摸到了背后的笔记本，双手颤抖，一边拼命地翻着找寻着记录，一边设法让自己冷静。他不断翻看着、搜寻着，带血的双手染渍了笔记本，然后把本子扔在地上。

他抓着自己的头发，表情慌乱欲哭：“不……是幻觉，是幻觉。”

这时，门哐啷一声，忽然被推开。

凌竞惊慌地朝门口看去，看见余洁站在门口。余洁发现了瘫软着退到墙脚的凌竞，疑惑地向前慢慢走了两步，发现了歪躺着的尸体和大摊血迹，分外惊讶，失声尖叫，捂着嘴，一步一步向后退，扶着身后的桌子才站定。

而尖叫声在大楼内外回荡。

监控室里，保安李全正在看手机，点头晃脑，吃着花生米，听到喊声，抬起头，又仔细听了一会儿，这才慌乱地站起，戴上帽子，冲出门去，跑上了楼，推开活动室的门：“怎么了？怎么了？”

很快，他就看清室内情况，一步步走向汤浩尸体，看看余洁，又望向凌竞。

“这是谁啊？”

余洁扶住门框，瘫软着，哭成泪人：“汤浩……是汤浩……”

李全吃惊地看着凌竞：“这是怎么回事？你身上……”

凌竞头发蓬乱，衣服凌乱，神情惊慌而沉思，拿着已沾满血迹的笔记本，颤抖着站起来：“不，不关我的事。”

李全蹲下去，向汤浩伸出了手，在鼻子上一探，很快收了回来，颤抖着站起来，掏了半天，掏出手机，嘴里念念叨叨：“得报警啊。”

凌竞仓皇地冲向李全，抢过手机：“不，不，全哥，先别报警。”

李全干咽了一下嗓子，迟疑地问：“凌竞，真的是你……干的？”手指颤抖着，指向尸体。

凌竞惊慌地摇头：“不不不，我怎么可能杀人呢？”

李全也说："就是嘛，不可能，昨晚我们还在一起呢……可你，你怎么突然会在这里？"

凌竞一脸茫然。"我，我什么也不记得了，全哥……"

李全做出探案的样子，看了看汤浩的尸体，再看看窗户，又蹲下去，看几个鞋印，还有那把刀。

李全抬头："这把刀一直在这里吗？"

凌竞说："是从我手……手里掉下去的。"

李全眉头紧蹙："它本来在你手里？唉，这就难办了，上面肯定全都是你的指纹。"又指着地上的鞋印，比对了一下凌竞的鞋底。他摇了摇头，"这些鞋印，也和你的一模一样。"

凌竞越听越慌乱，染血的双手一直朝前，眼睛慌乱地看向余洁，想要求助，但又不能，于是低下头去，不住轻声念叨："我怎么可能杀人呢？……怎么可能呢？"

这时，他忽然看见眼前有另外一个自己，身穿黑衣，面容诡异可怕，举起了刀子。

凌竞盯着前方，喃喃地说："难道真的是我？"

李全在他身边坐下，将帽子往地上一扔，自责状："凌竞啊凌竞，早知道，昨晚就不该让你喝酒……"

"喝酒？"凌竞皱着眉头，眼球下看，吃力地回忆，突然一惊，眼珠一抬："我想起来了，昨晚，是在监控室里。"

李全拍了拍他的肩膀："瞧你这记性，什么监控室，昨晚是在我宿舍里喝的酒。"

凌竞满脸的困惑。"宿舍？"

李全说："对啊，喝了我一整箱啤酒。喝多了，你小子就哭。"

凌竞茫然地点头："啊，对，我喝多了。"

李全说："说你跟汤浩干了一架！"

凌竞摸了摸脸上的瘀青，痛得龇牙咧嘴。

李全继续说："你说他不是个东西，还把余洁害惨了。"

凌竞似乎想起了什么，轻轻地说："余洁……"

接下来，杨略又写了几个闪回。

凌竞神思飘荡，想到了之前和汤浩打牌时，汤浩接到余洁的电话，却置之不理，这让爱慕余洁的凌竞十分苦闷。又有一次，凌竞在餐厅打工，被汤浩撞见并出语羞辱。再有一次，他们一起打牌，凌竞赢了些钱，汤浩硬说他出老千。如此林林总总，让凌竞怀恨于心。

这些细节杨略也不是信手捏造的，他查阅了好多大学生心理罪的案例，收集到了一起。为了让这些场景串联在一起，杨略也花了许多心思。比如，凌竞餐厅打工那场戏，最后一个镜头是凌竞愤懑地盯着案板，而案板在下一个镜头里，悄然变成了很相似的牌桌，场景也随之换成他们在一起打牌。这样的场景转换十分巧妙，很符合凌竞分不清幻想和真实的恍惚状态。

然后，杨略又写了这样一个场景：

凌竞在本子上狂写，都是一个"恨"字。

音乐激烈而狂乱，令人烦躁难安。

凌竞站在房间里，镜头在他身前转动拍摄，凌竞就在转动，脑子里闪现出许多片段：

闪回一：（特写）汤浩猛地向自己打来一拳；拳头打中脸的声音。

闪回二：（特写）汤浩讥嘲的笑容；笑声。

闪回三：（近景）牌桌上汤浩朝他扔钱。"别来这套！"

同时闪现出许多画面，像照片一般，笔记本里的"恨"字在片段中不断闪现，而且每次都变得更大，终于占据了整个屏幕。背景音乐越来越高亢，然后戛然而止。

（近景）凌竞站定，不再旋转，但目光已变得阴沉狠毒。

（中景）在幻觉中凌竞又看到了另一个自己的背影，举起了刀子。汤浩正在电脑前，戴着大耳机，正投入地玩游戏，对身后来人毫不知觉。

（近景）仰拍，微弱灯光打在凌竞脸上，他暴戾的一面展露无遗，对着前方将高举的匕首不断刺下，面容狰狞而可怕。

（中景）凌竞有点痛快而残忍地看着，李全一拍凌竞的肩膀。凌竞被吓了一跳，惊醒了过来。他缓缓地看着自己青筋突出的双手，又看了一眼地上的汤浩，默默地说："难道真的是我？"

（中景）李全一边叹着气说："你啊你啊，就是太冲动了，干什么都不想想后果……唉……"他把手插在口袋里，转过身去（脸部特写）。

（近景）凌竞想到了后果，于是再次惶恐起来，汗珠从额头渗出："不行，不能是我！不能！"

这一段，杨略写得十分得意。尤其是凌竞旋转的场景，同时快节奏地插入过去的画面，加上音乐越来越高亢，真的极富表现力。他忍不住将剧本给葛怡看了。

"天哪，你居然写了个凶杀案！这个凌竞，就是陈高照吧？"

"高照当然不会杀人，我就是增加故事性嘛。"

"有故事性也不一定要杀人啊，看上去怪瘆得慌。"毕竟情节比较紧凑，葛怡一会儿工夫就看完了。"汤浩真是凌竞杀的？"

"你说呢？"

"我怎么觉得这个保安很值得怀疑呢。你看啊，他一直在诱导，不，更像是在误导凌竞。我看凶手就是他。"

杨略得意起来，摇头晃脑地说："实者虚之，虚者实之。又或者实者实之，虚者虚之。兵法之妙，没有定规啊。"

葛怡刮了刮他的鼻子。"你还来劲儿了。说吧，是不是他？"

杨略把电脑抢了过去。"不能剧透！"

葛怡一笑："好吧好吧，那你赶紧写。"

第九章

学霸3.0版③：单科突破之数学、物理篇

在写作之中，时光过得特别快。虽然只是个微电影剧本，可写起来并不容易。或者说，剧本越是短，越是不好把握。况且，剧本还处处受限制，场景不能太多，人物就只能有那么几个，因此人物的冲突就成了重中之重。有时杨略写得顺畅，可仔细一读，却发现逻辑有问题，细节不自然，于是只好翻倒重写。

眼看着校园里蔷薇花谢了，广玉兰的巨大花瓣也片片飘落，时间就到了六月，大学考试周随之而来。毕竟学业为重，杨略只好暂时将剧本抛到一边，进入复习。

大学里有的是自学成才的高手，他们能用最后一周时间，就学完一学期的课程，并神奇地通过考试。其技巧就是，最后几堂课，事关期末成绩，就算平时逃课最厉害的学生，此时也乖乖坐在教室前几排，下课了也要纠缠住老师，不住地提问：

“老师，划个重点吧。”

“老师，考试范围能再缩小一点吗？”

“老师，平时分占的比重大吗？”

“老师，……”

唉，在大学里，无论什么专业，特别喜欢本专业并真心投入的学生，占的比例都是不多的。而杨略无疑是中文系的高才生，他醉心于文学，还执着于原创，一心要在文学上有所成就，所以老师对他的印象都很好。考试前，他从不要求划重点，因为他知道，即便划了也不太有用，文学类课程嘛，往往主观题多，要求解读一本小说啦，分析一篇诗歌啦，靠的是基本功，考前突击或许能及格，但肯定得不到高分。

更何况，他现在掌握了思维导图法，以及高效记忆法，对于文学史、美学史之类的课程，虽然知识点多，但对于考试他还是很有把握的。

如今唯一令他牵挂忧心的，还是那个电影剧本。如何让剧情跌宕起伏，推理严丝合缝，结尾在观众的意料之外情理之中，他觉得很难，所以一再修改，如今已写到第五稿了，但终究还是不满意。

正在这时，他收到了熊豆的一封信。

杨略哥哥：

最近疲惫、浮躁、压抑笼罩在我的周围。期末考试将近，各种考试迎面而来，每每发挥都不如人意，尽管分数说得过去，但看见身边的同学都有所进步，自己却依然停滞不前，内心不免有一些焦躁。再说身体方面，随着老师讲课进度的加快，堆积如山的作业挤满了桌子，原本对付作业如行云流水的我，现在也不得不深陷于题海之中无法自拔，每天拖着疲惫的身子上课。我的性子也一天不如一天，今天上课因小动作被当堂点名，羞辱难堪。

最困扰的莫过于巨大的压力，现在班上的一些高手我还并未超越，又有后起的黑马跃然而上。面对着如此险恶的环境，我的信心似乎正在被一点点地吞噬。有时因错一道题而被其他同学嘲笑，我想反抗却又显得很无力，他们的讥笑是有根据的，我拿什么来为自己辩驳呢？于是这些心毒在心中积攒，慢慢地就成了心结，我想与别人交谈，比如老师和父母，但他们总是老一套的说法，所以我想请你探讨这个问题，还请回信。

熊豆

6 月 25 日

杨略一时不知怎么回答才好。他深深地知道，熊豆基础太差，要短时间内提升很多，那是痴人说梦。而人之本性，就是稍有进步，就恨不能一步登天，欲望越大，焦虑也就越多。原先熊豆无心向学，自然对成绩无所谓，倒也还轻松快活。如今渴望学习，希望提高成绩，就会很在意别人的看法，在意别人的成绩。

杨略立刻回了信。先是安慰她：当你觉得痛苦，这说明你已经摆脱以前的麻木不仁，知耻而后勇，这才能进步。而后又说，每个人都有自己的学习进度，要牢牢把握自己的节奏，不要太在意别人的看法，其实别人并没有真的在乎你。

“每个人都很忙，心里只端坐着自己呢。”

安慰人的话是很容易说的，但对于熊豆帮助并不大。熊豆进入期末考场，面对的是冰冷的考卷、严酷的现实。虽然在考试之前，她花费了更多时间学习，晚上都熬到一两点才睡，狠命地复习做题，希望能多考几分，可是期末考试结束了，她的心也凉了。

领到成绩单，她鼓起勇气，只瞥了一眼。和她预料的一样，数学和物理没有及格，语文稍微好点，而英语、历史等科目似乎没提高。她将成绩单塞进书包，和谁都不打招呼，独自离开学校，漫无目的地在街上行走。虽然已是夏天，但不知怎的，四周笼罩着雾霾，空气里有刺鼻的气味。她没有戴口罩，却特意大口呼吸，像是愿意如此似的。

她的学校离浙大本来就不远，不知不觉之间，就走到了浙大附近，于是直接走进去，一个人坐在启真湖边，默默地垂泪。湖水白茫茫一片，略微偏黄，和对面隐在雾霾中的建筑融为一体，定睛去看时，才能发现水中层层的波澜。

也不知坐了多久，天色就渐渐晚了。没有夕阳，没有晚霞，只有雾霾从乳白变成浅灰，继而变成铅黑，被路灯晕染出几处昏黄。熊豆还是一个人坐着，没有人过问，所有人都行色匆匆。唉，这个校园，毕竟不是属于她的。她来得再勤，也不过是个过客。

熊豆不想回家，也无处可去。她终于掏出了手机，开了机，发现有妈妈打来的未接电话。但她犹豫了一会儿，并没有回电。是啊，妈妈肯定焦急了，可是，我和她说什么呢？于是，她发了一条消息，说自己和莫茵在学校里看书，晚点回去。而后，她拿着手机，从通讯录上一个个翻下去，寻找可以倾诉的对象。莫茵，陈羽……最后，她还是给杨略发了一条信息。

"杨略哥哥，我觉得自己真没用。用了你的方法，虽然有点起色，但距离目标还是太远太远了。"

点了发送之后，她忽然有种强烈的倾诉的欲望。天很热，入夜了还是很焦躁。她有点心神不宁，有种想嘶喊的冲动。啊，现在多么适合去唱一会儿摇滚啊。

很快，杨略就有了答复。"能把你的成绩单给我看看吗？"

"不用了，惨不忍睹。我现在觉得学习太难了，我也太累了，以前得过且过倒也罢了。可现在努力了，却还是一无所获，我……我有点坚持不下去了。"

再次发送后，熊豆忽然想，她希望杨略说什么呢？说一些安慰话，告诉她失败是成功之母？还是打一针鸡血，让她哪里跌倒哪里爬起来？对于她而言，那些格言完全没用。她需要的到底是什么呢？不过就是一种对命运的掌控感吧。而这种掌控感，杨略又怎么给得了她呢？熊豆这样想着，又充满了无助感。

正想着，电话铃声响起来了。是杨略。她犹豫了一小会儿，清了清嗓子，接起了电话。

"熊豆，你在哪儿？"

哦，没有鸡汤，没有格言，只有略微焦急的声音。

"我，我就在你们学校的湖边，上次坐过的地方。"

"你等着我。"

杨略立即赶到了。熊豆一见他，在眼眶里蓄积了很久的泪水，忽然哗哗流淌下来，却又不愿被他看到，就低下头去，将脸埋在手掌里。她竭力不哭出声来，但浑身都在发抖。杨略坐在她旁边，递给她一张纸巾，并不劝阻，只轻轻拍着她的背，让她哭个痛快。过了许久，熊豆抬起头来，抹着眼泪，但还是抽抽搭搭地哭着。

“杨略哥哥，你怎么不骂我，也不说我呢？”

“所有的道理你都懂，还需要我说吗？”

“可我现在真的不知道该怎么办了。我挺希望你骂我一通，把我骂醒。”

“可能悲伤也是挺好的体验吧。”

“你嘲笑我。”

“把情绪发泄出来吧，这很重要。你哭了一会儿，现在是不是轻松点儿了。”

熊豆的感觉的确如此。“可是，轻松了又有什么用？”

“轻松了，就可以认真想想了。”

“你要给我煲鸡汤了吗？”

“不不不，我有更好的办法。”杨略从包里掏出了两张门票。“走吧，我先带你吃饭，然后一起去看演出。”

“什么演出？”

“我们学校的话剧社刚排了一场毕业大戏，今晚刚好有演出，我带你去看。”

“可我哪里还有心情看话剧啊？”

“去吧去吧，会有惊喜呢。”

在食堂吃过了饭，差不多七点，杨略带着熊豆走进剧场时，演出恰好开始。演员是一群大学生，虽不是科班出身，但演得有板有眼，时不时爆出一些笑料，让全场都在欢笑。

熊豆对于故事情节并不感兴趣，她只是静静地看着那些演员。他们都是名校学子啊，他们的站姿、神情、吐字，都十分到位。最重要的是，他们特别自信，专注于角色，更专注于生命。熊豆忽然觉得，他们活得特别有意义。

也不知过了多久，戏演完了。演员出来谢幕，一个个昂首挺胸，中气十足地大声说："我是自动化专业的毕业生！"

"我是经济管理专业的毕业生！"

"……"

最后，所有演员拉起手，站成一排。

"有请我们的导演。"

这时，一位坐在轮椅上的年轻人被推到舞台中央。他大约二十多岁，应该是个学生，瘦削，苍白，戴着眼镜，在大家的掌声中腼腆地笑着。演员们将他搀扶起来，站到了大家的中间。

观众全都站了起来，不停地鼓掌。熊豆看到杨略站起身，也跟着站起来，在他耳边悄悄地问："他是谁呀？"

杨略轻声说："他叫陈鑫墨，可了不起呢。他从小就得了脆骨症，摔个跤就会骨折，所以被称为'玻璃人'。可他一路考上浙大，虽然念的是热能专业，并且连年拿奖学金，可课余时间却喜欢当演员。"

"他还能演戏？"

"他以前不坐轮椅，所以能演戏，而且演得丝丝入扣。后来身体越发坏了，得坐轮椅了，就没法演戏了。可他不服输，开始研究戏剧，创作了好几部剧本。到了大三，他就成了导演，是话剧社的灵魂人物。他导演的话剧曾经得过全国大学生话剧最高奖呢。现在他要毕业了，我们都来捧他的场。"

看着舞台上陈鑫墨灿烂的笑容，熊豆忽然担心起他的身体来。

"你说，他这样的身体，以后还能做什么呢？"

"唉，这真的很遗憾。不过，越是这样，他就越会珍惜此时此刻，凡事尽力而为。现在新剧的成功，就是他的巅峰时刻。你说，有过这样的时刻，人生不就充满了意义吗？"

熊豆默然不语。唉，意义。

杨略继续说："在陈鑫墨的感召之下，剧社里人人都很拼命。你看这场戏，虽然只有两个小时，但所有演员足足排了一个学期，一遍遍背台词，一遍遍排练，力求让每个动作、每个表情，都特别到位。这些都是大学生，不是专业演员，而且演出也没有一分钱报酬，但他们坚持下来了。你瞧见他们谢场时的表情了吗？一个个热泪盈眶，互相拥抱。人这一辈子啊，堕落是很容易的，反正什么都不干就行了。可真要想做成点什么，却总是很难，需要全身心的投入和长时间的坚持。能做到这点的人，其实并不多。"

熊豆默默地听着。观众们都退席了，舞台上只剩下演员们，正在合影，为他们的毕业演出留念。

"这些都是名校的学霸呀。"熊豆心里想着，一时五味杂陈。

在往剧场外走的路上，杨略继续说："没有一个人是容易的。就拿我来说，一个十五分钟的小电影，剧本却改了六七稿，接下来正式拍摄，估计还要改更多遍。我现在就觉得，写作就像揉面，把面粉、盐、水、鸡蛋混在一起，一遍遍地揉，一直揉到湿度恰好，均匀细腻。其实，学习不也是这样吗？从生疏，到熟悉，再到精通，都得像和面一样，得不停地揉呢。"

这个比喻好有趣，熊豆想了一想，的确是这个道理，她才用功了半个多学期，各种知识还有没有揉在一起，更谈不上理解透彻，融会贯通。这个时候就说自己尽力了，真的为时过早啦。

她的心里逐渐明朗起来。

"杨略哥哥，谢谢你。"

他们走到了阳明桥上。大约是刚才有南风吹过，雾霾被吹薄了一些，举目望去，楼宇的灯光颇为清晰了。水波映着灯光，扯成一条条光带。这里有微风吹过，带来阵阵荷香。杨略和熊豆不由地站住了。

杨略双手扶着栏杆，看着水中亭亭的绿荷。

"马上要放暑假了，这两个月可以自由安排。你一定要好好把握，每门科目都花时间学习。如果时间利用得好，假期结束时，你已经是一个基础扎实的新学霸。”

“嗯，”熊豆认真地点头，“我一定努力。杨略哥哥，那你暑假里做什么？”

“我基本会在学校啊。你看，我的小剧本写得差不多了，趁着暑假大家都有空，争取把它拍出来。”

“那我也来这儿，由你来监督我学习。在家里呢，我容易犯懒。”

“完全没问题，这里的图书馆、教学楼、食堂，都欢迎你来。”

“好棒。”熊豆又恢复了一点乐观活泼的天性。

“现在还难过吗？”

“好一点了。”

“那就用自己剩余的难过，促进自己的学习吧。”

“嗯，我就要做钉子户，钉在浙大不走了，以后一定要做你的学妹。”

说到这里，熊豆已经破涕为笑了。

这时，杨略从包里取出一个大信封。

“这是陈高照写给你的，关于数学和物理的学习方法。我告诉你啊，他可是理科高手，到了暑假，你要是有不明白的，就去问他，他肯定是知无不言，言无不尽。”

“哇，这位哥哥对我这么好？”

“那当然，我们对你都很好呀！”

“嘿嘿，我一定不辜负哥哥们的期望。对了，这位陈高照哥哥，我什么时候能见见他呢？得当面感谢一下。”

“暑假里就能见到了，我那个小电影，还准备请他做主演呢。”

“哇，那他帅不帅？”

“不帅能当主角吗？”

“又帅，又是学霸，还给我写信，简直太完美了。哇，我现在觉得学习充满动力啦。”

看着熊豆喜笑颜开，杨略也放心了。

夜里九点多，熊豆才回到家里。妈妈自然关心她的成绩。熊豆给她看了成绩单。“妈，我这次没考好。”

妈妈戴着老花镜，仔细看了很久，这才说：“比以前可好多了。豆子，别着急。”

妈妈终于没有批评和敦促，而只是端来一碗冒热气的银耳汤。

熊豆喝着银耳汤，说：“妈，放暑假了，我要好好努力。杨略哥哥还有他的同学都会帮助我的。”

“有这样的学习劲头，妈妈相信你。”

熊豆喝完了银耳汤，回到房间，打开了信件。这次信里谈的是数学和物理，这可是她绝对的弱项，也是她最害怕的科目。不过，在这个假期里，她要知难而上，必须要把这两门最费脑子的课程补上来。

熊豆：

我是陈高照，今天由我来和你谈数学和物理的学习方法。

提到这两门课，许多同学望而生畏，但为了考试，没有办法，于是实施题海战术，费心费力，成效往往却一般。一直到大学里，每到期末还流传一句冷笑话：大学里有一棵树，叫作高树（高数，高等数学），很多人挂在上面。

可见，数学（也包括物理）一直是学生们的噩梦。可是，事实上，这两门课又是那么优美有趣。对于数学，黑格尔曾说：“数学是上帝描述自然的符号。”苏利文说：“在现实中，不存在像数学那样的东西，持续了几千年依然如此美好。”数学家华罗庚说：“宇宙之大，粒子之微，火箭之速，化工之巧，地球之变，生物之谜，日用之繁，无处不用数学。”可见，数学是人类认识自然的基本工具。而物理学则更是美好，大到火箭升空，小到雪花的形状，都有物理学的道理在内，值得我们去好好探究。

所以，数学和物理应该既优美，又实用，只因为应试教育的缘故，它们失去了其原有的魅力，沦为了数不尽的题目，导致许多同学受挫之后，信心不足，认为数学和物理很难，所以干脆不再用功，也就没法登堂入室，一窥它们的美妙。

其实，只要有好办法，学好这两门课并不难。

一、紧扣课本，掌握好所有知识点

王金战曾经举过一个例子，说经商时，你投资 1 元钱，即使盈利 100%，也就是每年 1 元的利润；但若投资 1 万元，哪怕只盈利 10%，每年利润也有 1000 元。他以此为类比，说要想让数学成绩得到很大的提高，必须要有扎实的知识储备。

对于学习数学和物理来说，我们最直观的感受，就是千变万化的题目层出不穷，让许多学生趋之若鹜，跳入滔滔题海之中。我有时会劝他们：“你要把知识点一个个搞清楚再说呀。”他们从题海中抬起疲倦的眼睛，无奈地说：“这些题目这么灵活，哪里是学好知识点就能解答的？”

他们说的也是实情，不过基础知识尽管不是万能的，没有基础知识却是万万不能的。换句话说，知识点与解题的关系就是：知识点懂了，不一定会解题；但知识点没掌握，则 100% 不会解题。

这话说来虽然简单，可还是有一些自我感觉良好的同学，轻视基本知识、基本技能和基本方法的学习与训练，一知半解，不做巩固，却对难题很感兴趣，好高骛远，以此显示自己的“水平”，重“量”而轻“质”，最后陷入题海，貌似很认真，很上进，可到正规考试时，不是演算出错，就是中途卡壳。他们的失败有两个原因：

1. 一知半解。只听懂了浅层次的知识，没有深入，没有记牢，所掌握的东西达不到应用的高度。

2. 浅尝辄止。许多同学是这样的，老师明明说："这道题目有三种解法。"可他呢，才听了一种就满足了，失去了良好的思维训练。下次题目稍作改变，就解不出来了。

所以，基础知识是提高数学成绩的关键。如果你觉得对数学没把握，就要在基础上多下功夫，充分掌握好知识点。

那么，怎样才算是真正掌握知识点了呢？

学习知识点时，仅仅知道概念在字面上的含义是不够的，还必须理解其隐含着的深层次的含义。

例如，为什么函数 $y=f(x)$ 与 $y=f^{-1}(x)$ 的图像关于直线 $y=x$ 对称，而 $y=f(x)$ 与 $x=f^{-1}(y)$ 却有相同的图像呢？又如，为什么当 $f(x-1)=f(1-x)$ 时，函数 $y=f(x)$ 的图像关于 y 轴对称，而 $y=f(x-1)$ 与 $y=f(1-x)$ 的图像却关于直线 $x=1$ 对称呢？不透彻理解一个图像的对称性与两个图像的对称关系的区别，两者很容易混淆。

在这方面，湖北省文科状元闫海进的建议颇为有用："我有自己的一套学习数学的方法。我总是在听课时领会各个知识点的内涵，然后课后通过做一些有代表性的题加深理解，然后再去看书本，再次理解基础知识点。在数学的学习中，做题不是目的，而是手段：做题是为了达到更深的理解。不要为做题而做题，但同时又要适量地做一些有代表性的习题。平时每次考试之后，我总是用改错本把错题抄下来，认真地改正，并在关键步骤旁注明所用方法，然后在错题后写上评析，总结错误的原因。每次考数学前，我总是把这个本子再仔细地看看，记住我为何犯错，这样就可避免我再犯类似的错误。"

此外，当你觉得知识点掌握有困难，需要做到以下几点：

1. 自我弥补：有时候，高中生赶不上老师的进度，问题可能出在初中某个知识点没有掌握好，这时可以回溯，进行自我弥补。当年不懂的知识点，随着年龄增长，学起来并不困难，而这对于眼前的学习是非常重要的。

2. 借助资料：借助某些课外资料，可以快速补充基础知识。在高三总复习时，要比对着高考大纲，一点点复习过去，不遗漏任何一个知识点。

3. 及时请教：如果某些知识点掌握不好，可以及时找老师有针对性地进行指导，也可以向优秀同学请教。但应明白，个别指导只是应急措施，不能有依赖性。

打好这样的基础之后，我们可以进入系统学习了。

二、系统学习：形成自己的知识体系

我想，杨略肯定和你说过整体学习法。我也是很推崇这个办法的。有人曾做过一个很有意思的类比：汽车能飞跑的原因，就是各个零部件正确组合，彼此协作，最后让一个几吨重的机械巨兽奔跑起来；如果把它拆成零件，就算装成一麻袋，让我们背着，拖着，也是一公里也跑不了。

对于数学和物理而言，这些零部件，就是一个个知识点。如果我们记一脑子的知识点，但没有进行有效的组织，只让它们杂乱无章地堆着，并不会起任何作用。而通过思维导图，把看似分散的知识点连成线，结成网，使学到的知识系统化、规律化、结构化，对于学习大有帮助。

在这里，我重点介绍公式推导法。

你在学习中，要总结必须掌握的公式，知其然也要知其所以然，利用公式间的相互关联进行推导。高考的知识点来源于课本，将课本上的例题改编一下，就可以得到一道高考题；将一些基本题或知识点综合一下，就可以变成一道难题。所以考试题目千变万化，但万变不离其宗，根据日常梳理的知识点，我们便可以将难点各个击破。

比如，我们这样推导积化和差的公式：

我们知道 $\sin(\alpha+\beta)=\sin\alpha\times\cos\beta+\cos\alpha\times\sin\beta$，$\sin(\alpha-\beta)=\sin\alpha\times\cos\beta-\cos\alpha\times\sin\beta$。

我们把两式相加就得到 $\sin(\alpha+\beta)+\sin(\alpha-\beta)=2\sin\alpha\times\cos\beta$。

所以，$\sin\alpha\times\cos\beta=[\sin(\alpha+\beta)+\sin(\alpha-\beta)]/2$。

同理，若把两式相减，就得到 $\cos\alpha\times\sin\beta=[\sin(\alpha+\beta)-\sin(\alpha-\beta)]/2$。

同样的，我们还知道 $\cos(\alpha+\beta)=\cos\alpha\times\cos\beta-\sin\alpha\times\sin\beta$，$\cos(\alpha-\beta)=\cos\alpha\times\cos\beta+\sin\alpha\times\sin\beta$。

所以，把两式相加，我们就可以得到 $\cos(\alpha+\beta)+\cos(\alpha-\beta)=2\cos\alpha\times\cos\beta$。

所以我们就得到 $\cos\alpha\times\cos\beta=[\cos(\alpha+\beta)+\cos(\alpha-\beta)]/2$。

同理，两式相减我们就得到 $\sin\alpha\times\sin\beta=-[\cos(\alpha+\beta)-\cos(\alpha-\beta)]/2$。

这样，我们就得到了积化和差的四个公式：

$\sin\alpha\times\cos\beta=[\sin(\alpha+\beta)+\sin(\alpha-\beta)]/2$；

$\cos\alpha\times\sin\beta=[\sin(\alpha+\beta)-\sin(\alpha-\beta)]/2$；

$\cos\alpha\times\cos\beta=[\cos(\alpha+\beta)+\cos(\alpha-\beta)]/2$；

$\sin\alpha\times\sin\beta=-[\cos(\alpha+\beta)-\cos(\alpha-\beta)]/2$。

有了积化和差的四个公式以后，我们只需一个变形，就可以得到和差化积的四个公式。

我们把上述四个公式中的 $\alpha+\beta$ 设为 x，$\alpha-\beta$ 设为 y，那么 $\alpha=(x+y)/2$，$\beta=(x-y)/2$。

把 α，β 分别用 x，y 表示就可以得到和差化积的四个公式：

$\sin x+\sin y=2\sin[(x+y)/2]\times\cos[(x-y)/2]$；

$\sin x-\sin y=2\cos[(x+y)/2]\times\sin[(x-y)/2]$；

$\cos x+\cos y=2\cos[(x+y)/2]\times\cos[(x-y)/2]$；

$\cos x-\cos y=-2\sin[(x+y)/2]\times\sin[(x-y)/2]$。

物理也是如此，比如运动学中的几个推论就可以通过推导得出来。

设物体做匀变速运动，初速度为 V_0，末速度为 V_t，加速度为 a，运动时间为 t，中间时刻的速度为 vt/2，中间位置的速度为 $V_{s/2}$，证明：

1. $v_{t/2}=\overline{v}=(v_0+v_t)/2$

2. $v_{\frac{s}{2}}=\sqrt{\frac{{v_0}^2+{v_t}^2}{2}}$

3. ${v_t}^2-{v_o}^2=2as$

4. $\Delta s=aT^2$

[证明]

1. 根据运动学公式：$v_t=v_o+at$，　$s=v_ot+at^2/2$，

中间时刻的速度：$v_{t/2}=v_o+at/2$

平均速度：$\overline{v}=\frac{s}{t}=\frac{v_0t+at^2/2}{t}=v_0+at/2$

又 $(v_0+v_t)/2=(v_0+v_0+at)/2=v_o+at/2$，

所以 $v_{t/2}=\overline{v}=(v_0+v_t)/2$

2. ${v_t}^2-{v_o}^2=2as$……（1）　${v_{s/2}}^2-{v_o}^2=2a(s/2)$……（2）

（1）/（2）：${v_{s/2}}^2=({v_o}^2+{v_t}^2)/2$，

所以有 $v_{\frac{s}{2}}=\sqrt{\frac{{v_0}^2+{v_t}^2}{2}}$

3. 根据 $v_t=v_o+at$，得：$t=(v_t-v_o)/a$，把 t 代入 $s=v_ot+at^2/2$，得：${v_t}^2-{v_o}^2=2as$

4. 从第一个 T 秒开始时计时，在该时刻 $t=0$，速度为 v_0，有：

$s_1=v_0T+aT^2/2$，$s_2=(v_0+aT)T+aT^2/2$，$s_3=(v_0+2aT)T+aT^2/2$，……

$s_n=[v_0+(n-1)aT]T+aT^2/2$，

$s_2-s_1=s_3-s_2=\cdots\cdots=\Delta s=aT^2$

通过这样的推导，相关公式就牢记于心。就算考场上一时忘记，

也能自己重新推导出来。

三、利用化归法来解题

在我看来，魔方是件神奇的玩具。六种颜色，杂乱无章，在一些人手里，扭而转之，转而扭之，转瞬之间，一面一色，面面俱到，让我叹为观止。甚至有一些小学生，不过才学了几天，就出手如电，将魔方还原，其手法之快真是让人震惊。

可我自己拿着魔方，扭来转去，还原了一面后，再也不能前进一步。因为稍微一动，已还原的一面也凌乱了。魔方的变化足足有几千亿种，可谓无穷无尽。每种变化的还原方法，又有几十个步骤，靠记忆自然是不可能的，那高手们是怎么做到的呢？

我实在没法，就虚心向高手请教："你们是怎么做到的？"

他们回答说："老师是这样教我们的，先学会将几种图形还原。记熟了以后，再学习将各种图形转化为这几种图形。"

原来如此。将任何图形，转换为"自己熟悉的图形"，然后大功告成。这就是学魔方的秘方。

这个方法，叫作"化归法"。

其实，对于数学题也是如此。面对新问题，数学高手往往不是直接解决它，而是对问题进行变形、转化，直至把它化归为某个已经解决的问题或者容易解决的问题，从而求出解答。化归法是一种分析问题、解决问题的基本思想方法。

对于化归法，匈牙利著名数学家P·罗莎在她的名著《无穷的玩意》一书中曾作过生动的比拟。

她写道："假设在你面前有煤气灶、水龙头、水壶和火柴，现在的任务是要烧水，你应当怎样去做？"

正确的回答是："在水壶中放上水，点燃煤气，再把水壶放到煤气灶上。”

罗莎又问：“假设所有的条件都不变，只是水壶中已有了足够的水，这时你应该怎样去做？”

对此，人们往往回答说：“点燃煤气，再把壶放到煤气灶上。”

但罗莎认为这并不是最好的回答，因为“只有物理学家才这样做，而数学家则会倒去壶中的水，并且声称我已经把后一问题化归成先前的问题了”。

罗莎的比喻固然有点夸张，但却道出了化归的根本特征：在解决一个问题时人们的眼光并不落在问题的结论上，而是去寻觅、追溯一些熟知的结果，尽管向前走两步，也许能达到目的。

解数学题也一样，玩命做题，施展题海战术，和所有题目混个脸熟，这说起来似乎有点道理，但题目无穷无尽，哪里能做全呢？所以，这是个不得已而为之的方法。

如果能像高手玩魔方一样，学会一些“熟悉的题目”，然后将新题目转化为“熟悉的题目”，会不会事半功倍？

而其中关键的能力，就是“转化”的能力。

在一般情况下难发现的结论、规律，在特殊条件下比较容易暴露；而特殊情况下得出的结论、方法，也往往可推广到一般场合；一般情况下成立的结论，在特殊情况下一定成立。因此，化一般为特殊往往能起到化繁为简的作用。

例：某织布工厂有工人200名，为改善经营，增设制衣项目，已知每人每天能织布30米，或利用所织布制衣4件，制衣一件需布1.5米，将布直接出售每米可获利2元，将布制成衣出售，每件可获利25元，若每名工人只能做一项工作，且不计其他因素，设安排x名工人制衣，问该厂一天所获总利润S（元）最多为多少？

分析：该厂一天所获总利润包括两部分，分别是一天制衣所获利润和剩余布所获利润。由此可得 $S=25\times4x+2[30(200-x)-1.5\times4x]=28x+12000$。

这样就将获利问题转化为 x 和 S 的一次函数关系。但要注意其中的 x 受到 $x<200$ 的限制，还应满足一个条件，即生产中的布必须不少于制衣所需布的数量，所以还有 $30(200x)\geqslant1.5\times4x$，得 $x\leqslant166\frac{2}{3}$，而制衣工人数量是整数，故制衣工人最多可安排 166 人。这样可获取最大总利润为 $28\times166+12000=16648$（元）。

问题是数学的心脏，数学问题的解决是数学学习的重点，而几乎所有数学问题的解决均离不开化归，只是运用的化归形式不同而已。化归的方向就是把未知的化为已知的，把困难的化为容易的，把烦琐的化为简洁的，把暗处的化为明处的。

说到底，化归法就是将原问题中的陌生的内容和形式转化为较熟悉的内容和形式，使之符合人们的思维习惯，以便于用已有的知识和经验使原问题获得解决。此外，也可将复杂的问题化归为相对简单的问题，把复杂的形式转化为较简单的形式，从而让问题变得更加容易解决，使问题的空间形式和数量关系更加明朗和具体，以便于更容易找到问题的突破口。

四、用思维导图法去解题

湖北理科状元朱师达曾说到一个数学解题方法：

“在解题过程中很多同学因为找不到思路常常无从下笔。数学题无外乎两类：求解题和证明题。求解题让你求的是一个结果，证明题让你证明的是一个结论。我个人比较推崇这样一种方法：将已知条件列出来，看看能推出哪些结论，而这些结论又可以看作条件，再看看这些新的条件又能导出哪些新的结论，一层一层，就像树干的分支一样，越来越多。既然可以顺向推导，同样也可以逆向推导。从你要求的结果或需要证明的问题出发，看看需要哪些条件才能得出所要的结果，而要得到这些条件，又需要哪些更多的条件，一层一层，反向思维。当树枝越伸越多时，最终会有两条交织在一起，此时题目也就迎刃而解了。”

其实，他说的方法，正是思维导图解题法。同样，有些学生在做物理习题时时常思路不清晰，针对这种情况，如果能在解题时画出思维导图，不仅有利于理清自己的思路，而且在解题过程中出现的问题在哪儿、什么程度，一目了然。

先看一道简单的物理题。

观察图中的烟和小旗，关于甲、乙两车相对于房子的运动情况，下列说法正确的是（　）

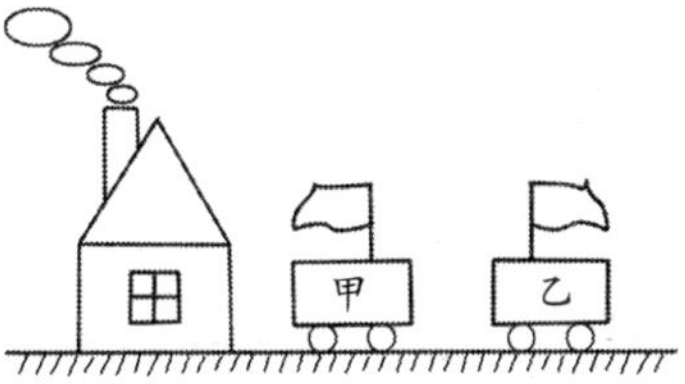

A. 甲、乙两车一定向左运动

B. 甲、乙两车一定向右运动

C. 甲车可能运动，乙车可能向右运动

D. 甲车可能静止，乙车向左运动

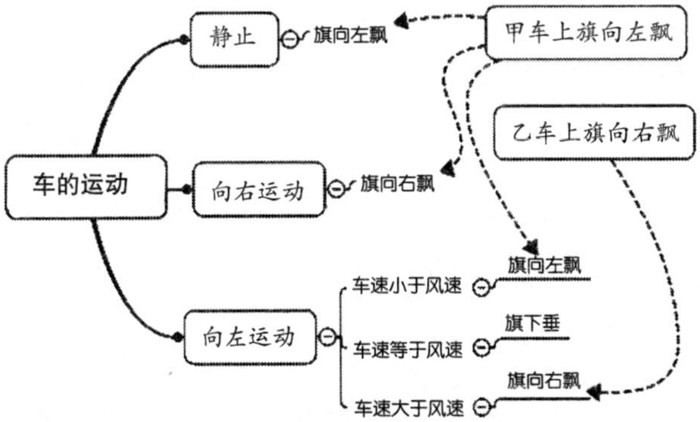

显而易见，甲车静止、向右，旗帜都往左飘。而乙车必须往左开，且速度超过风速，旗帜才会往右飘。答案选：D。

当然，对于这样的题目，画一个思维导图，显然太花时间。不过，在初学时，如果能这样画，思路就会很清晰，基础就会很扎实，遇到这类题型，心中就十分有底。

再来看一道数学题：

如图，几何体 E - ABCD 是四棱锥，△ ABD 为正三角形，CB = CD，EC ⊥ BD.

求证：BE = DE.

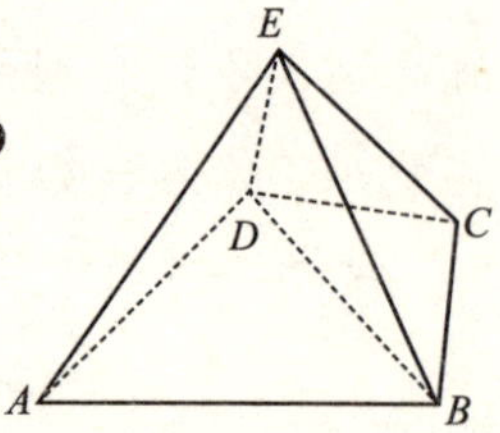

对于这一题，我们先画一个简单的框架：

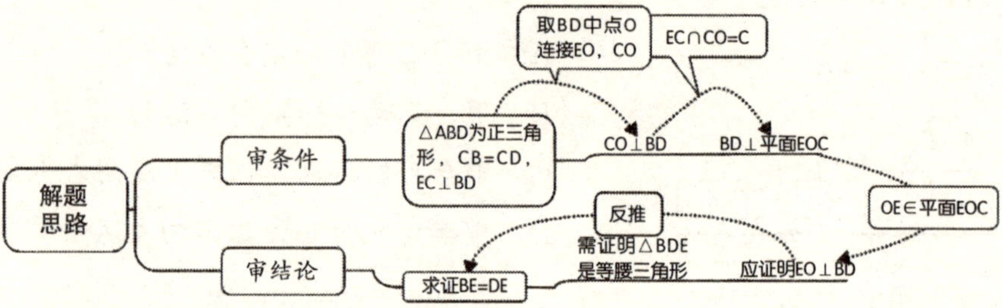

根据这一思路，就可以完成题目。

利用思维导图，我们从题目出发，分别找到条件和问题，然后从条件出发，一步步推导，寻找条件之间的联系，最后解决了问题。这就是思维导图在解题中的用法。

参考答案：

如图，取 BD 的中点 O，连接 CO，EO。

由于 $CB = CD$，所以 $CO \perp BD$。

又 $EC \perp BD$，$EC \cap CO = C$，CO、$EC \in$ 平面 EOC，

所以 $BD \perp$ 平面 EOC。

因此 $BD \perp EO$，又 O 为 BD 的中点，所以 $BE = DE$。

这样的解题思路清晰明朗，对于解决较为复杂的数学题，显然是极有帮助的。当然，你如果刚开始使用这种方法，的确比较费时，但却相当有效。等到你用得多了，逐渐熟练之后，往往能够一眼就看中问题的关键，迅速找到突破口。你可以在以后的解题中好好尝试，直到烂熟于心，得心应手。

今天的信先写到这里吧。

祝福你。

你的朋友

陈高照

因为信中有不少公式推导，所以熊豆看得很慢，一直看了一个多小时，将信里提到的几个公式也推导了一下，这才基本看完。不过平常实践得少，所以她对这两门课程依然心里没底。

第二天一早，是放假的第一天，也是熊豆发愤图强的新起点。她很早就起了床，吃了早饭，正准备看书呢，忽然接到电话。

是莫茵。

“熊豆，我就在你小区门口。”

“啊，那你赶紧进来吧。”

莫茵在电话那头迟疑了一会儿。

“还是你出来吧，因为，因为陈羽也在呢。”

这两人居然私下约会！熊豆又觉得有些好笑。

“你们约会，怎么还请我当电灯泡呢？”

“瞧你说的，”莫茵语速加快，掩饰她的不好意思，“我们有话和你说呢。”

“哟，都‘我们我们’的啦。”

说笑归说笑，熊豆还是赶紧出门了。果然，在小区门口，就看到了莫茵和陈羽。

熊豆大声地和他们打招呼。

“这么早，有事找我呀？”

莫茵迎过来，挽住她的胳膊：“昨天看到你不开心，可一晃你就不见了，怎么也找不到你，心里着急，就到你家来看看。”

的确，昨天下午熊豆除了给杨略发消息，其余时间都关机了。难得莫茵还这么挂念她。她心里很温暖。

“我没事了。”

“我们找个地方坐吧。”

看来他们有话和自己说，于是熊豆回家和妈妈打了招呼，就一起来到附近的肯德基。陈羽和莫茵还空着肚子，就点了一些早餐吃着。

熊豆问：“你们找我，就是来吃早饭的吗？”

莫茵咬破一只蛋挞。“不，我今天要回家，陈羽来送送我。”

“哦——送你——”熊豆朝他们眨了眨眼睛。

莫茵装作听不出她的揶揄，继续说：“其实我挺担心你的。熊豆，说实在的，你这次进步很大了，尤其精神状态比以前好了太多。可学习不是立竿见影的，就像种庄稼一样，撒了种，得等段时间，不断施肥，浇水，庄稼才能长大的。所以，你别着急。”

“放心，本小姐这点心理素质还是有的。”

陈羽没头没脑地蹦出一句：

“熊豆，其实我想来感谢你的。”

“感谢我？”

陈羽用力地点点头。

“嗯，你这么用功，给了我很大的动力。”

“我还有这个影响力？”熊豆震惊于忽然获得的“励志姐”身份。

“对。你的努力，会带动很多人。”

“你还需要我带动啊，你是富二代，又喜欢音乐，什么都不缺。”

陈羽惨然一笑。

“熊豆，其实你错了。”

“嗯？”

陈羽又沉默了一会儿，似乎鼓起勇气，才说下去：“你一直说我是富二代，爸妈愿意为我的理想砸钱。其实你错了！”

“难道他们不支持你呀？”

“不是不支持，是没法支持。其实我爸爸就是个普通工人，妈妈身体不好，在家没工作，根本不能供我学音乐。我的钱全是自己挣的。初中时没有乐器，就趁着周末送花，送外卖，存了钱买了把吉他，然后去公园里卖艺，稍微挣到点钱就胡乱挥霍。”

“难怪你出手那么大方。”

“可我看到你都开始用功了，忽然觉得，自己也该有个目标了。所以，我这个学期挣的钱不再乱花，都存起来，报了暑期音乐辅导班。我家里没一个懂音乐的。我和别人说，我要搞音乐，街坊邻居还笑话我，说我异想天开。可我就是不服气，凭什么别人能成音乐家，到我这儿就不行了呢？我就想做点成绩出来，让他们看看！”

他越说越激动，嘴唇微微有些颤动。

熊豆一向以为陈羽家境殷实，父母开明呢。没想到，他竟是个坚强的苦孩子。她太能体会这种感觉了。她听着听着，眼眶也有些湿润，但强装出笑脸来。

“大羽，以前怎么没听你说过呀？”

“家境不好，也不是什么体面事儿，我还拿着喇叭到处说呀？我一直挺自卑的，就算街头卖艺，也跑到很远的地方去，生怕碰着同学。我可不像你那么坦然，那么洒脱。豆子，这也是我最欣赏你的地方。”

平常他们总是互相挖苦，泼些“心灵硫酸”，喜欢拆对方的台。今天被陈羽这么一夸，熊豆不由觉得有几分脸红。

“今天你说话这么‘鸡汤’，我还有点不适应呢。”

陈羽也笑了。他平常说话也不是这个风格。不过，沉埋心里很久的话，一旦说出来，浑身就说不出的舒畅自在。

“豆子，我就是想说，有什么梦想，就去追求吧。别被自己给框住了。你认为自己这不行，那不行，其实说到底，只是过不去自己这一关。你凭什么说自己不行呢？我就觉得你聪明伶俐，学啥都快，干啥都行。”

熊豆觉得心里热乎乎的。

“你的这碗鸡汤，我干了。”

莫茵也说：“豆子，你一定不要放弃。”

“好，一起努力。”

陈羽和莫茵走了。熊豆看着他们的背影，轻轻地笑起来，眼角却又一酸，有泪珠静静地淌下。

这一天，杨略也放了假，但依然泡在宿舍里完善他的剧本，脑子里演绎着整个故事。

之前他写到，正当凌竞怀疑自己真的杀了人时，然后怎么办呢？忽然，凌竞抬头看见了天花板上的监控器，于是让李全带他去监控室。可在监控室里，他只看见了一个片段，一个穿得和他一样衣服的人走进活动室，然后，画面就变成了雪花。他敏锐地发现，监控中的那个人绝不是他，而更像是李全。他猛然惊醒了，于是开始了旁敲侧击，让李全方寸大乱。凌竞发出了痛心的呼喊：“人，是不是你杀的？”

李全还在辩解，可余洁忽然喊了一声：“哥，咱们认了吧。”原来，李全竟然是她哥哥，只是一个随父姓，一个随母姓，所以别人都猜不出。她说出了真相。原来，就在前一晚，汤浩在活动室值班，她冒雨前来，要挽回他们的情感。

于是就展开了一个场景。

活动室，内，夜

（中景）门一开，余洁头发湿透地站在门口。昏暗之中，亮起一个闪电，她头发凌乱，有几分恐怖。

（全景）灯亮了。汤浩在活动室玩电脑游戏，随着游戏人物的奋力砍杀，他的脸上也略有些狰狞。他戴着耳机，看到灯亮，就转过脸来。活动室满是轮滑鞋，电脑边上有水果，有刀，地上凌乱地放着工具箱。外面响起风雨雷电之声。

（中景）余洁走过去，站在汤浩身后，轻轻喊："汤浩……"

（近景）汤浩将耳机往桌子上一摔，并不看她，依然坐着，冷笑一声："你还有脸来？找凌竞去啊！"

（近景）余洁："你误会了。"

（中景）"误会？"汤浩冷笑着，站起来，转向余洁，双指探向自己双目。"你当我瞎啊？"

（近景）余洁低头："我也没想到，凌竞会当众那样……"

（近景）汤浩用讥嘲的口吻说："当众不那样，那私底下……可没少那样吧？"表情虽是冷笑，但却透露出绝望。

（近景）余洁拼命摇头："没有，真的没有！"

（中景）"我是看透了！"汤浩缓慢转向窗口，目光死盯着某处，似回忆痛苦，咬着牙愤愤说着，"咱们彻底完了！你滚吧！"（此时他心中已怒火蔓延，汤浩喘着粗气）

（中景）余洁很痛苦，从身后去抱他："汤浩……"

（中景）"滚啊！"汤浩又喊了一声，内心极其烦躁，用手猛地在桌上一抹，桌子上的苹果和刀子全落在了地上。

（特写）刀子落在工具箱和其他杂物之间，刀尖向上立着，闪着寒光。

（中景）汤浩又抓起桌上仅存的一个苹果，狠狠地砸在地上，（特写）果肉缤纷四裂，音效却是雷声。

监控室，内，夜

苹果落地的声音，却接上了酒杯相碰的声音。

（特写）两个酒杯碰在一起。

（特写）凌竞咕噜咕噜喝完了一杯酒。

活动室，内，夜

（中景）余洁从身后抱着汤浩：“汤浩，你不要这样。”

（特写）汤浩用力将余洁的手臂一点点从腰上掰开。

（中景）汤浩转过身去，面对余洁，表情冰冷：“你走吧，别再烦我了……”

（近景）余洁流泪（情绪有一个微妙过渡，从被拒绝的伤心，到内心的执念支撑着自己）：“我爱你，汤浩，我只爱你……”

（中景）余洁在竭力挽救，（拍她的背影）所以奋不顾身地向前去抱汤浩。她这样一冲，汤浩往后退，脚下被杂物绊住，仰面摔下去。余洁也惊叫着跟了下去。

（特写）地上明晃晃的刀尖。

（近景）俯拍，汤浩躺倒在地，表情很惊讶，很痛苦，说不出话。

（近景）侧拍，余洁很吃惊，渐渐觉得恐惧，从汤浩身下抽出右手，发现上面都是鲜血，她惊慌失措。

（特写）汤浩逐渐断气。

（中景）余洁去探鼻息。“汤浩，汤浩！”发现汤浩鼻息全无，惊叫一声，恐惧地往后退，退到墙角，双手托着脸，完全不知所措，呼吸急促。“我杀人了……我杀人了，不，不是我，不是我。”

（近景）余洁抖抖索索，掏出了手机。

于是，李全为了保护余洁，就将喝醉的凌竞拉到活动室，伪造了凌竞杀人的现场，又企图借用他的精神分裂，让他承认自己杀人。

真相大白了。

凌竞又该怎么办呢？是洗脱冤情，如释重负？不，他不会这样做。杨略写了一幕照应开头的场景。

凌竞的肖像，白色耀眼的背景

（近景）凌竞对着镜头，表情变得从容而和暖。

“不不不，刚才的一幕幕，其实是我的幻想。真实情况，应该是这样的——”

活动室，内，日

（中景）凌竞站在活动室门口，持刀，脸色清亮，带一点圣洁的白光。

（中景）侧面，凌竞举起了刀子，向下猛刺。

（特写）凌竞的脸上，浮现出微笑，随着猛刺的动作，脸轻轻地晃动，似乎闪烁着一些光亮。

写到这里，似乎故事讲完了，但杨略想来想去，又加了一个解释性的场景。那天，凌竞在树下落寞地坐着。余洁走向他，说已经帮他打了贫困生证明，替他领了申请表，然后轻轻挥手，就起身走了。凌竞感激莫名，一时不知说什么好。等余洁走出好远，他忽然站了起来，喊了一声：“余洁。”啊，这是他第一次面对面地叫她的名字。余洁闻声回过头来，看向凌竞。两个人相视一笑。这里再把镜头后移，可以看见树冠间闪烁着阳光，新叶那么翠绿。

凌竞回忆到这里，闭上了眼睛，一脸神往与陶醉。

“那是我最幸福的时刻。”

杨略修改完了最后一个字，关上电脑，站起身来，看向窗外。已经是深夜了，炎热了一天的校园，此刻被清凉的幽风抚摸着，都安静下来，沉入睡乡里去了。

他掏出了手机，给陈高照发了个微信。

“高照，我写完了一个电影剧本，和你有些关系。”

“和我有关？”

“你别生气，我把你的故事改编成了话剧。哦，不是，只是借用了一点你的故事，我进行了拓展。”

过了许久，陈高照也没有回应，让杨略十分担心，怕他生气。毕竟，他这次并非获得高照的许可。这样又等了五六分钟，陈高照才回复了微信：“那……发给我看看吧。”

于是，杨略把剧本发了过去。只过了十几分钟，陈高照就有回复了。

“如果我是凌竞，我也会那么做。”

“为什么？”

“不知道，反正，为她做什么，我都是愿意的。”

过了一会儿，又发来一条。

“我看着凌竞，就像在照镜子。”

杨略趁机说出了他的请求。“那么，如果我想请你来演凌竞这个角色，你愿意吗？”

“这不行，我哪里会演戏呀？”

“本色演出嘛，你只要演自己就好了。”

“不行不行，我会把你的剧本都毁了的。”

“高照，其实我是这样想的。如果你演了凌竞，完成你某种心愿，就可以解开你的心结。毕竟，你不能总是沉浸在幻想里。真实世界虽然没有那么完美，但比幻想更有价值，也更值得投入。你说呢？”

过了很久，陈高照才终于回了话。

“那……我试试吧。”

第十章

学霸3.0版④：单科突破之历史、政治、地理篇

楚当当也看了剧本，赞不绝口。对于悬疑和推理，以及人性的暗黑，她向来都很有兴趣。这也难怪的，她平常画油画也时常是这种风格，喜欢在灰黑的画布上，画一张苍白麻木的脸庞、清瘦单薄的身躯，而眼睛却总是明亮的，甚至是卡通式的，对比鲜明，感觉奇特。

放假前一天，楚当当从美院来到浙大，在宿舍楼下见到杨略，也顾不上擦拭头上沁出的汗，就直接发问："剧本可以用，那么演员怎么办？"

"凌竞可以让陈高照本色演出，他本人也答应了。还有余洁，我就以葛怡为模子写的，她可以胜任。此外，李全可以让余振来演，反正他那么胖，戴上帽子就是保安。就是汤浩这个公子哥儿，一时找不好。"

"你觉得陶坷坷怎么样？"

"坷坷？"杨略兴奋得几乎跳起来，"他来演，那是再适合不过了。"

陶坷坷是杨略的高中同学，典型的富二代、阔公子，父亲是一家影视集团的老总。他是高二进入杨略他们班的，对葛怡一见倾心，就发起了强大的攻势，却一直没能成功。当他发现葛怡的心上人是杨略时，极为嫉妒，处处与杨略争高下，闹了不少别扭。后来，他们在全市高中篮球赛中联手，优势互补，得了冠军，终于冰释前嫌，成为至交。

"可是，"杨略担忧地说，"他在德国读书，不知什么时候回来。"

身后忽然飘来一个声音。"有这好事，我怎么能不来呢？"

杨略猛地回头，却发现陶坷坷就在身后，挺拔的身材，戴着墨镜，依然是长发，全都梳到了脑后，头顶加一个黑色波纹发箍，非常新潮别致。

杨略哈哈大笑，重重在他胸口砸了一拳。

"你小子，回来也不打个招呼。"

“惊喜吧？有了我，你们的电影就算成功了大半了。”

楚当当笑吟吟地看着他们。“我昨天看完剧本，就联系陶坷坷了。”

杨略高兴地只顾拍陶坷坷的肩膀。“太好了，那我们把几个主演都叫来，中午一起吃饭，好好聊聊。”

楚当当说：“今天太急了。我明天把分镜头脚本写出来。你呢，就把演员完全落实好。等后天中午，有了剧本，演员也到位了，咱们再聚吧。”

“行，那今天就咱们三个好好聊聊。”

陶坷坷人脉广，关系多，杨略和楚当当所担心的拍摄场地问题，他都打了包票，全部提前联络好。

第三天，杨略在川味观订了一个包厢，十一点半，大伙陆续到齐了。楚当当作为导演，把打印好的剧本发给大家，又宣布了人员安排：

导演：楚当当。

编剧：杨略。

剪辑：凌霄。

美工：陈子轩。

摄像：楚当当。

然后又公布了四大主演：

陈高照演凌竟。

陶坷坷演汤浩。

葛怡演余洁。

余振演李全。

其余群演，可以随时招募。

拍电影毕竟是一件新奇的事情，大家觉得陌生而有趣，因而格外兴奋，于是酒杯不停地碰在了一起，说这就算是开机仪式。吃得高兴了，还站在一起合影。楚当当站在中间，手里举着场记牌，上面用粉笔写了“心迷失”三字。

接下来的一周，他们开始了正式拍摄。

第一场戏选景在教学楼下，凌竞形单影只，从头到脚一身黑，缓慢走过长廊，忽然看到道旁的长凳上，端坐着另一个自己，正与他四目相对。继而，他看到汤浩和余洁举止亲密，恍惚中却觉得，和余洁在一起的似乎是自己。一切都迷离惝恍，让他真假难辨。

楚当当忙前忙后，一会儿跟拍背影，一会儿特写表情，又用滑轨专拍他的步伐。男一号陈高照有些紧张，加上没有表演经验，所以不够入戏，一时步伐走得快了，一时表情又过于平静。于是，大伙儿不住地评点指导。

“你这个背影没表情，不够沮丧。”

“还有脚步，别太轻快，得拖拖拉拉，没精打采……”

“看到另一个自己时，你要惊讶，但不是害怕。”

“说的有道理，你也不是第一次看到幻象，所以不害怕，只是吃惊，又带那么点厌烦，厌烦中，又透着点无奈……”

嗯，这绝对是金马奖的标准。

虽然最后在成片中，这一段留下不过几秒，但素材却翻来覆去拍了两个小时，于是大家知道拍电影之艰辛。

当然，陶坷坷和葛怡要演情侣，颇有些尴尬。陶坷坷特地向杨略申请：葛怡这几天归我啦，你不要吃醋啊。杨略说，行，你们放开了拍。陶坷坷姿态潇洒，居然敢于勾肩搭背，但他的手掌没敢按住葛怡肩头，而是握了个拳头，脸上也满是拘束。他到底还是放不开。

第二场是凌竞独白。地点选在学校的一个摄影棚，白色背景，左右灯光，将陈高照的脸照得惨白。按剧情设计，他要对着镜头独白，同时在后期插入或悲或喜的场景，要求他在一分钟之内，情绪像过山车一般急速起伏。

一开场，他形容憔悴，面色阴沉，呆呆看着镜头，喃喃自语："我常常分不清幻想……和真实。"

随后，他沉入幻想，看到余洁在聚光灯下，轻盈地舞蹈，宛如白衣仙子，独舞了一段，忽然微笑，伸出洁净的手来，邀请他去共舞。他心头狂跳，从内到外透出欢喜。然而定睛一看，却只有空空的舞台，四处寻觅，发现余洁和汤浩正在嬉笑共舞，让他如堕冰窖，表情变得万分沮丧。

这时他顾影自怜，想到贫寒的家境、迷茫的前途，令他百无聊赖，唯有再次沉入幻想，才能得到一些满足。所以他明知幻境是假，却甘愿沉醉其中。于是他的表情，应该在沉醉中还带点狂乱和迷离。

到了最后，他又要表现出为爱献身时的神圣感，认为一切都是最好的安排。杨略在设计场景时，认为这种神圣感，应该是既兴奋，又痛苦，眼睛在欢笑，但嘴角在发颤。天哪，这真是高难度。

于是，在摄影棚里，不断响起这样的声音。

"高照，表情要悲痛一点，不过呢，也不能太悲，要在麻木中透出一点悲……"

"语速，注意语速，要慢，对了……这句又要加快，这不表现喜悦嘛！然后，要忽然停顿……对！就这样，显得惊讶和绝望……"

幸亏陈高照好脾气，从善如流，最后效果都还不错。

熊豆一放假就泡在浙大了。杨略和她一起制定了复习计划，从假期计划，到每周计划，然后细化到每日计划，又确定了一个每日学习时间表。假期里，熊豆的时间完全自由，不受干扰，就按照自己的学习节奏，循序渐进，倒也十分顺利。

但一个中学生在大学里看书，她总有点漂泊感，于是邀请莫茵一同来学习。莫茵刚好觉得在家干扰很多，于是欣然前来。她们俩人早上一同起床，吃过早饭，一起来浙大，在教学楼看书，在食堂吃饭，晚上结伴回家。这虽然增加了熊豆妈妈的负担，可莫茵那么优秀，那么乖巧，总会抢着干活，是熊豆的良师益友，她还会有什么意见呢？

看书间隙，熊豆和莫茵会走到楚当当的片场，在旁边观摩。作为一位资深演员，熊豆不时会指指点点。她性格活泼，举止洒脱，大家很快就喜欢上她了。尤其是陶坷坷，一口一个豆妹子，和她亲近得不得了。莫茵呢，性情温和腼腆，就在一旁静静地看。

午饭时，大家为了节省时间，就在片场吃盒饭。熊豆啃着排骨，和楚当当闲聊："姐，你这回够认真的呀，一个镜头都反复拍。"

"对啊，几个机位、不同景别都拍了，剪辑起来画面变化多，才会好看。"

楚当当这回的确也是豁出去了，一个镜头有时候会拍几十条，拍完中景，拍近景，再拍特写，不厌其烦。熊豆吃完了饭，在电脑里翻看着他们的拍摄素材。

"姐，你这个电影最后大概有几分钟啊？"

"十五分钟吧。"

"才十五分钟？你得拍这么久？"

"好不容易逮到个剧本，就得认真拍，多积累些素材。等到后期，我还得剪辑、配音、配乐，花的时间更多呢。"

熊豆吐了吐舌头，偷偷对楚当当说："看你们这么认真，我都想来演了。"

"你啊，乖乖看书去。"

"唉，杨略哥哥都没空管我。"这几天，杨略担任编剧，根据现场演出情况，随时得修改剧本，让情节更合理，对白更生动，所以一直也没闲着。

“谁说我没空管你呀？这不，我要给你加课了。”杨略出现在他们身后。

“给我加什么课呢？”

“历史、政治和地理课。”

“是你给我补课吗？”

“不是我，是你曾泉曾大哥。他可是校园达人，学的是社会学，经常去做田野调查。你知道什么叫田野调查吗？”

“当然知道，就是现场调查嘛。这个曾泉哥哥以前调研过什么？”

“那可多了，他去调查过乡村留守儿童，采访过抗战老兵。对了，他现在正在采访一些黄埔军校的毕业生，你有没有兴趣跟着看看？”

“黄埔毕业生？太酷了！”

“曾泉明天要去看望一位九十六岁的老人，听他讲述当年抗战的事情。这算是民间口述历史，意义很重大。”

熊豆连连点头。

“杨略哥哥，我一直想去调查平凡人的一生。名字我都想好了，就叫‘平凡人的史诗’。伟人有人作传，小人物的人生也值得我们去记录。”

莫茵在一旁说：“熊豆一直想做个记者呢。”

杨略赞叹不已：“熊豆，想法不错呀。‘平凡人的史诗’，这名字真好。”

熊豆嘻嘻一笑。“那我明天跟着曾泉哥哥去啦。”

“你去，可以，”杨略拿出了哥哥的架势，“但学习任务不能落下。今天多花点时间，把明天的任务先完成了。”

“得令！”

楚当当在旁边听着，又是惊讶又是赞叹。

“杨略，你够可以的呀，把豆子治得服服帖帖。”

杨略自然十分得意。

曾泉要去采访的老人，名叫项延年，九十六岁，头发雪白，而脸色红润，走路也颇为敏捷。他退休之后，在家里开了个家庭图书馆。靠墙都是书架，分门别类，摆得十分整齐。大家坐定之后，曾泉就开始发问了，从图书馆、奖章入手，循序渐进地提问。老人缓缓地说起往事。

抗战初年，他正念中学，毅然辍学，加入政工宣传队，奔赴抗日前线江西永修，演唱抗日歌曲，排练抗日戏剧。

“有一天晚上，那真是惊险。我们奉命过永修河去摸哨，散发抗日传单。经过日军据点时，里面机枪哒哒哒地扫射。我们躲在树丛里，子弹就从头顶嗖嗖飞过，有几个兄弟的军帽都被击穿，幸好人都没有受伤。”

说这话时，老人站起来，做出躲闪的姿势，眼睛明亮，动作颇为灵敏。

“爷爷，你太可爱啦。”熊豆不由叫起来。

老人呵呵笑着，露出白色的假牙，继续说下去。部队在永修河坚守五个月后，日军借着飞机掩护，强渡永修河，国军守不住，只好全线溃退。他也一退再退，心想光搞宣传作用不大，他得有真才实学，才能保家卫国。于是他就去报考黄埔军校，因为学业扎实，一考就中，被录为黄埔第十七期生。经过严格的军事文化训练，他表现优异，毕业时留校当了教官。这也是他人生中最灿烂的一页。

等到新中国成立后，老人自然丢了职位，回到家乡当了小学教员。他知识丰富，又擅长教书育人，所以挺受学生欢迎。然而，好景不长。到了1956年反右派时，他因为替国民党做过事，便以“历史反革命”的身份被送到青海去劳教。

“与我一同劳教的人，有一些高干，还有大学生，他们之所以被送到这里来，原因都很离谱。我记得有个大学生，他的罪名，仅仅是出于好玩，在毛主席像上画了胡子，就被打成右派呢。那种年月啊……”老人感慨起来。

曾泉问：“在青海，您都做了些什么呢？”

老人神色变得凝重。“我们先是在砖窑里烧砖，但很快大饥荒来了，我们就挨了饿。最先饿死的，是那些身强力壮的。因为他们体力好，任务重，吃下的东西不够消耗的，没过几天，就全身浮肿，走不动路，只好躺着，盖多少层被子都不会热，慢慢就死掉了。我在青海没有饿死，也算是运气了。”

熊豆和莫茵听得黯然神伤，一直到告别老人出来，走到大太阳底下，她们还觉得阴风恻恻，不寒而栗。

熊豆说：“在中学历史书上，这一段是没有的。”

曾泉说：“中学历史书其实也含蓄地写了，你看，高中历史第一册开篇就说希腊的民主制、罗马的法律，却不谈古印度、古巴比伦，你知道为什么吗？因为只有在民主法制健全的社会，我们才能摆脱那种噩梦。”

莫茵的脸上浮现出恍然大悟的表情。“哦，原来教材的编排还有这样的含义。”

曾泉继续说：“对啊，学习历史很有现实意义。大伙懂得了历史，就可以少走弯路，让社会不断进步，让人类获得更多的自由和安全。”

“看来历史的确要好好学。”熊豆点点头，若有所思，“曾泉哥哥，听杨略说，你要给我补习历史课，对吧？”

“没错啊。不光是历史，还有政治、地理。”

“那你准备怎么给我补呢？”

不出熊豆所料，曾泉也从包里取出一个大信封。

“我奉了杨略的旨意，花了好几周时间，才写了这封信，你可一定要好好读。”

“我一定好好读。”

熊豆开心起来，大大方方地挽着曾泉的手臂，一蹦一跳地往前走。曾泉起先还有点不好意思，但看她童真无邪，一派纯洁的快乐，也就任由她挽着手臂。而莫茵也微笑着，温婉地跟在后头。

在教室里，熊豆打开了信。这曾泉虽然诙谐，但这封信却写得非常严谨，而且还编入了许多例题，细细做了分析讲解，可见的确是花了许多心力的。

熊豆：

见字如面。

对于学习历史、政治、地理这三门学科，很多人采用的方法，就是死记硬背，什么年代、原理、地名，零零碎碎，全往脑子里塞，但由于不符合大脑学习的特点，所以效果不好。其实如果有好方法，这三门学科并不难学。而这个方法，和杨略、陈高照之前说的一样，就是高效学习三步法：

第一步，掌握知识点，做到充分理解，没有疏漏。同时，通过拓展阅读，对相关知识点进行适当延伸；

第二步，通过画体系图或是表格，理清知识点之间的关系，在脑子里面构建一个完善的知识体系图；

第三步，用思维导图来解决具体的题目。

其中第二步杨略和你谈过很多，我把重点放到第一步和第三步吧。

一、回归课本，整体浏览，重点理解

历史、政治和地理三门科目的考试有一个共性，就是非常重视对课本知识的学习。那么，如何学习课本呢？

关于看书，我有几点建议：

（1）先看书本框架，提纲挈领，背熟目录和小标题。我们要接受的不是零散的知识点，而是知识的整体，背熟目录才能建立知识点之间的深入联系，为知识的迁移和运用奠定基础。只有这样，才能在考试中做到大跨度和宏观概括，尽量避免因遗漏观点而失分。

（2）不放过任何角落。看书时，大字小字要一起看，还有批注、插图及其说明也不能放过。同时，还要适度涉及未列入考试大纲的内容，因为高考试题“超纲”现象常有发生。此外，多阅读相关的经典书籍，能加深对教材的理解。

（3）注意整理笔记。很多人喜欢用笔记本，其实这并不需要，如果把笔记记到书里，方便和课本知识紧密联系，而且复习起来更加方便。在阅读参考资料时，可以把延伸知识或者精辟见解都抄录在书中，以便翻阅课本时一起复习。如果能这样做，你在考试中语言表达会更加完善和专业，而且涉猎面和跨度也会更广，就更容易得分。

（4）多积累时事。政治、地理科目的考试，最容易涉及时事题目。“两耳不闻天下事，一心只背政治书”需要严格禁止，政治、地理必须与当下的时政信息结合才有生命力。所以，你一定要在平时注意积累时政，并将其与课本相结合，做到理论与实践相结合。

（5）图像辅助学习。尤其是地理学，除了记忆文字，还要记忆图像。由于图像问题可以综合考查学生获取信息、转化信息、分析信息的能力，所以一直是考试的热点。学好图像问题要注意几点：

第一，认真学好常见图像。包括课本中的图（统计图、示意图、景观图等），以及练习册中的常见图。如晨昏线图的基本形式在书中，而练习册中有很多种变式，要一一掌握。

第二，掌握分析图像的共性方法。高考题很少出以前见过的图，但是分析图像是有通法的，比如折线图一定要注意坐标名称，注意走向、交点、数值水平。

第三，学会作图。尤其要会画比较难的图，如剖面图、等值线图等。

（6）多种途径辅助学习。比如学习历史，如果对抗日战争的经过实在记不清楚，看一看相关的纪录片，让教材中枯燥的文字和数字生动起来。还有在地理学中，地名、矿产很难记，但如果你曾经实地去旅游，或者看过相关纪录片，印象就更为深刻。

二、思维导图：理清解题思路

运用思维导图来解题，思路更清晰，措辞更准确，答题更全面。在这里，我运用几个案例，从实战出发，你会更有感觉。

先来看这样一道历史题：

[例题1]

材料一：董仲舒对儒家思想作了发挥，他宣扬天是万物的主宰，皇帝是天的儿子，即天子，代表天统治人民，因此全国人民都要服从皇帝的统治，诸侯王也要听命于皇帝。这叫作“大一统”。

材料二：黄宗羲在《明夷待访录》中说：“凡天下无地而得安宁者，为君也。是以未得之也，荼毒天下之肝脑，离散天下之子女，以博我一人之产业，曾不惨然，曰：‘我固为子孙创业也。’其既得之也，敲剥天下之骨髓，离散天下之子女，以奉我一人之淫乐，视为当然，曰：此我产业之花息也。然则，为天下之大害者，君而已矣。”

请回答：

（1）扼要指出材料一、二的核心思想。（2分）

（2）从时代背景方面比较材料一与材料二观点差异的原因。（4分）

（3）试从客观作用方面简要评析上述材料中的思想观点。（4分）

对于这道题目，解题流程是这样的：

（一）读：

第一遍粗读，大体了解时间、人物、事件。董仲舒生活于西汉，黄宗羲生活于晚明，这是两个历史的关键时刻。

第二遍细读，对信息量大的材料要借助标点符号（特别是分号和句号）划分层次，理解各层的含义和各层之间的联系，归纳出材料反映的核心问题。

第三遍结合设问重点读，回答每一句，都到材料中去找你用符号标出的关键语句，重新阅读、理解，然后加以概括作为答案。

（二）思：

1. 思考材料与教材的相似点。

看到董仲舒，脑中要立即出现一张思维导图，想到君权神授、天人感应、三纲五常、“罢黜百家、独尊儒术”、大一统思想、限制土地兼并等等知识要点。

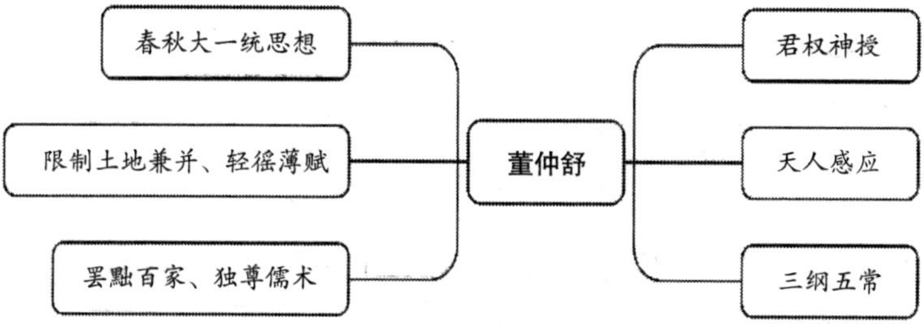

看到黄宗羲，则应想到与黄宗羲相关的内容，其主要思想：抨击君主专制、“天下为主，君为客”的民主思想、提倡法治反对人治、君臣平等、认为“工商皆民生之本”。

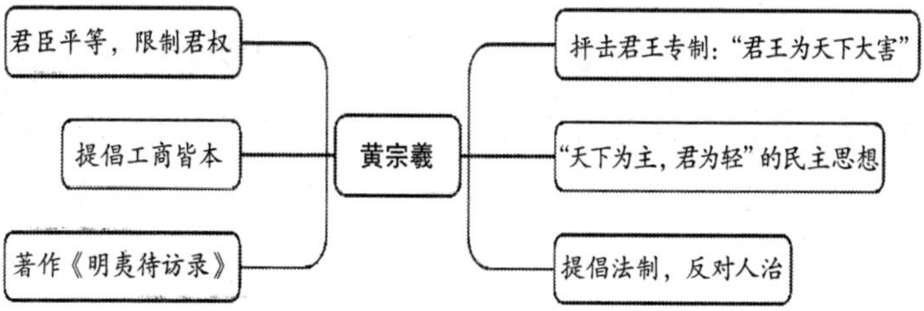

2. 思考材料、问题、教材的相关点。

对于第一问，细读材料一，我们可以得知，这里谈论的是董仲舒“君权神授”的思想，他用这种思想给统治者披上神圣的外衣，以达到加强君权的目的。这在西汉时是有利于天下统一、社会发展的。再细读材料二，我们可以得知，这里谈论的是黄宗羲抨击君主专制的思想，他认为“君主为天下大害”，主张限制君权，扩大地方权力。

对于第二问和第三问，联系时代背景，就知道董仲舒处于西汉，君主专制有利于建立统一国家。黄宗羲处于明末清初，商品经济萌芽，此时的君主专制是阻碍社会进步的。联系教材中的相关知识，我们就能对这两个问题进行作答。

（三）写

1. 按问按分列点。

2. 语言要言简意赅，运用材料中语言，或教材中语言，做到准确到位。

3. 辩证法，保证答案全面。

这道题目的参考答案如下：

（1）材料一：宣扬君权神授。材料二：君主是天下大害。

（2）董仲舒处于中国封建社会初步发展时期，君主专制有利于统一的多民族封建国家的建立和巩固；黄宗羲处于封建社会的衰落期（和商品经济的发展期），君主专制成为限制社会进步的枷锁。

（3）董仲舒的观点适应了地主阶级加强中央集权，削弱地方割据势力和发展封建经济的需要，推动了统一封建国家的巩固，使西汉进入强盛时期。黄宗羲的观点在继承古代民本思想的基础上有所创新和发展，反映了中国封建社会衰落时期资本主义生产关系萌芽对封建制度的质疑和挑战，具有进步意义，对后来的反封建斗争有着积极的影响。

再来看一道政治题：

[例题 2]

创新驱动发展是适应新的科技革命和产业变革的迫切要求。

全球研发投入及占 GDP 比重（1981~2030 年）

年份	占GDP比重（%）	研发投入（亿美元）
1981	5242	2.0
1990	554	1.5
2000	10310	2.2
2009	11601	1.8
2020	17842	2.0
2030	35968	3.0

注：按 2000 年购买力平价计算。

描述上表预测的趋势，并分析在经济领域，中国致力于进入全球创新型国家行列应该怎样做。

对于这道题目，解题思路是这样的：

这道题的时政背景是“创新驱动发展”。第一小问“描述上表预测的趋势”的答案难度较小，不赘述了。

第二小问“分析在经济领域，中国致力于进入全球创新型国家行列应该怎样做”，要是想通过“找对应关系”解答试题，都会觉得无从下手。以往做题“找对应关系”，试题材料基本能用笔“画”出或“概括”出一些关键词的，你只需要按照关键词的提示顺藤摸瓜，就能大体找出答案中的知识点了。而例题 2 则不然，不少同学几乎找不到材料信息与教材知识之间的对应关系。

为什么会这样呢？因为此题属于“演绎类试题”，而上述同学的经验来源于“归纳类试题”。人的思维从一般到特殊，属于演绎；从特殊到一般，属于归纳。这两者在思维的进程方向上完全相反，我用结构图予以表示：

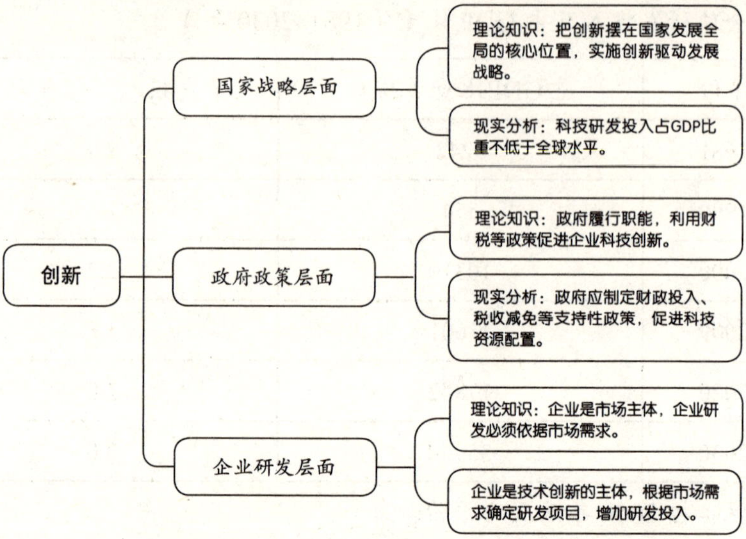

从该题的形式结构图可见，答案是确定“解答线索或角度”后，从“理论知识（一般）”推导出“现实分析（特殊）”的。“理论知识（一般）”更偏向于学科知识，“现实分析（特殊）”更偏向于对本题情境信息的具体分析。

做演绎类试题，你是不能从材料中的特殊性认识直接概括出答案的普遍性认识的（这属于解答归纳类试题的办法），而必须根据设问指向，提取和调用储备知识，形成答题思路，构建答题框架，进行推理或论证，从无到有地去“想”答案，而不是在材料中辨识关键词。所以，从总体上看，解答演绎类试题会比归纳类试题的难度更大一些。

【参考答案】

①未来全球科技研发投入增加，占 GDP 比重大幅上升。②中国应以全球视野谋划和推动创新，把创新摆在国家发展全局的核心位置，实施创新驱动发展战略，科技研发投入占 GDP 比重不低于全球水平。企业是技术创新的主体，应根据市场需求确定研发项目，增加研发投入。政府应制定财政投入、税收减免等支持性政策，促进科技资源配置。

综上所述，要想学好这三门文科课程，除了打好基础外，用思维导图法总结知识点和解题，是一个非常实用的方法。

当然，如果你还想往上走，成为文科高手，就得掌握一些各学科的核心思维。接下来，我将分学科一一说明。

三、历史学的全球视野

哥伦布运用简陋的航海技术进行环球旅行后，告诉世人："世界是圆的。"于是，全球化运动开始了。如今，托马斯·弗里德曼告诉我们："世界是平的。"因为他看到，人类历史上从来没有过这样的时刻：

> 越来越多的人会发现他们能够找来越来越多的合作对象和竞争对手，人们将和世界各地越来越多的人互相竞争和合作，人们的机会将越来越平等。将他们连在一起的是电脑、电子邮件、网络和各种新软件。
>
> ——托马斯·弗里德曼《世界是平的》

身处这样的时代，我们作为年轻人，必须要有开阔的视野、全球的眼光。而从高考命题的趋势来看，用全球史观、文明史观、生态史观来指导命题，也越来越普遍。所以，我们在学习历史时，就不能只学一时一地的历史，而要用新史观来阐释历史。

（一）全球史观

全球史观就是将人类社会的历史作为一个整体来看待，它冲破了西方中心论的传统史学框架，从世界历史的整体发展和统一性考察历史。其研究的视野不仅包括欧洲史，而且覆盖亚非拉的广大地区。

其中代表作，是史学家斯塔夫里阿诺夫的《全球通史》。作者说，这本书的特点就在于，"研究的是全球而不是某一个国家或地区的历史；关注的是整个人类，而不是局限于西方人或非西方人。"他认为人类历史发展的趋势，是由分散走向整体。

（二）文明史观

文明史观认为，一部人类社会发展史，从本质上说就是人类文明演进的历史。人类创造、积累文明的过程及其所获得的成果是历史的基本内容。人类文明由物质文明、精神文明和政治文明构成，三者在相互作用、协调互补中交替促进、共同发展。从范围上可以分为古希腊与古罗马文明、中华古代文明、西方资本主义文明、社会主义文明等若干文明；从纵向看，人类文明经历了渔猎采集时代、农业文明时代（包括新石器时代、青铜时代和铁器时代）、工业文明时代（包括手工工场时代、蒸汽时代、电气时代和信息时代），以及即将到来的生态文明时代。

推荐你阅读尤瓦尔·赫拉利的《人类简史》。

（三）生态史观

生态史观是生态学和历史学融合的产物，20世纪六七十年代以来发展很快。生态史观认为，史学研究应从关注历史上的人转换为关注历史上的人与自然及其二者的关系，而评估历史流变中人类的活动，应兼顾人类和自然（包括各物种乃至整个地球）、近期与远期、局部和整体的利益。维护社会系统与自然系统的动态平衡，是能思维有意识的人类不可推卸的责任。

生态史观认为，透过生态史观，人类历史可以分为这样几个时代：一、渔猎时代，人类数量有限，生产生活方式原始，对自然的影响（保护和破坏）都十分有限；二、农业时代，人类利用和改造自然（首先是地表），从事农业生产，同时局部地破坏了生态环境；三、工业时代，人类更大规模更广泛地利用和改造自然，创造出巨大的物质财富，但也在更大程度更大范围内破坏了生态环境，造成严重的环境污染和生态危机；四、生态时代，在后工业时代或知识经济时代或信息时代，我们应充满信心地相信人与自然和谐相处的生态文明时代一定会到来。

推荐你阅读汤因比的《人类与大地母亲》。

四、地理学的核心素养

现在地理学知识更强调实用，高考试题也更突出人地协调观、综合思维、区域认知、地理实践力等地理核心素养的考查。

（一）人地协调观

这是指人们对人类与地理环境之间协调关系的深刻认识和理解，是一种地理价值观。如2016年高考地理全国Ⅱ卷第37题：

[例题3] 阅读图文材料，完成下列要求。（22分）

陕西南部的秦岭地区是我国大熊猫分布的重点区域。该地区曾经是重要的林木采伐区，20世纪70年代开始先后有多家森工企业在该区内进行采伐作业，1998年后全面停止采伐天然林。图5示意1976年、1987年和2000年该地区大熊猫栖息地范围的变化。

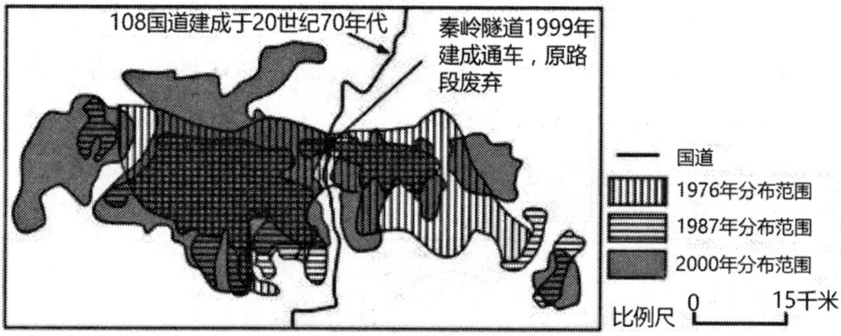

图5

（1）描述该地区大熊猫栖息地范围的变化。(7分)

（2）分析导致该地区大熊猫栖息地范围变化的人为原因。（9分）

（3）说明协调道路建设与野生动物栖息地保护的主要途径。（6分）

[参考答案]

（1）20世纪70年代（1976年），栖息地连成一片，到80年代后期（1987年），栖息地面积退缩，碎片化严重；90年代至21世纪初（2000年），栖息地面积有所增加，碎片化趋势减弱，分布范围有向北、向西

扩展的趋势。（本小题共 7 分）

（2）大规模采伐森林（对植被破坏大），导致栖息地缩小；修建道路（国道、省道以及林区采伐道路），导致栖息地碎片化；人类干扰活动大幅减少（全面停止采伐天然林，108 国道秦岭隧道通车等），植被得到了较快恢复，促进大熊猫栖息地的恢复与扩展。（本小题共 9 分）

（3）合理规划。道路选线尽量避开野生动物栖息地；在经过野生动物栖息地时，建设野生动物穿越道路的生态廊道；修建道路时尽量减少对周边植被的破坏，修复因道路施工遭破坏的植被。

（二）综合思维

这是指人们全面系统地认识地理事物现象的思维品质和能力。地理的区域性、综合性、动态性和研究方法多样性，决定了地理思维的综合性。考题涉及不同角度和层面的综合思维。

如 2016 年浙江省高考地理卷中试题：

[例题 4] 图乙为探空气球 10 天中随气流漂移路线图，图中数字所指的黑点为每天相同时刻的气球位置。图甲为图乙的局部放大图，图甲中虚线表示近地面空气运动。完成 1、2 题。

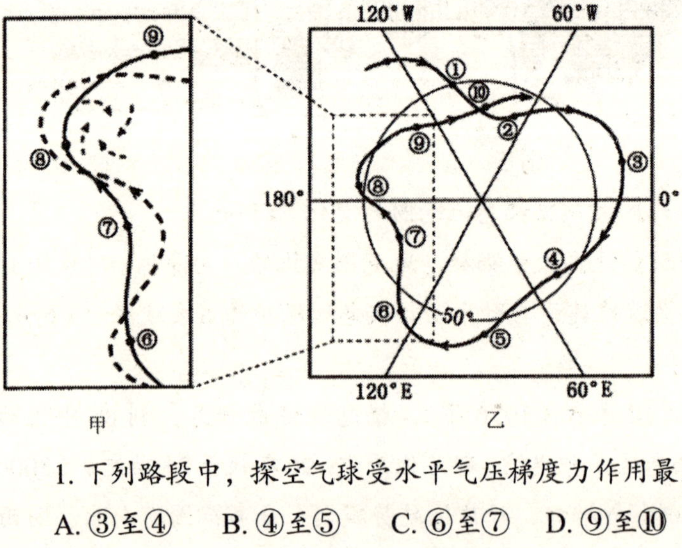

甲　　　　　　　　　　　乙

1. 下列路段中，探空气球受水平气压梯度力作用最大的是（　　）

A. ③至④　B. ④至⑤　C. ⑥至⑦　D. ⑨至⑩

2. 图中⑦、⑧两点间近地面受（　　）

A. 暖锋影响，吹西北风　　B. 冷锋影响，吹西南风

C. 暖锋影响，吹东南风　　D. 冷锋影响，吹东北风

（答案：A、B）

（三）区域认知

要求考生习惯于用空间来认识地理事物与现象，用区域综合分析、区域比较等方式认识区域特征和区域人地关系问题，形成因地制宜进行区域开发的地理思想。

例题 4 同时也在考查考生能否正确采用认识区域的方法与工具认识区域。

（四）地理实践力

这是指人们在地理考察、社会调查、模拟实验等地理实践活动中所具备的行动能力品质。试卷借助各种新颖图文材料，设置情境化的问题，来考查考生在地理调查、实验研究等方面的实践能力。

[例题 5] 云杉（亚寒带代表性针叶树种）分布与全球气候变化密切相关。为研究北美洲气候变化，用恢复历史植物分布的方法，得到距今 2.1 万年（图甲）、距今 5 千年（图乙）和距今 5 百年（图丙）北美洲云杉主要分布区图，完成 1、2 题。

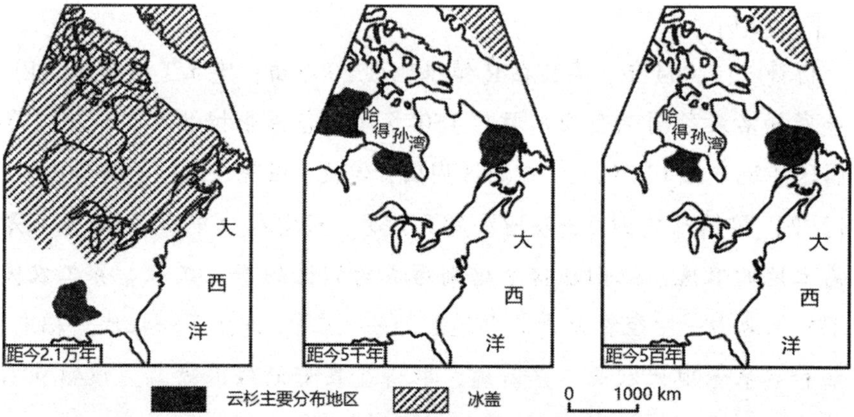

甲　　乙　　丙

1. 云杉主要分布区北界的移动，反映了（　　）

A. 甲到丙时期北美气温持续上升

B. 乙到丙时期北美气温略有下降

C. 甲到丙时期太阳辐射持续增强

D. 乙到丙时期北美沿岸暖流加强

2. 运用地理信息技术得到甲、乙、丙三幅云杉主要分布区图，其研究过程是（　　）

①实验分析并建立云杉主要分布区地理信息数据库

②运用 GPS 对野外采样点进行空间定位

③运用 GIS 分析和输出云杉主要分布区地理信息数据

A. ①②③　　B. ①③②　　C. ③②①　　D. ②①③

（答案：B、D）

这四种核心素养，要求我们平时在学习地理时多观察生活、关注社会。

五、政治学习的发散思维

先搬上来一道题目：

[例题 6]

材料一：2004 年，某县在 R 镇征地近 2000 亩，建立了一个工业园，在一家知名装备制造企业入驻后 150 多家配套企业相继入园，2012 年该园区实现产值 120 亿元。在园区周围，学校、医院、银行等纷纷出现。2012 年，该镇人口由 2.3 万增加到 3.5 万，新增人口中有 7000 多人是脱离土地的农民，他们在接受培训后成为园区的产业工人。务工农民留下的土地由一些经管大户集中起来、统一经管，建立了一批优质稻米、蔬菜和水果等现代农业生产基地，取得了良好的经济效益。该镇 90% 的劳动力实现当地就业，人均收入明显增加。

结合材料一和所学经济知识，分析城镇化对R镇经济发展的推动作用。

这道题目的解题思路如下：

这个设问，没有具体知识点限定，属于开放性设问，要求考生具有发散性思维品质，对已知信息进行多角度、多层次地分析，灵活变换思维方式，开拓思维空间，寻求解决途径和解决方案。

对于这道题目，可以先明确在城镇化过程中，哪些主体对经济发展起到了推动作用。此时，思维导图就显得十分有用了。从材料中，我们得到六个有用信息。

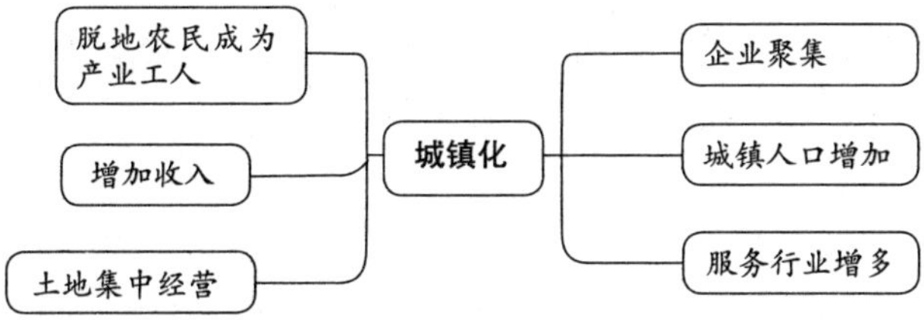

根据思维导图中的信息，找出书本中对应的知识点，将材料信息与教材知识进行有机结合，生成答题要点：

参考答案：

1. 企业的聚集发挥了规模经济优势，带动了产业发展，促进了产值增加；

2. 农民转变为产业工人，为园区和该镇的发展提供了劳动力；

3. 土地的统一集约经营，提高了农业生产率，推动了现代农业发展；

4. 居民收入的增加刺激了消费，带动了服务业的发展；

5. 城镇人口增加，有利于扩大内需。

再来看一道题目：

[例题7]

材料：老人摔倒扶不扶？84.9%的公众坦言扶不扶很纠结。《中国青年报》对139010人进行的一项调查显示，80.4%的受访者表示自己在持续关注与扶老人有关的新闻，20.2%的受访者承认在自己身边有过老人倒地而得不到帮助的事情发生。87.4%的受访者表示“扶老人”的道德焦虑在当前社会普遍存在，84.9%的受访者坦言自己就存在“扶老人”的道德焦虑，扶不扶老人都很焦虑。

综合材料，运用思想道德建设的知识，说明如何解决我国当前的社会道德焦虑问题。

解题思路：

此题考查范围很确定，就是《文化生活》中思想道德建设的知识。解答这道题目，首先就要明确解决问题的“主体”是谁？政府、社会、个人都有责任，要形成合力，才能解决社会道德问题。于是，我们从主体出发，绘成一个思维导图。

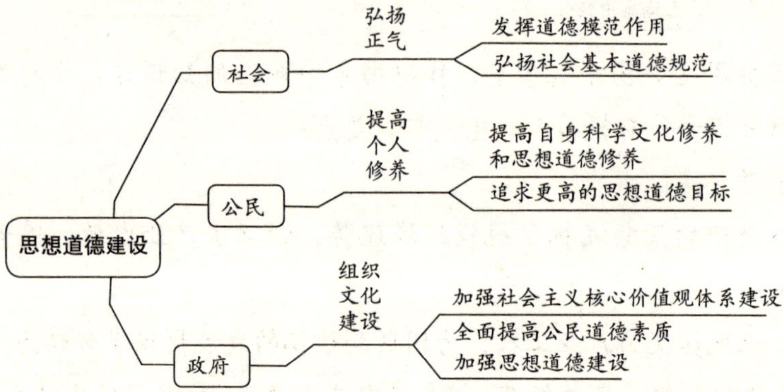

经过这样的发散性思维，答案得分点就在这幅思维导图中了，如果适当延伸，则回答得更为完整。

参考答案：

1. 发挥道德模范的榜样作用，弘扬社会基本道德规范；

2. 加强社会主义核心价值观的建设，践行社会主义荣辱观，全面提高公民道德素质；

3. 加强思想道德建设，不断提高科学文化修养和思想道德修养，不断追求更高的思想道德目标。

好了，现在你来用发散性思维，再来解一道题目吧。

[例题 8]

材料：中国政府网官方微博和官方微信 2013 年 11 月 11 日在新浪微博、腾讯微博和微信开通，是国务院政府信息公开的又一重要平台。国务院重要政务信息将第一时间通过微博微信等新媒体形式，向社会公众公开。政务“双微”平台的开通，为推动从“网络问政”到“网络施政”的转变畅通了新的渠道。要让网络不仅是各级政府了解民情的“高速路”、疏导民怨的“直通车”和排解民忧“减压阀”，更是政策发布、舆论引导和政策实施的有效途径，形成网上听民意、汇民智、聚民心的长效机制。

结合材料，运用政治生活原理，分析政务“双微”平台开通的意义。

解题思路：

政务“双微”平台沟通的是政府和公民，所以意义是双方面的，也就是说，意义的“主体”是“政府”和“公民”，于是，思维导图就可以这样画：

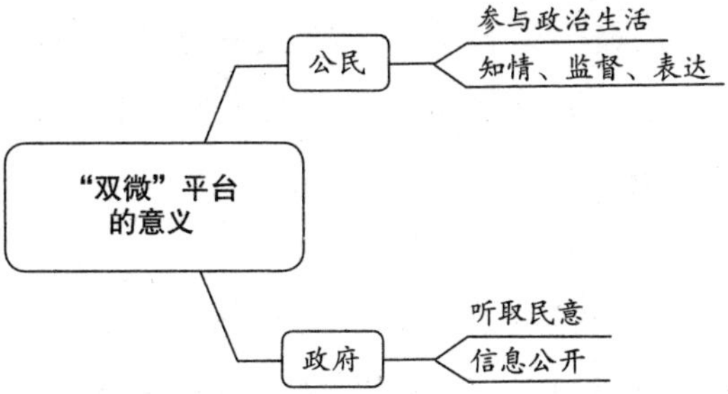

参考答案：

1. 我国是人民民主专政的社会主义国家，人民是国家的主人，“双微”平台的开通，有利于公民参与政治生活，实现当家做主的权利。

2. 我国公民享有广泛的政治权利和自由，政务“双微”平台的开通是保障公众知情权、参与权、表达权和监督权的重要举措。

3. 政府通过“双微”平台听民意、汇民智、聚民心，有利于决策的科学化和民主化。

4.“双微”平台的开通，推进了政府信息公开，有利于政府更好地履行基本职能，提高政府的威信。

最后做个总结吧。

对于这三门课，你除了将书本记熟之外，一定要多读经典的著作，多观察社会，对课本进行补充，才能真的学到东西。在这个基础上，你会逐渐练成各学科的核心思维。

希望我的信可以帮到你。

曾泉

7月23日

熊豆看完了信，拍了拍脑门，长长地出了一口气，自言自语道：

“我的天，要照他的方法，我得看多少书啊。”

莫茵在旁边，也将信看完了。“我觉得曾泉写得很好。我们光学教材，知识面太狭窄，的确要多看经典图书呢。你看，他推荐的《人类简史》，真的非常好看。”

“你看过？”

“我在书店翻过，里面一些观点可有意思了。我们都说历史上有个‘石器时代’，可作者偏说，也许当时的人用得更多的是木器，所以可以称为‘木器时代’，只不过木器容易腐烂，石器永久保留，给后人以错觉，以为老祖宗整天在摆弄石头。他还说，我们现在是信息时代，很多图书啊、影像啊，都是用数字形式存在电脑里、光盘上，如果一万年后，这些信息无法读解，那时候的人肯定以为我们十分野蛮。”

“哈哈，很有意思。”

“书里还有好多奇特的观点呢。作者说，农业革命是个骗局，狩猎采集的时代，智人的人数稀少，为了生存，一天两到三小时的劳动时间即可，然而定居成为农民之后，食物总量增加，人口增加，劳动时间同样也随之增加，人被禁锢在土地上，从此与苦累做伴。一直到现在，人类都是这样呢。大学生毕业了，想进大公司，挣大钱，争取三十五岁退休。结果呢，到了三十五岁，钱是挣了不少，可生活压力却更大了，孩子要进贵族学校，家里车子要保养，还要还房贷。”

“嗯，还不如狩猎时的人自由。”

她们通过杨略，在图书馆里借到了这本书，一口气读了下去，又不停地讨论，还做了一些摘录，写了一点心得。这样的学习，她们觉得很有收获。看完了《人类简史》，她们又一起看《人类与大地母亲》。教科书上出现过的知识到了这些书里，就像茶叶进入水中，被浸润得丰满充盈，变得有滋有味。

熊豆掩卷而思，不由感叹。

“这样才叫学习嘛。”

莫茵也十分赞同。

杨略知道了她的学习心得，自然赞美了几句，又说：“进了大学，我们的学习方式都是这样的。这叫作研究性学习。”

熊豆昂首挺胸，重重地点头。

“好，我一定要考上名校，享受这种学习。”

与此同时，楚当当他们的戏拍到了中途，大头余振终于出场。他穿上了保安服。他的团团脸，加上凸起的肚子，再把手往后一背，像极了校园常见的保安。大家看了都不由发笑，他还煞有介事地说：“今天我让你们看看，什么叫老戏骨！”

对于余振的表演，杨略等人都十分期待呢。

接下来的一场戏，是凌竟和李全在宿舍里喝酒谈心。为此，杨略借用了辅导员赵老师的单身宿舍。剧组成员全都出动，借了桌，买了菜，又备好一箱啤酒、两只酒杯、一个开瓶器。摄像机和录音器全部到位，补光灯也全部开启。

楚当当说："现在先不拍，你们演一遍。"

余振和陈高照相对而坐，互相倒了酒，十分从容地吃花生、虾仁，又干了杯，将酒一口就喝干了。几句对话，也进行得很顺溜。尤其是余振，一口酒，一口菜，演得十分自然，活脱脱就是个随遇而安的底层小百姓。

杨略在一旁看了，不由出声说："余振，可以啊，很自然嘛。"

余振白了他一眼："我平时就这样。"

说得大家又哈哈大笑。

楚当当说："现在正式开拍。"

余振进入了状态，说完了台词，还不闲着，又额外喝了一杯。

楚当当将拍完的素材回看了一遍，说："好，再拍一遍。倒上酒。"

这话正中余振下怀。余振笑着，又倒了酒，然后干杯，吃菜，继而再倒一杯，口里还说："嘿，演戏还能喝点小酒，这待遇……嘿！"

可他没想到，楚当当拍戏这么细致，这么一场两分钟的戏，不知拍了多少遍。他和陈高照很实诚，喝完一瓶，又开一瓶，过了一小时，桌上摆满了空酒瓶。

陈高照本来就不胜酒力，这会儿真的脸红脖粗，东倒西歪，吐字不清。而余振也过于托大，喝得太快，又喝得太多，这会儿已头晕眼花，端着一杯酒，实在有点喝不进去，直往上打饱嗝，口齿不清地说："当当，这还没拍完啊？我可顶不住了。"

"还有一个喝酒的特写，来，再喝一杯。"

"还来？"余振没办法，又举起杯子，勉强喝下，几乎趴在桌上，对楚当当说："当当，你确定，你这不是公报私仇，借机整我？"

他们就这样欢快地拍着戏，很快也就杀青了。

第十一章

学霸3.0版⑤：单科突破之化学、生物篇

剧组前前后后，大约花了半个月，总算把影片的素材拍完了。当天，楚当当把大家聚到一起，喝了一顿影片杀青酒。熊豆和莫茵也在被约之列。

熊豆吃着茄夹，嘴角还有点酱汁，就问一旁的杨略："那关于我逆袭的片子，什么时候动手啊？"

杨略说："这次积累了经验，我就要继续写作那个剧本了。我最近也没闲着，一直在构思剧本的框架。熊豆，除了你的故事，我还想写进别人的故事。"

熊豆问："谁的故事？"

杨略说："有我的故事，还有葛怡、楚当当、陶坷坷、陈子轩、陈高照他们的故事。我把这些故事揉在一起，让大家在片子里都能看到自己的高中岁月。"

大家听了，也都纷纷表示支持。

熊豆笑道："你们都是有故事的人。"

葛怡说："还有祁月的故事，可千万别忘了。"

在高三时，祁月本来是个沉闷的女孩，忽然有一天，变得阳光灿烂，问她为什么，她说自己是从高考之后穿越回来的，掌握了全部高考答案。葛怡被她吓坏了，问她：既然你是几个月后穿越来的，那此刻的你，去哪儿了？祁月一听，面如土色，四处寻找。她被送进了医院。

杨略说："她的故事肯定不能忘。"

吃完了杀青酒，大家都喝得有点多。走进校园里，天下起了雨，他们却全不躲避，就让雨滴落在年轻的身体上，并且放声高歌，引得路人侧目。陈高照依然安静，走在最后。杨略搭住了他的肩膀。

“高照，你演得挺好的。”

“演得好吗？我都不敢看回放。”

“你从头到尾都很投入。”

陈高照淡淡一笑。“可能是我把自己当成凌竞了吧。这样真的挺好，才十几天时间，我好像过了好几年，把另一种生活过了一遍。”

“有什么体会吗？”

“体会？”陈高照轻轻地踢着脚下的一枚石子，“似乎很多积压在心里的阴云，包括渴望、伤心、孤独、迷茫，都找了个出口，在演出中都慢慢释放掉了，现在我心里很轻松，也很舒展。”

他转过脸来，看着杨略。

“杨略，谢谢你写了这个故事。”

“高照，你真正的故事才刚刚开场呢。”

陈高照回到了宿舍，收到了杨略的短信。哦，是一首诗。

致高照

但在夜雨中
你还是要想到爱情

毕竟你很年轻
心头萦绕着槐花的香味
尽管倾心于静坐
尽管倾心于幻境

而你愿意
而你内心非常愿意
在夜雨中

想到爱情

如果此时你可以一分为二
远远地看自己
一定有槐花落下
像白色的雪花铺满一地

陈高照对诗歌并不熟悉，平常也很少阅读，但这首诗意象清新，节奏明快，他就读懂了。开头“但在夜雨中”好突兀，没有前文，怎么能用转折词“但”呢？但高照明白，杨略的意思是，和过去告别吧，既不要沉湎于无望的爱情，也不要对爱情绝望。

对啊，我很年轻，才二十岁，美好的生命像槐花一样轻轻地绽放，虽然并不起眼，虽然内向而安静，甚至沉醉于幻想，但是目光清朗，身心纯洁，而且心里对爱情充满着美好的期待。所以，即便不是今天，但总有一天，爱情会甜蜜地降临。

杨略还说“一分为二”看自己，这是多么巧妙。在演戏时，他一分为二，远远地观察自己，于是身心得以修复。如今，他再次一分为二，在夜雨中看到的，是一个独处却不孤独、宁静却不自闭的人。身旁槐花如雪，在静夜里悄悄飘落，拂了一身还满，那是多么优美而清新。

嗯，就是要洁身自好，静静等待。

他在书桌前坐下，翻开一本书，却看不进去，于是打开电脑，本想看个电影，但发现桌面上有一个文档。这是他专门为熊豆写的化学和生物的学习方法，还缺一个结尾。

他酒喝得不多，头脑还清醒，脑海中浮现出熊豆可爱的样子，不由微笑起来，似乎得了一种鼓励。被人需要，也是一种极大的快乐呀。于是他打开文档，继续写下去。

熊豆：

见字如面。

今天我们来谈最后两门课的学习方法。化学和生物是两门综合性很强的学科，知识非常零碎，操作性又很强。我在学这两门课时，非常重视课本知识，书本基本上是翻烂了，同时也喜欢通过实验来加深印象，使知识变得非常生动。接下来，我分步骤来谈谈怎么学好这两门课程。

一、吃透教材，重视实验

先来说化学。化学的基础包括基本概念、化学方程式、反应现象、图形物质结构分析等，在学习中，要注意以下几点：

首先，每一个知识点的学习都要准确到位。在初次接触新内容时，例如一种新的物质，要一次性确切地掌握其性质：它的状态是晶体还是粉末，颜色是黄还是绿，实验的现象是形成烟还是形成雾，等等。否则，常常一个字眼的差错会使你犯科学性的错误。

同时，还要将看似死板的知识理解并活化应用起来，才能游刃有余。这就要对知识的来龙去脉有一个根本上的认识。有的人认为这一步很难，其实这些在课本上都有。教材从引出知识点到最后得出结论，都涵盖了全部的中间过程，但更多的同学只记住了结论，没有去理解这些结论的来龙去脉，没有和其他的结论相应地联系起来，这是很遗憾的。

再来谈生物。生物是与我们生活联系最为紧密的学科。生物世界五彩缤纷，生物科学飞速发展，生物技术日新月异，改变着人们的生产方式与生活习惯。

要学好生物，既需要严密的逻辑思维，又要求精准的记忆：在理解的基础上进行记忆，让理论知识联系生活经验，才能灵活运用并解决实际问题。

此外，生物、化学的基础是实验，培养实验能力显得至关重要。首先要吃透教材实验，理解记忆其实验原理、目的、材料、操作、方法、步骤、注意事项、数据采集与分析的方法、得出结论的依据等。其次，熟悉了基本仪器的原理和药品的特性，可以尝试实验设计，在实践中掌握单因子实验变量原则、平行可重复原则的运用，正确设置对照实验，得出切实可行的实验方案。

二、知识点多而散，要善于总结归纳

化学和生物属于理论性较强的学科，有大量分散的知识点。所以在学习中，课本是立足点。首先一定要把课本读懂，读透，要注意对各个知识点的深入理解和领会。同时，还要站到高处，从整体上来把握知识。整个化学、生物的知识体系，就像一座大厦，内部有和谐、完美的结构，每个知识点都有其各自的位置，并且它们背后有着千丝万缕的联系。要理清知识脉络，在头脑中建立一个完整、和谐的知识体系。

因此，归纳和总结是必不可少的。我希望你准备一个总结本，专门用于知识的归纳和整理。

（一）绘制思维导图

在理解概念的基础上，构建知识网络，把分散在各个章节的知识点、具体例子主线贯穿起来，化零为整，系统地学习化学与生物知识。

在学习中，将一章或一节的内容，做成一张思维导图。比如化学必修1第一章中《化学计量在实验中的应用》的思维导图：

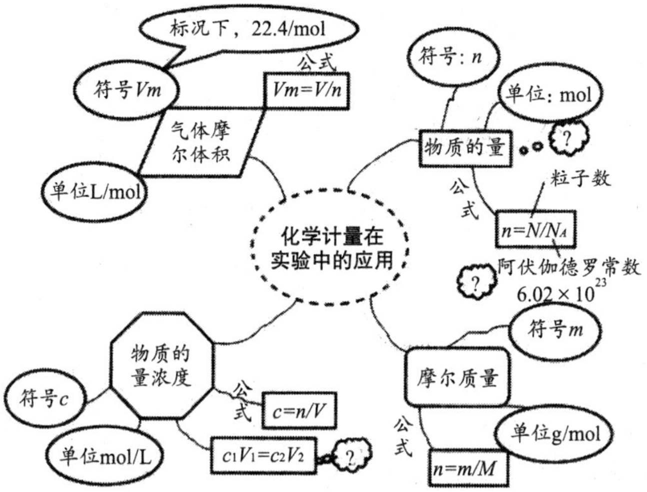

生物也是如此，当我们学完细胞的生命历程一章，就可以画出这样一幅思维导图。

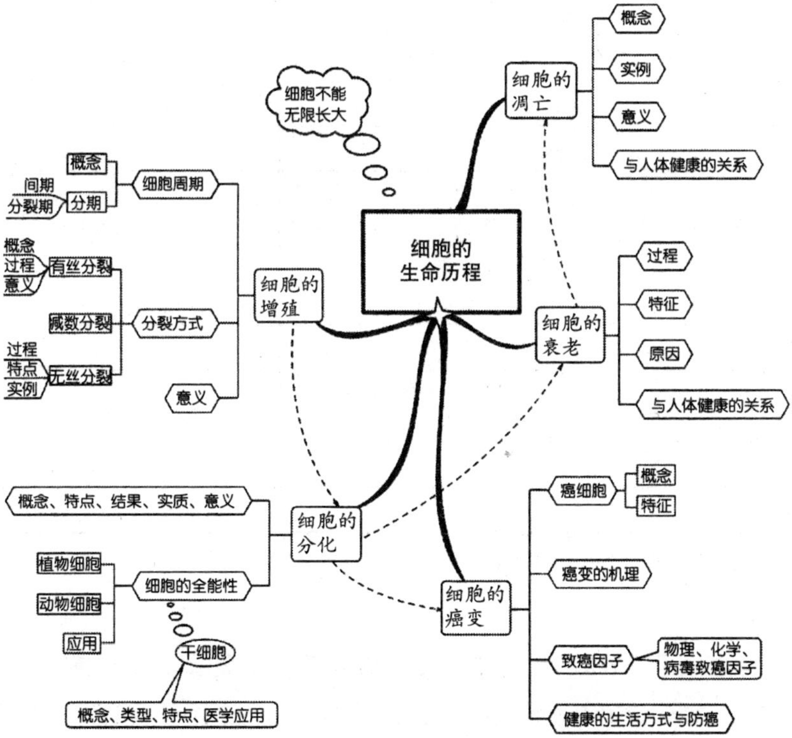

有了思维导图，我们就要争取做到：看到每一章的标题，就能迅速、准确地回忆起这一章讲了什么主要的知识点。

同时，有必要多看一些参考书，充实书本内容，通过做练习题，进一步巩固知识点的掌握，并发现存在的漏洞，并及时予以弥补。这里需要注意的是，做题时要分门别类地做，将涉及同一章节知识点的题目放在一起做，从不同角度来考查对该部分知识的掌握程度。

（二）同类知识总结

生物是文科中要求背诵最多的一科，因此，我们必须在记忆上下功夫。相比死记硬背，我建议你能够花点时间应用归类记忆、联想记忆、谐音记忆等。比如，我们可以用对比记忆方法来记忆有丝分裂与减数分裂。

减数分裂与有丝分裂的比较（以动物细胞为例）

比较项目	减数分裂	有丝分裂
复制次数	1次	1次
分裂次数	2次	1次
同源染色体行为	联会、四分体、同源染色体分离、非姐妹染色体交叉互换	无
子细胞染色体数	是母细胞的一半	与母细胞相同
子细胞数目	4个	2个
子细胞类型	生殖细胞（精细胞、卵细胞）、极体	体细胞
细胞周期	无	有
相关的生理过程	生殖	生长、发育

同样我们可以列表记忆各种育种方法，甚至还可以自编或查找口诀帮助记忆，如：

以“摸纸盒”记忆原生质体分为“细胞膜、细胞质、细胞核”；

用“木 (Mo) 门 (Mn) 喷 (B) 铁 (Fe) 重 (Cu) 新 (Zn) 绿 (Cl)”再加上

一个 Ni 便记住了植物必需微量矿质元素；

用“携一两本单色书来”记忆人体八种必需氨基酸：缬氨酸，异亮氨酸，亮氨酸，苯丙氨酸，蛋(甲硫)氨酸，色氨酸，苏氨酸，赖氨酸；

用“外表(皮)感(觉器官)神(经系统)仙(腺体)，内消(化)呼(吸)肝胰”来记住内外胚层分化为的器官。

这个方法你可以随意发挥。

梳理知识要点之外，还要体会其中蕴涵的规律，如结构与功能相适应、生物与环境相协调，掌握这些规律将有助于生物知识的理解与运用。例如，红细胞两面凹陷，增大了表面积，也能够容易地发生形变，更充分与氧气接触，从而更自如地在毛细血管里运输氧气，体现了结构与功能相适应的规律。

化学也是如此，可以将相近或同类的知识放在一起记忆。比如，化学实验题中，常提示各类颜色，让同学去推测这可能是什么物质。所以，我们对化学中常见的颜色及其对应的物质要有所了解。

颜色	液体	固体	气体
红色	$Fe(SCN)_3$（红色溶液）、液溴（深红棕色）、品红溶液（红色）、石蕊遇酸性溶液（红色）、酚酞遇碱性溶液（红色）	Cu_2O（砖红色固体）、Fe_2O_3（红棕色固体）、红磷（暗红色固体）、$Fe(OH)_3$（红褐色固体）、Cu（紫红色固体）、在空气中久置的苯酚（粉红）	溴蒸气、NO_2（红棕色）
紫色	石蕊在中性溶液中（紫色）、Fe^{3}+与苯酚反应产物（紫色）、MnO_4—（紫红色溶液）、I_2在非极性溶剂中（紫色）	I_2（有金属光泽紫黑色固体）、$KMnO_4$固体（紫黑色）、固态O_3（紫黑色）	I_2蒸气、钾的焰色反应（紫色）
橙色	溴水（橙色）、$K_2Cr_2O_7$溶液（橙色）		

黄色	I_2的水溶液（黄色）、碘酒（黄褐色）、久置的KI溶液（黄色）（被氧化为I_2）、Fe^{3}+的水溶液（黄色）、久置的浓硝酸（黄色）（溶有分解生成的NO2）	AgI（黄色固体）、AgBr（淡黄色固体）、Ag_3PO_4（黄色固体）、FeS_2（黄色固体）、Na_2O_2（淡黄色固体）、S（黄色固体）、Au（金属光泽黄色固体）、TNT（淡黄色针状）	Na的焰色反应（黄色）
绿色	Fe^{2+}的水溶液（浅绿色）、$CuCl_2$的浓溶液（蓝绿色）、Cl_2氯水（黄绿色）	$Cu_2(OH)_2CO_3$（绿色固体）、$FeSO_4·7H_2O$（绿矾）、K_2MnO_4（绿色）	
棕色		$FeCl_3$固体（棕黄色）、$CuCl_2$固体（棕色）	
白色		AgCl、Ag_2CO_3、Ag_2SO_4、Ag2SO3、$BaSO_4$、$BaSO_3$、$BaCO_3$、CaO、$Ca(OH)_2$、$CaCO_3$、MgO、$CuSO_4$	

三、用思维导图法来解题

我们先来看这样一道题目：

【例题1】

某无色溶液中只可能含有下列离子中的几种：Na^{+}、NH^{4+}、NO^{3-}、$SO4^{2-}$、CO_3^{2-}（不考虑少量的H^{+}与OH^{-}），分别取200mL该溶液进行以下实验：①若加入足量的烧碱并加热，产生224mL（标准状况下）气体；②若先加入足量的HCl无现象，再加入足量的$BaCl_2$，得到2.33g固体。则该溶液（　　）

A. 可能含有 Na^+

B. 可能含有 NH^{4+}、NO^{3-}、SO_4^{2-}、CO_3^{2-}

C. 一定不含 NO^{3-}

D. 一定含有 Na^+，且 c（Na^+）≥ 0.1mol/L

解题思路：

对于这道题，大多数同学选 A，少数人选 D（忽略电中性原则）。究其原因，大部分同学知识比较零散，没有形成网络化，不能及时有效地提取信息。而如果利用思维导图组织知识，效果就大大不同了。

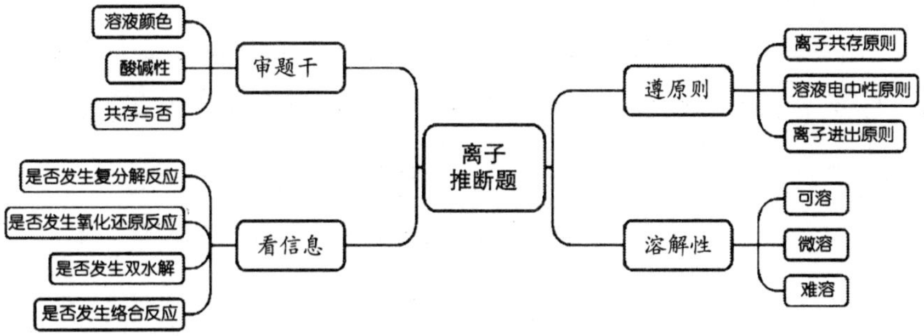

学生自主归纳出离子推断题三步骤：1. 审题干；2. 看信息；3. 遵原则（离子共存原则，电中性原则即电荷守恒，离子进出原则）以及推断时不可避免的溶解性问题，从而使本道题形成网络化结构，看似做了一道题，实则做了一类题。

【例题 2】

有关生物膜结构与功能的叙述，正确的是（　　）

A. 膜载体蛋白的合成不需要 ATP

B. 葡萄糖跨膜运输不需要载体蛋白

C. 线粒体外膜与内膜的主要功能不同

D. 变形虫和草履虫的细胞膜基本组成成分不同

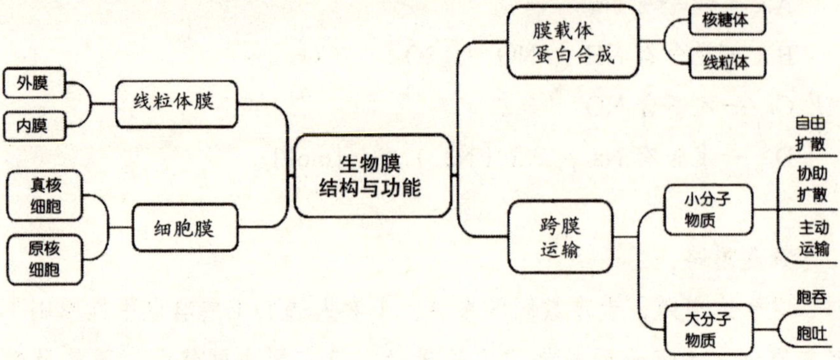

答案（C）

【例题3】

人类红绿色盲的基因位于X染色体上、秃顶的基因位于常染色体上，结合下表信息可预测，图8中II—3和II—4所生子女是（　　）

	BB	Bb	bb
男	非秃顶	秃顶	秃顶
女	非秃顶	非秃顶	秃顶

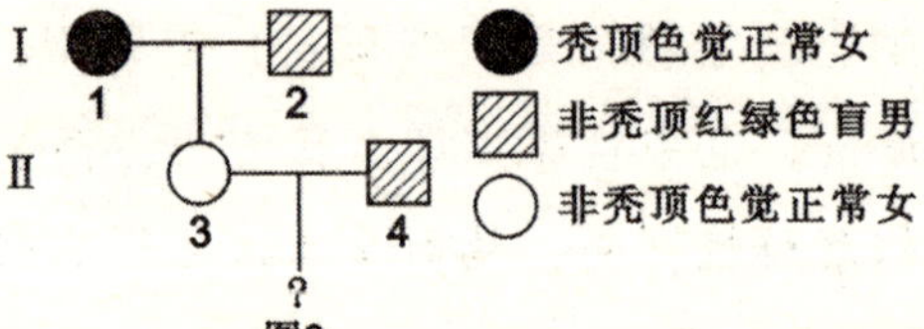

图8

A. 非秃顶色盲儿子的概率为1/4

B. 非秃顶色盲女儿的概率为1/8

C. 秃顶色盲儿子的概率为1/8

D. 秃顶色盲女儿的概率为0

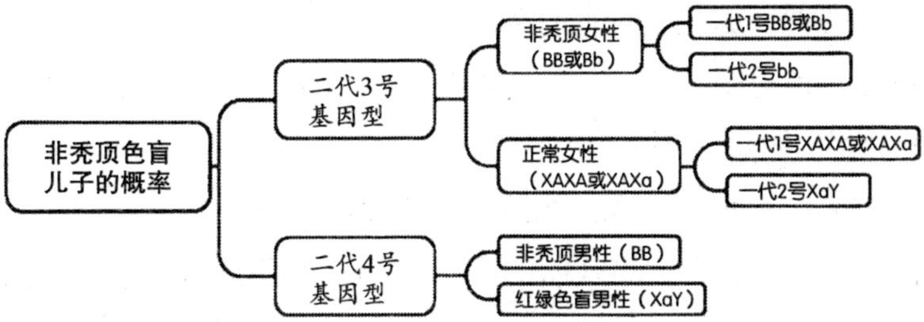

答案（CD）

学习的最终目的是解决问题。问题得以解决，完备的基础知识是前提，良好的思维、精准的思路则是必需。思维导图所采用的关键方法，通常使我们将注意力集中于事物的关键点。由上述几个例子可以看出，在解题过程中绘制思维导图，实际上是一种真实记录解题思路的有效手段，它可以让我们边思考边以文字与简图的形式把思路画在纸上，有利于不同知识点之间的综合，从而帮我们理清自己的思考过程，及时发现解题过程中出现的问题。

综上所述，利用思维导图解决化学、生物习题，可帮助你更快速、更全面地梳理和分解知识，提高解题的效率和质量。

我的文章没有杨略精彩，你能看懂就好。

希望我的信可以帮到你。

祝福你。

陈高照

8月5日

第二天，熊豆看完了信，虽然挺有收获，可还是不太满意，就给陈高照打了个电话。

“高照哥哥，难道化学和生物就是这么无趣吗？”

“怎么会呢，这两门课很有趣。”

“可你在信里跟我说的，就只是背背书，做做题，又有什么意思呢？”

“可能我写得不够生动吧。”

“那你能告诉我，你为什么这么喜欢生物学吗？”

陈高照就说起了一些以前的事情。他从小出生在农村，在山林中玩闹，在农田里割草，对草木虫鱼都非常熟悉。进高中后，偶尔在图书馆里翻到《动物志》和《植物志》，一看之下，发现小时候熟知的树木和野草，都有各自的名字，于是看得很入迷，不久之后，这些动植物的名称和特性，他居然记住了不少，让同学们很惊叹。于是高考后，他填报了生物科学。在上课中，他又了解到了生态学，知道人类对环境造成了巨大的伤害，不免痛心疾首。

“老师又告诉我，建设更适合人类居住的环境，也必须依靠生态学，用最天然的方式去治理环境。”

熊豆问道：“什么才是最天然的方式呢？”

“这个……用语言很难解释清楚，我明天去西湖做实地考察，看生物学和化学怎么治理西湖，让西湖又干净又优美。”

“我也要去。”

陈高照忽然脸上一阵燥热。

“你……你有时间去吗？”

“当然，我也得休息呀，而且，跟着你去，肯定大有收获。高照哥哥，你就同意了吧。”

陈高照心里翻涌着欢喜，居然就结巴起来。

“那……那行……行吧。”

“高照哥哥明天见。”

第二天，莫茵好久不回家，就坐车去看爸妈了。熊豆独自跟着陈高照来到西湖西边。

要说如今西湖哪里最美，北山路喧嚣，南山路繁杂，苏白两堤游人如织，唯有湖西区域，湖水清澈，花木繁密，水草丰盈，十分幽静宜人。即便是冬日也有无限趣味，那时水杉、枫树已落尽叶子，枝条疏朗，由粗而细，由细而微，就溶解进蓝空里。而到了春季，处处都在开花，在抽叶，更是无比迷人。

而此刻正是盛夏，一场阵雨过后，处处清凉。桂树、山茶、棕榈、女贞，将亭台楼阁遮挡得只露一角屋檐。岸上铺一条极细的卵石小径，引人亲近水面。水那般清澈，在风里微微抖动，极柔滑，使倒映在水中的树枝、虹桥、茅檐，都变得婉约起来，有了鸟鸣的清越与颤音。

他们走在临水的原木步道上，但见幽林里水杉树高大笔直，各种灌木挤挤挨挨，溪水蜿蜒而过，岸边花草斗艳，轻风吹动树叶和溪水，伴着嘤嘤鸟鸣，更有松鼠跳跃，真是自然活泼，浑无雕饰。

熊豆不禁赞叹："西湖可真美啊。"

陈高照说："除了景观之美外，湖西湿地还承担着更重要的任务呢。"

"什么任务？"

陈高照就说了一通挺专业的话语。说这里靠近西湖群山，是西湖天然水源的必经之地。因此，湖西作为湿地，在抵御洪水、调节径流、控制污染、调节气候、美化环境等方面起到重要作用，它既是陆地上的天然蓄水库，又是众多野生动植物资源栖息地，还能有效净化入湖水体，改善西湖水质。

熊豆听得一知半解。陈高照就带她来到茅家埠。

这里水面开阔，波平如镜，种着各类水生植物，几座草亭临水而立，茅草覆顶，与其背后的水杉林、面前的水草池塘，一起营造出一派乡野田园景象。游人至此，既可亭中小憩，举目四望，又可沿木栈道行至原木埠头，亲近西湖的碧水。

他们在草亭里坐下。虽然是雨后，但毕竟是酷暑，他们走出了一身汗。

陈高照指着湖面。“这里的水很清澈吧？”

熊豆果然看到了水中自在的游鱼，远处还浮着两只鸳鸯。

“以前这里都是淤泥和杂草呢。”陈高照说，为了提升水质，当时的设计师在湖中布置了一些小岛，种植芦苇等水生植物，体现其原生湿地的生态景观，并将湖面划分为多个空间层次，避免了一览无余的空旷之感，平添几分幽深之趣。

“你来看，这些水生植物怎么种都是有讲究的。岸边种的是萱草、千屈菜，在浅水里是鸢尾，沉水植物选用金鱼藻、亚洲苦草、菹草，还有挺水植物就选用莲、水芹、慈姑、菖蒲之类。这些植物不仅本身就很美，还能净化水质，为水鸟提供栖居地呢。”

熊豆吐了吐舌头。

“高照哥，你懂的可真多。”

“术业有专攻嘛，我学的就是这个。”陈高照沿着杨公堤往南走。

杨公堤上是马路，串起了许多景点：花港观鱼、茅家埠、乌龟潭、浴鹄湾、曲院风荷……平常熊豆也非常喜欢这里，而经过陈高照的介绍，发现这里除了景观优美，还别有深意呢。

“有马路，生物的栖息地就被切断了，为了补救，堤上就设置了六桥，用来沟通湖面。你看，环壁桥沟通了金沙港和曲院风荷公园，流金桥边是水森林湿地景观，卧龙桥沟通了茅家埠湖水和西里湖水面。这样一来，小动物们可以自由穿梭在各个水系，多自由啊。”

“啊，原来这些桥有这样重大的作用啊。”

“对啊，你再看这些湖岸，都是按照地形向水中延伸，形成了自然岸线。”

“这又有什么好处呢？”

“好处很多，岸上可以种许多水草，泥土里还能住许多小动物，比如青蛙啦，泥鳅啦，螺蛳啦，螃蟹啦……要是用水泥做堤岸，这些生物可就没地方生存了。”

“不过我看到市中心有许多河流就是水泥堤岸。”

“对啊，所以那些河流自我净化能力很差，水体动不动就变绿，甚至发黑，现在都需要改造，去除水泥堤坝，恢复自然驳岸。”

“高照哥哥，我有些懂了。”

“现在西湖治理得不错，成为城市中的一块绿地，净化着环境，也净化着人心。可我国其他城市还远远做不到这一点，河流、湿地、湖泊被改建成道路、居民楼、大型商场，虽然生活繁华了，但居民却遭遇着环境污染。你想啊，在灰白的雾霾之中，就算有林立的大厦、整齐的绿化，也是谈不上什么美的。更可怕的是，现在连城市和城市之间，生态环境也被破坏了。原来是绿色的土地，现在成了沙土飞扬的郊区。”

随着陈高照的讲述，熊豆的眼前像是放着一部沉重的纪录片。

原始森林基本绝迹，雾霾遮盖着荒凉的原野，使野生动物迁移甚至绝迹；许多农田被蔓延的公路网、各类毫无美感的建筑所占据；一些山峦被挖开，运送出石料和水泥，像大地撕开的苍白伤口，遭受雨水的侵蚀；各种方式的土地开发、道路铺设、水利工程，侵占湿地、树林、田野，同时也破坏了自然过程的连续性和完整性；而溪流河道呢，堤岸被水泥化，水体被垃圾填塞、污染，或被切割成池塘；池塘都在富营养化，变成绿色、褐色，甚至黑色，而且日渐萎缩。与此同时，交通路线和杂乱的商业区不停蔓延，美妙的自然景观，就变成了板结的水泥地的建筑物以及飞扬的灰色尘土，这真可谓是山河破碎。

陈高照说：“我们这代人的责任，就是重整河山，修复生态，让人与自然和谐地共存。”

熊豆静静地看看陈高照，又看看烟波浩渺的湖面，以及岸边的垂柳、芦苇、菖蒲、千屈菜。风缓缓地吹过来，拨动她的长发。她这么活泼好动的人儿，难得有如此的娴静安恬。

“高照哥哥，你真了不起。其实，杨略、曾泉，还有葛怡，和你都是一类人。你们目光很远大，思考的问题都是面向未来，心中牵挂着芸芸众生，而不只是一己之小利，并且乐在其中，孜孜不倦。我觉得，这样的人生才真的很有意义。”

陈高照被说得不好意思起来。

“我哪有那么伟大，只不过做些力所能及的事情罢了。”

“我也想成为你们中的一员。”

“你当然能做到。”

陈高照和熊豆相视一笑。这时阳光穿透淡灰的云层，射下万道金光。有几只白鹭从草丛中飞起，向湖面飞去，洁白的翅膀映在阳光中，那样炫目，那样轻盈，仿佛要融入这天地之间。

尾声

两年后，盛夏的一天，熊豆骑着一辆自行车，飞快地骑进浙江大学的校门，气喘吁吁地来到宿舍区。在那里，杨略、葛怡、陈高照、曾泉，早就等着她了。

“拿到了？”葛怡急切地问。

熊豆用力地点头，眼眶里转着泪珠。她递过去一张录取通知书。上面印着浙江大学的校名。

“太棒啦！”大家都欢呼起来。

葛怡上前，轻轻地抱住熊豆。

“现在，你真的成为我们的学妹了。”

熊豆把头靠在葛怡的肩膀上，眼泪禁不住流下来。

“谢谢你，葛怡姐。”

她又抱了杨略。

“杨略哥哥，谢谢你。”

“真正该谢的是你自己，”杨略在她的背上拍了拍，“这两年，鬼知道你都经历了什么。”

“嗯，我觉得，人生有了这段经历，以后不论遇到什么，都不会害怕了。”

熊豆又抱了抱陈高照。“高照哥哥，也谢谢你。”

陈高照依然有些拘束。“反正以后我们都还在学校，多来交流。”是的，陈高照、杨略、葛怡，作为优秀学生，都被保送了研究生，继续在这里深造。

熊豆擦干净眼泪，微笑就在她的脸上漾开来。

“还有我呢。”曾泉在一旁站了很久了。

熊豆却偏不拥抱他，只是亭亭玉立地站着，笑吟吟地看着他。

“以后我就跟你混了。”

曾泉没有读研，进了报社，写了几篇影响很大的报道，其主题都围绕着社会底层的小人物。这恰恰是熊豆所关注的。

“行，哥带你去看世界。”

“停！”楚当当喊了一声。原来这是在片场呢。

“姐，怎么了？”熊豆看着她。

楚当当不停地比画着。“熊豆，你的表情再激动一点，要热泪盈眶，嘴角发颤地笑。明白了吗？还有你们几位，表情太官方了，太严肃了，都放自然一点，她只是你们的小妹妹，不是红军小战士。好，各就各位，再来一遍。”

哈哈，他们有始有终，要把熊豆逆袭的微电影拍完呢。

其实，莫茵的好消息来得更早呢，她已被复旦大学录取。那是她最心仪的学校。陈羽去了上海音乐学院作曲系。他们同在上海，可以双栖双飞了。

在毕业前，莫茵写过一首歌，陈羽专门为它谱了曲，在班级毕业聚会时，由火红沸点乐队演唱。

这是一首民谣，曲调清澈而忧伤。陈羽穿着白衬衣，坐在一旁，轻轻地弹着吉他，弦音如同流水，如同微风吹过竹林，又如同夜雨敲打屋瓦，铮铮然，丁丁然，说不尽的前尘往事。

而熊豆则穿着校服，坐在前面，抬头看着天花板，侧着头，微微地笑着，随着吉他的轻响，慢慢地唱起来，仿佛在倾诉，又仿佛在追忆，追忆这留不住也忘不了的匆匆三年。

那一年，我守在窗边，准时等你出现

看你用手指将卷发拢到耳边

那一年，每周一次换座位
我都在计算，你会靠近还是走远
那一年，我把你的名字写在掌心
想你时，可以贴在脸颊，握在胸前

然后，很多年，云聚云散
桃树在开花，凋谢，结果
麦子在开花，结籽，收割
忽然想到那个铺满阳光的空教室
黑板上的倒计时，桌上的试卷
像一盘棋局，还没下完
多么快啊，你我就散入茫茫人烟

啊，多希望我忽然从梦里醒转
你对我微笑，校服还缠在腰间
弹着那把破吉他，我静静地看
看音符轻轻抚摸着时光的柔软
啊，多希望把青春再过一遍
让我收藏起纷飞而去的时间
收藏起日日夜夜，岁岁和年年

后来，这首歌成了微电影的片尾曲，对所有人的青春做了一个温暖的总结。